Sí, su bebé
es un genio

Glenn Doman
Janet Doman

Sí, su bebé es un genio

edaf

tu hijo y tú edaf

www.edaf.net
MADRID - MÉXICO - BUENOS AIRES - SANTIAGO
2017

Título original: HOW SMART IS YOUR BABY?

EDAF, S. L. U.
Jorge Juan, 68. 28009 Madrid
http://www.edaf.net
edaf@edaf.net

Ediciones Algaba, S. A. de C.V.
Calle, 21, Poniente 3323, Colonia Belisario Domínguez
Puebla 72180, México
Teléfono: 52 22 22 11 13 87
jaime.breton@edaf.com.mx

Edaf del Plata, S. A.
Chile, 2222
1227 Buenos Aires (Argentina)
edaf4@speedy.com

Edaf Chile, S. A.
Coyancura 2270, Oficina 914, Providencia
Santiago, Chile
comercialedafchile@edafchile. cl

5.ª edición, marzo 2017

ISBN: 978-84-414-2016-8
Depósito legal: M.42654-2011

PRINTED IN SPAIN IMPRESO EN ESPAÑA

Gráficas Marbán, Villanueva de la Cañada, Madrid

Contenido

Págs.

Para mi esposa Katie Massingham Doman,
quien, de todo corazón,
ha instruido a miles de madres de todo el mundo
a enseñar a sus bebés
y que, a través de este libro, seguirá haciéndolo
mientras haya madres que quieran enseñar
y bebés que deseen aprender.

En los Institutos no hay discriminación por razón de sexo. Queremos y respetamos a las madres y a los padres, a los niños y a las niñas.

Para solucionar el exasperante problema de diferenciar la designación de «todas las personas como grandes masculinas», o «personas pequeñas femeninas», en este libro hemos optado por llamar genéricamente madres a los progenitores y niños a los pequeños, con independencia de su sexo.

Parece lo más adecuado.

Agradecimientos

La elaboración de este libro ha necesitado de muchos años. Es el resultado de la investigación y los descubrimientos de muchas personas valientes, reflexivas y decididas a lo largo de los últimos cincuenta años. Muchas de estas personas siguen trabajando con gran dedicación a día de hoy y otras ya no están con nosotros. Algunos han hecho grandes y perdurables contribuciones; otros han proporcionado reflexiones que han resultado de capital importancia en el momento oportuno.

En primer lugar, debemos agradecer a un amplio grupo de madres que hayan sido agudas observadoras de sus hijos y se hayan dado cuenta de que sus niños son muchísimo más inteligentes de lo que se nos hizo creer en el pasado. Su seguridad y perseverancia nos ayudaron a seguir escalando cada vez más alto y a ampliar nuestros horizontes. Sus reflexiones nos sirvieron de inspiración y sus frustraciones fueron útiles como acicate para seguir adelante.

Por otra parte, también hemos de mostrarnos agradecidos hacia un amplio grupo de bebés —tanto sanos como con lesión cerebral— que nos han ayudado con paciencia a aprender quiénes son realmente y nos han perdonado los errores cometidos en el camino. Se lo agradecemos en especial a María, Olivia, Isolda y Caleb, por su paciencia y su chispa.

A aquellos a quienes el propio amor a aprender los convirtió en extraordinarios profesores:

A Temple Fay, decano de neurocirujanos, que contaba con una descomunal curiosidad y una habilidad única para cuestionar las «verdades» oficiales y que fue también quien primero nos puso en marcha.

A Shinichi Suzuki, uno de los mejores maestros de todos los tiempos, que no solamente quería a los niños y a las madres, sino que, de igual manera, los respetaba. Su contribución supera cualquier límite.

A William Johntz, el fundador del Proyecto SEED, que transformó la enseñanza socrática en enseñanza a través del descubrimiento, más civilizada, elegante y eficaz. Hizo por la enseñanza de las matemáticas lo que el Dr. Suzuki por la *enseñanza* de la música, y lo hizo igual de bien.

Deseamos igualmente expresar nuestro reconocimiento a los pioneros del desarrollo cerebral infantil:

Katie Doman, que empezó esta aventura compartiendo sus conocimientos con madres de niños con lesión cerebral y demostrando que estos pequeños son muy inteligentes y más brillantes con frecuencia que sus semejantes sin lesión.

Douglas y Rosalind Doman, que son en la práctica coautores de este libro. Dominan el ámbito de la movilidad y saben más sobre los bebés y su movimiento que nadie en el mundo. Y, además, al personal del Instituto para el Logro de la Excelencia Física: Leia Coelho Reilly, Rumiko Ion Doman, Jennifer Myers Canepa, Nati Tenacio Myers y Rogelio Marty.

Susan Aisen, una de las editoras de este libro, cuyo conocimiento acumulado sobre madres y bebés, así como sobre el Perfil de Desarrollo de los Institutos, ha hecho de este libro una realidad; Miki Nakayachi, cuyo entendimiento del lenguaje y la comunicación de los bebés ha ejercido sobre nosotros una notable influencia; Teruki Uemura, magnífico evaluador, que ha enseñado a toda una generación de padres y profesionales a evaluar a sus bebés. Y también a los miembros del personal del Instituto para el Logro de la Excelencia Intelectual: Olivia Fernandes Pelligra, Kathy Myers, Yoshiko Kumagai, Mitsue Noguche, Eliane Hollanda y Susanna Horn.

Ann Ball y todo el personal del Instituto para el Logro de la Excelencia Fisiológica, cuyo conocimiento sobre fisiología y, en particular, sobre el desarrollo de la respiración y la nutrición, han sido vitales para el bienestar de nuestros bebés; nuestra directora médica Coralee Thompson, el doctor Leland Green, el doctor Ernesto Vasquez, la doctora Li Wang, Yukie Kamino y Dawn Price.

La junta directiva de los institutos para el Logro del Potencial Humano: el doctor Ralph Pelligra, la doctora Roselise Wilkinson, el doctor Richard Klich, Stewart Graham y Philip Bond, además de los miembros de la misma que se mencionan en otros lugares.

El doctor Mihai Dimancescu, extraordinario neurocirujano, padre y miembro de la junta, quien ha dedicado su vida al estudio de los casos de personas que despiertan del coma.

La doctora Denise Malkowicz, habilidosa neuróloga y madre experta, que hizo una minuciosa crítica del libro y nos alarmó en un principio al no cambiar ni una sola palabra. Le estamos agradecidos por la información que añadió al libro.

Sherman Hines, fotógrafo de fama mundial, padre y miembro de la Junta, que ha dedicado una gran parte de su vida a fotografiar madres, padres y niños de los Institutos. Sus bellas imágenes permanecerán, no solo en estas páginas, sino también en nuestros corazones.

Este libro ha supuesto una gran cantidad de trabajo antes de ser publicado. No tenemos palabras más que de agradecimiento para todos aquellos que colaboraron en su elaboración. Destacaremos al primer editor del libro, J. Michael Armentrout, que pasó muchas horas dando forma al primer manuscrito del libro; a la editora jefe original, Janet Gauger, que examinó el libro tan meticulosamente que es probable que lo pueda recitar de memoria; a Donald Barnhouse, espléndido profesor y escritor, que supervisó el libro y, amablemente, hizo muchas sugerencias de gran valor. Estamos muy agradecidos por las ilustraciones de nuestro artista, Jim Kaliss, de cuya proverbial paciencia abusamos con nuestras continuas solicitudes.

Vaya también nuestra gratitud a:

Nuestros ayudantes —Nest Holvey, Cathy Ruhling y Tammy Cadden—, que nos ayudaron a estar organizados y encontrar el tiempo para escribir, editar y releer el libro.

Nuestra administradora, Linda Maletta, y nuestro director financiero, Robert Derr, personas muy eficaces en su trabajo y que han hecho posible que hayamos podido disponer del tiempo necesario para completar el libro. No es un logro desdeñable para una pequeña organización sin ánimo de lucro como la nuestra.

Nuestro editor, Rudy Sur, presidente de Square One Publishers, que ama los libros y se asegura de que las obras importantes y dignas de respeto se impriman, de manera que cada nueva madre tenga la mejor oportunidad de enseñar a su bebé.

Prólogo

Los niños son el regalo más grande de nuestra vida. En todas partes del mundo se les cuida y se les protege. Las madres han cometido actos heroicos y han demostrado gran fortaleza física para proteger a sus hijos del daño físico. Como regla universal, los padres quieren que sus hijos lleguen más lejos en la vida que ellos mismos.

El sufrimiento de los niños provoca en todos y cada uno de nosotros más turbación que cualquier otra desgracia humana.

Desde los albores de la humanidad los padres enseñaron a sus hijos las destrezas que les ayudarían a mejorar sus procedimientos para obtener alimento; en definitiva, a cuidar y proteger a sus hijos de la mejor manera posible.

La batalla, desde sus comienzos, ha sido la supervivencia del más fuerte. En los tiempos prehistóricos eso significaba tener la capacidad física de correr más rápido y la fuerza para acarrear más cargas pesadas; también era necesario poseer las habilidades necesarias para construirse un cobijo y encontrar alimento y la capacidad de rechazar un ataque de predadores, ya fueran estos animales u otros humanos.

La supervivencia del más fuerte, en un siglo XXI con superpoblación, con cambios vertiginosos y con la presencia de una tecnología altamente sofisticada, exige a cada individuo estar en buena forma física, tener una constitución corporal sana y desarrollar toda su capacidad intelectual y emocional para tener éxito en un entorno amenazador en aspectos tan diversos como el económico, el geopolítico o el bioquímico. Si podemos dar a nuestros hijos bases sólidas hoy, mañana se convertirán en los líderes de un mundo mejor y más seguro.

Cómo preparar mejor a nuestros niños para que sobrevivan y sobresalgan en el mundo moderno ha sido el objetivo perseguido por muchos libros escritos por educadores, pediatras, políticos, psicólogos infantiles y psiquiatras. Es importante resaltar que la lista de bienintencionados consejeros y autores no incluye ¡a las madres!

Las expectativas que plantean las eruditas proclamas sobre la manera más adecuada de educar a su hijo comienzan normalmente con el niño en edad escolar o preescolar, establecida de manera arbitraria en los cinco años. Cualquier otra posible duda sobre qué hacer con el niño antes de esa edad tiende a limitarse a cuestiones como «¿qué tipo de pañales le pones?», «¿durante cuánto tiempo le das el pecho?», o «¿cuáles son las leches preparadas más nutritivas para el bebé?»

Los estadios del desarrollo del recién nacido desde el nacimiento hasta los primeros años de la niñez fueron descritos con detalle por primera vez por el doctor Arnold Gesell, mencionado en el capítulo 2. Su trabajo contribuyó a la difusión de la noción temporal como elemento esencial para la consecución de la *capacidad de desarrollo de ciertas actividades*. Los autores del presente libro subrayan los errores y los posibles obstáculos que supone este planteamiento temporal del desarrollo. Si esta teoría fuera cierta, ¿por qué hay niños que leen bien antes de la edad escolar? Y, ¿por qué hay niños que hablan con frases completas o se expresan de forma fluida en más de un idioma antes de lo que su reloj temporal consideraría como el momento adecuado? ¿Por qué disfrutan los niños escuchando a Mozart tanto como con *La Cucaracha*? ¿Y por qué asimilan las historias sobre erupciones volcánicas y el movimiento de las placas tectónicas con la misma facilidad con la que aprenden todo sobre las aventuras de Paco Pico en *Barrio Sésamo*?

En un extenso y exhaustivo estudio sobre miles de bebés en todo tipo de culturas y sociedades, y después de medio siglo de experiencia en sus Institutos, los autores han elaborado un conjunto de convincentes argumentos relacionados con las razones por las que los bebés absorben la información como esponjas y con la forma en que se desarrollan de la manera que lo hacen. Después de exponer tales argumentos, los autores proceden a explicar cómo aprovechar estas destacadas capacidades de los recién nacidos, al comenzar a enseñarles desde su nacimiento en un entorno de amor y alegría. Enseñar a su bebé cuando es más receptivo al aprendizaje y más capaz de adquirir conocimiento sin esfuerzo y de disfrutar aprendiendo, le confiere la mejor oportunidad de desarrollo fisiológico, físico e intelectual para que alcance un lugar preeminente en un mundo sumamente complejo. Nunca jamás el cerebro de su bebé volverá a tener la capacidad de aprendizaje que posee en sus tres primeros años de vida.

Mihai Dimancescu,
Doctor en Medicina

Introducción

EL extraordinario órgano llamado cerebro comienza a desarrollarse en el útero. Aunque el aprendizaje continúa a lo largo de toda nuestra vida, durante el primer año de vida se abre una ventana que permite acceder a nuevas oportunidades de desarrollo permanente del cerebro.

El periodo neonatal, que comprende las primeras semanas de vida, es un espacio de tiempo especialmente significativo porque durante él suceden muchas cosas. No es un comienzo pasivo, es un explosivo inicio del aprendizaje y el crecimiento del cerebro.

Durante el primer año de la vida del bebé continúan ese desarrollo y ese aprendizaje. El cerebro del bebé está creciendo a gran velocidad, algo que se refleja en un sorprendente aumento del perímetro craneal.

Este periodo es de vital importancia para el desarrollo del cerebro. Médicos, científicos y educadores reconocen ahora que los primeros años de vida suponen una etapa fundamental para la adquisición de capacidades y que la estimulación adecuada, junto con la experiencia, son esenciales para optimizar el crecimiento y el desarrollo del niño.

Estos primeros años son muy importantes. En la actualidad se reconoce que cuanto antes comience el bebé a recibir estimulación sensorial y se le fomenten las oportunidades de potenciar la movilidad y la expresión del lenguaje, mayor será la probabilidad de optimizar el crecimiento de su cerebro, su desarrollo y sus habilidades.

Es importante comprender cómo sucede esto para optimizar el conocimiento de los programas contenidos en este libro. Dentro del útero el bebé desarrolla cientos de miles de millones de neuronas en el cerebro antes de nacer. Esas neuronas cerebrales solo están esperando *estimulación* para crear redes de función que permitirán al niño ver, oír, sentir, saborear y oler, así como sentir la *experiencia* que desemboca en movilidad, lenguaje y habilidad manual.

El recién nacido normal tendrá algunas funciones básicas al nacer, pero debe incorporar información sensorial y experiencia motora para que se produzca el crecimiento o la mejora de esas funciones y aprenda, o para que haga asociaciones. Cuando un objeto se percibe a través de los cinco sentidos y gana significado para el bebé, es que se ha producido algún tipo de aprendizaje.

El recién nacido también debe aprender a integrar la información sensorial para producir movilidad de manera coordinada, sonidos y destreza manual. Las vías sensoriales han de suministrar información a las áreas de asociación, a las de descodificación sensorial primaria, a la memoria y a las áreas de planificación del cerebro, con el fin de generar una respuesta apropiada (como acción motora). Las vías motoras (movilidad, lenguaje y competencia manual) deben ser sometidas a vigilancia por parte de las vías sensoriales para afinar la respuesta.

En el recién nacido sano y «normal» hay un ciclo maravilloso que refuerza el aprendizaje. En el recién nacido con lesión cerebral, este puede ser un círculo vicioso en el cual una escasa entrada de información sensorial dará como resultado una respuesta insuficiente o inapropiada.

Un bebé prematuro tiene un acceso más temprano a información sensorial que un bebé a término. Por ejemplo, el bebé prematuro tiene la ventaja de ver antes el contraste luz-oscuridad, mientras que en el útero no tiene acceso a ese tipo de estimulación. La madurez visual comienza de forma inmediata para el bebé prematuro.

En el recién nacido el cerebro está experimentando tres procesos naturales pero importantes que llamamos poda, aprendizaje y mielinización. La poda es un fenómeno cerebral básico y del máximo interés. En el bebé miles y miles de millones de neuronas están en su lugar en el momento del nacimiento. Sin embargo, solo aquellas que se usen y se estimulen con suficiente frecuencia, intensidad y duración a una edad temprana, se reforzaran y se convertirán en conexiones neurológicas permanentes, que funcionarán como circuitos principales o como redes. Aquellas que no sean usadas con la frecuencia necesaria son «podadas». Así pues, si no se utilizan, se desvanecen.

Por desgracia, se han dado casos de niños que nacieron con cerebros en esencia «normales» o sin lesión, pero que se han situado en entornos de aislamiento sensorial, por lo que han perdido la oportunidad de desarrollar capacidades significativas. Algunos se hallaban en orfanatos masificados, otros en casas de acogida. Debido a una falta de conocimiento de los padres o de los cuidadores, a estos bebés se les ha tenido inmersos en ambientes insulsos, poco atractivos, silenciosos y carentes de estímulos. Han recibido poca estimulación sensorial y escasas oportunidades de fomentar su desarrollo motor. Tal vez han permanecido en cunas, carritos de paseo, andadores u otros mecanismos restrictivos, que no permiten el libre movimiento, la estimulación sensorial y motora adecuada y la integración de estas funciones.

Los estudios han demostrado que los bebés que utilizan andadores pueden padecer cierto retraso en su desarrollo en comparación con los niños a los que se permite arrastrarse, gatear y caminar en un entorno seguro. Además, dispositivos como los andadores son una de las principales causas de lesiones en los niños pequeños. El grado de privación de estimulación sensorial o de potenciación motora que un recién nacido tendrá como resultado, en mayor o menor medida, la pérdida de desarrollo funcional.

A pesar de que la poda de neuronas cerebrales pueda parecer un fenómeno duro o improductivo, representa la realidad de la relación cuerpo-cerebro. El cerebro requiere una fuente de energía constante y de alta calidad, así como nutrientes, y un veinte por ciento de todo el oxígeno que llega al organismo. Aquellas áreas que no se usan se aíslan para enviar recursos a otras zonas que lo necesiten.

A la vez que se produce la poda, se desarrolla también el proceso inverso, *el aprendizaje*. Este refuerzo de los circuitos neuronales del cerebro permite la adquisición permanente de redes neuronales cuando tiene lugar la estimulación adecuada.

La mielinización es otro fenómeno relacionado con los anteriores. Este proceso, en el cual las neuronas desarrollan una cubierta aislante que protege su funcionamiento, ayuda a establecer conexiones e incrementa la velocidad de intercambio de información. Para simplificar, el cerebro crece con el uso y uno debe «utilizararlo o perderlo».

Pero, ¿cómo funciona el cerebro?

¿Se puede influir en él para mejorarlo?

¿Por qué son los primeros años de vida tan especiales?

¿Cómo se desarrollan el cerebro y el sistema nervioso?

¿Qué es lo que hacen?

¿Cómo funcionan?

¿Qué puede hacer una madre para colaborar en el proceso de desarrollo sensorial y motor?

¿Podría una madre, sin saberlo, hacer algo que pudiera inhibir o detener el óptimo crecimiento del cerebro?

¿Está su hijo sano?

¿Es normal?

¿Qué es normal?

Si su hijo tiene una lesión en el cerebro, ¿cómo puede detectarlo?

¿Cómo puede ayudarle si resulta que tiene algún problema?

Esta y muchas otras preguntas asaltan las mentes de los padres preocupados por estas cuestiones.

Los Institutos para el Logro del Potencial Humano, fundados por Glenn Doman en 1955, han estado formulando estas preguntas y encontrando las correspondientes respuestas durante más de medio siglo.

Este libro explica cómo evaluar con exactitud las vías sensoriales y motoras del bebé y cómo diseñar un programa que mejorará el crecimiento y el desarrollo de esas vías. Se trata de una excelente guía centrada en los primeros doce meses de crecimiento y desarrollo del cerebro.

Toda la información contenida en este libro se presenta de manera que cualquier madre o padre, sin formación médica alguna, se pueda beneficiar de ella. El libro mejora nuestra perspectiva sobre el modo en el que pueden ver o sentir el mundo nuestros recién nacidos. Gracias a él mejoramos nuestra comprensión sobre los retos y las frustraciones que experimentan. Armados con estos conocimientos, adquirimos conciencia de que nuestro bebé bulle entre necesidades y deseos, y nosotros podemos experimentar la gran alegría de ayudarle, si creamos un entorno ideal para él.

Cada día vale su peso en oro, y nuestro bebé está sediento de conocimientos sobre el mundo que lo rodea desde el mismo momento en que nace. Alimentar el cerebro de su hijo es tan importante como alimentar su estómago.

El objeto de este libro es ayudar a los padres a comprender el cerebro y el sistema nervioso. Por medio de sus enseñanzas, los padres podrán enfilar un camino claro y sencillo para mejorar las capacidades de su hijo. No se trata solo de un proceso extremadamente importante; es también algo que supone una enorme alegría para la madre y para su bebé.

Denise Malkowitz,
Doctora en Medicina.

1

Lo que saben las madres

DESDE el preciso instante en que nace un bebé comienza la lucha. La madre hace todo lo posible por estar cerca de su hijo y el mundo hace todo lo posible por separarlos.

Ello constituye un gran error, ya que las madres son las mejores profesoras para sus hijos.

Todo comienza con el bienintencionado personal del hospital, que se lleva a menudo al bebé al nido, lejos de la madre. Posteriormente, hay profesionales que aseguran que donde mejor está el bebé de dos años es en un centro infantil en vez de con su madre en casa. Pisándoles los talones entra en escena el sistema escolar, y es en él donde el niño pasará la mejor parte de su vida hasta los 18 años. Los educadores dicen ahora que el niño debe escolarizarse a la edad de cinco, cuatro o incluso tres años.

La mayoría de las madres sabe que los seis primeros años de vida son los más importantes.

Son muchos los factores que actúan para separar a la madre de su niño, y la mayoría de la gente ha llegado a aceptar esta invasión del territorio materno como algo normal. Es como si siempre hubiera sido así.

Pero ni los nidos en los hospitales, ni los centros infantiles ni la educación obligatoria han sido la norma habitual para niños y madres. Son inventos modernos, una ruptura radical con la tradición ancestral, en la que los niños permanecían con sus madres hasta que estaban preparados, y deseosos de afrontar la vida por sí mismos.

Frente a estos patrones de la sociedad moderna, todas las madres saben que los seis primeros años de vida de un niño son los más importantes.

Y tienen toda la razón.

La mayoría de las madres saben que los primeros meses de vida son vitales para el bienestar posterior de sus hijos.

También tienen razón en eso.

Por desgracia, la gran mayoría de las madres no posee la información que necesita para utilizar estos primeros meses en beneficio de su pequeño y hacer de estos seis años de su vida una experiencia lo más estimulante y gratificante que sea posible. Así debería ser.

Los automóviles nuevos vienen con un manual de instrucciones —los bebés no— y, sin embargo, todos sabemos que los bebés son muchísimo más importantes que los automóviles. Para despejar dudas hay manuales sobre alimentación y cambio de pañales. Hay libros sobre las fases generales de desarrollo que se observan como promedio en niños sanos.

Pero todos estos medios de ayudas se basan en dos premisas subyacentes. La primera es que las necesidades del bebé son primordialmente fisiológicas y emocionales. La segunda es que el desarrollo del bebé se desencadena a medida que van saltando una serie de sistemas de alarma preprogramados, que se activan llegado su momento, independientemente de lo que le ocurra o le deje de ocurrir al niño.

Los bebés de hoy día están siendo criados de forma accidental, en lugar de orientados hacia un objetivo determinado.

Tales suposiciones son falsas.

Quizá como consecuencia de ellas los bebés en la actualidad están siendo criados de forma accidental, en lugar de orientados hacia un objetivo determinado. Se trata de algo que en cierto modo produce vergüenza, porque el crecimiento y desarrollo del niño es algo demasiado importante como para dejarlo en manos de la casualidad.

Y también a causa de estas falsas presunciones se ha acabado por convencer equivocadamente a las madres de que deben dejar que a sus hijos los cuiden otras personas.

El potencial innato, natural, de cualquier bebé es enorme.

Si fuera verdad que lo que los bebés necesitan es simplemente ser alimentados, que les cambien los pañales y recibir unos cuantos mimos —y nada más—, la sociedad podría juntarlos tranquilamente como a los rebaños de ovejas con un solo cuidador para todos ellos. De hecho, este modelo fue el que los soviéticos establecieron y utilizaron.

Pero los bebés no son ovejitas.

Es cierto que hay necesidades fisiológicas y emocionales, pero más allá de ellas existen también necesidades neurológicas de gran alcance. Se trata de las que el cerebro tiene de estimulación y de oportunidad de desarrollo.

Cuando se satisfacen plenamente estas necesidades, las capacidades físicas e intelectuales del niño también mejoran.

Si, por otra parte, las necesidades neurológicas del bebé no se cubren de manera adecuada, y si las barreras que *a priori* pueden detener o ralentizar el crecimiento y desarrollo del cerebro no se detectan y eliminan, el niño no logrará desarrollar su gigantesco potencial humano natural.

Cada niño viene equipado con una madre, y hay una buena razón para ello. Cada madre, tanto si es nueva en el oficio como si es veterana, tiene una maravillosa capacidad para observar a su bebé y para actuar intuitivamente, basándose en sus observaciones.

En su *peor* día, una madre desarrollará mejor esta capacidad de lo que lo podrían hacer los demás en su *mejor* día.

Ello nos ayuda a comprender por qué a las madres siempre les ha parecido sospechosa la teoría del desarrollo conocida como la *del sistema de alarma preprogramado*. Han visto cómo sus niños desafían este calendario de desarrollo de capacidades, supuestamente inalterable.

Las madres también se muestran igualmente escépticas ante la idea de que la capacidad humana queda predeterminada por el mapa genético. Desde tiempos inmemoriales, las madres y los padres han ayudado a sus hijos a desarrollar capacidades que ni unos ni otros, ni tampoco sus abuelos, tuvieron jamás.

Las madres son las que más han sabido sobre bebés desde el principio de los tiempos.

Las madres son las que más han sabido sobre bebés desde el principio de los tiempos.

Son las madres las que nos han traído de las cavernas prehistóricas a los tiempos actuales.

Sin embargo, la madre moderna se enfrenta a un gran problema: su propia posible extinción.

Tiene las mismas facultades de observación, la misma intuición, los mismos instintos y el mismo amor por su bebé que todas las madres a lo largo de la historia. Pero está amenazada por un mundo en el que ser madre ya no es algo seguro. En este mundo debe batallar por mantener a su bebé junto a ella desde el momento en el que nace. En este mundo, con frecuencia le dicen que su bebé está mejor en una guardería que entre sus brazos.

Es un mundo en el que ser madre ya no es algo útil ni que se considere elegante.

Las madres saben que algo va mal en una sociedad que ya no las respeta y que muestra poco o ningún interés por el desarrollo de sus miembros más jóvenes y vulnerables.

Cuando una madre primeriza gana su primera batalla y, finalmente, sostiene al bebé con sus propias manos una vez que todo el mundo ha salido de la habitación, hace lo que todas las madres han hecho siempre. Empieza a contar: diez dedos en la mano, diez en los pies, dos orejas, una boca.

Comienza a hacer inventario para evaluar a su propio bebé. Se asegura de que viene con todo lo que debe tener y que funciona como debe funcionar.

Como sabe contar no precisa ninguna ayuda con su primer inventario. Pero en cuanto lo completa, se siente única frente a su pequeño.

Mira a los ojos de su bebé y, para su sorpresa y maravilla, ve una inteligencia para la que nadie lo ha preparado.

El padre lo ve también. Por un momento se quedan atónitos. Están abrumados por el potencial que detectan en el bebé y por la responsabilidad que han adquirido. De manera subconsciente, le hacen al pequeño mil promesas tácitas.

Los nuevos padres se ven sorprendidos por lo inteligente que es su bebé.

Con toda probabilidad, cumplirán la mayor parte de ellas. Desgraciadamente, la promesa más importante, la que tiene que ver con aprovechar el máximo potencial del bebé, es posible que no llegue a cumplirse, solo porque el padre y la madre no saben cómo hacerlo aflorar.

Les habrán hablado sobre qué hacer en beneficio de la salud y el crecimiento físico del bebé y algo sobre sus necesidades emocionales, pero el mundo tiene muy poca conciencia y bastante poco respeto por el verdadero potencial del bebé.

«Aliméntalo y quiérelo» es algo que algún buen médico les haya podido decir pero probablemente nadie les haya hablado de ayudar a que su bebé aprenda. Es posible que les hayan dicho que habrá tiempo más que suficiente para pensar en eso cuando el niño vaya al colegio. Alguien incluso les ha podido indicar que pueden perjudicar al niño si lo ayudan a aprender tan pronto, antes de que el bebé esté «preparado».

La verdad es que semejante retraso supone malgastar sus seis años más importantes. Lamentablemente, muchas madres y padres se han sentido intimidados por el mundo que los rodea. Nuestro objetivo es ayudar a los padres a proporcionar a sus hijos los máximos recursos para su desarrollo y crecimiento, en el más amplio sentido del término. Los padres necesitan saber qué es lo importante y qué no lo es.

Provistos de esta información, la madre y el padre podrán combinarla con el conocimiento que solo ellos tienen de su hijo y crear un ambiente que se encargue de satisfacer tanto sus necesidades básicas de supervivencia como las necesidades de su cerebro en desarrollo.

Este libro es la historia de cómo dar el banderazo de salida a un bebé para que adquiera su máximo potencial. Su objetivo es ayudar a que los padres *comprendan* el proceso de crecimiento y desarrollo del cerebro en el recién nacido, de manera que sean capaces de *crear* un ambiente que realce y enriquezca ese crecimiento y desarrollo.

2

La búsqueda del bienestar

CUANDO comenzamos a tratar niños con lesión cerebral, la mayoría de ellos no podían hablar o caminar. Muchos no podían hacer ninguna de las dos cosas. Nuestra primera prioridad, por tanto, se centró en intentar comprender el modo en el que aprendemos a hablar y a caminar.

Nuestro trabajo comenzó como la mayoría de los estudios, con una búsqueda en la literatura médica para saber qué había quedado registrado en ella sobre el tema hasta ese momento. Nos quedamos asombrados, estupefactos, al comprobar que no se había escrito prácticamente nada sobre desarrollo infantil. El nombre de Arnold Gesell, un pionero en el estudio del desarrollo infantil, fue el único referente que encontramos. Parecía ser que Gesell había sido el primer hombre en la historia de la medicina que había dedicado su vida al estudio del niño sano.

Queríamos saber *cómo* aprende el niño y *por qué* lo hace.

Ciertamente, Gesell había estudiado al niño sano en toda su dimensión, no solo en lo que respecta al movimiento y el habla, sino también en lo concerniente a su aprendizaje social. Sin embargo, no había intentado *explicar* el crecimiento infantil; se había dedicado a ser un cuidadoso *observador* del niño y de su crecimiento.

Nuestro interés abarcaba más campos. Si Gesell había registrado *cuándo* aprende el niño a moverse y a hablar, nosotros queríamos saber *cómo* lo hace y *por qué*. Queríamos identificar los factores más significativos para el crecimiento del niño. Y estaba claro que teníamos que buscar las respuestas por nuestra cuenta.

Al principio recurrimos a las personas que en principio podían tener acceso a esa información. «¿Cómo crece un niño?» preguntamos a los expertos. «¿Cuáles son los factores necesarios para su crecimiento?» Preguntamos a pediatras, terapeutas, enfermeras, obstetras y todo tipo de especialistas relacionados con el crecimiento de un niño sano. Quedamos sorprendidos y preocupados por la escasez de conocimientos a este respecto con la que nos encontramos.

Poco a poco fuimos comprendiendo la razón: la gente con la que consultamos raramente veía a un niño sano La razón por la que un médico, una enfermera o un terapeuta se interesa por un niño es, evidentemente, porque no está bien. La gente a la que estábamos preguntando veía sobre todo a niños enfermos. Tanto en la literatura sobre el tema como en las entrevistas con otros profesionales, observamos que había mucha información sobre el niño «que no está bien»; sin embargo, se sabía muy poco sobre el niño sano y las razones por las que crece de la manera que lo hace.

Por último, nos dimos cuenta de que quienes más sabían sobre el crecimiento de los niños sanos eran las madres. Pero aunque las madres tenían mucho que contarnos eran un poco imprecisas, como es natural, en cuanto a los momentos exactos en los que el niño hacía lo que hacía y en lo que se refiere a qué era lo más destacable de sus acciones. Para una investigación científica necesitábamos más precisión, así que decidimos acudir directamente a la fuente, a los propios niños.

El mundo se convirtió en nuestro laboratorio y los bebés en nuestro material clínico más preciado.

El mundo se convirtió en nuestro laboratorio y los bebés en nuestro material clínico más preciado. Pedimos permiso para estudiar a cada bebé que pudimos encontrar. El proceso de aprender a andar fue nuestro primer objeto de estudio. Hicimos un cuidadoso seguimiento del niño desde el momento de su nacimiento hasta que aprende a caminar.

Nos hicimos las siguientes preguntas: ¿Qué cosas impedirían que un niño aprendiese a caminar si se las retirase de su entorno? ¿Cuáles acelerarían el proceso, si se le proporcionasen en abundancia? Estudiamos a muchos, muchísimos recién nacidos sanos.

Después de varios años de fascinante estudio, supimos que habíamos descubierto el camino que cada uno de nosotros había recorrido cuando

Cuatro estadios del movimiento

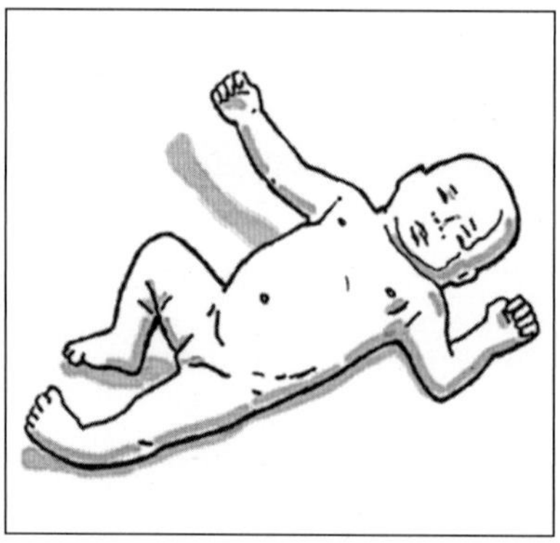

Figura 2.1. Movimiento sin movilidad.

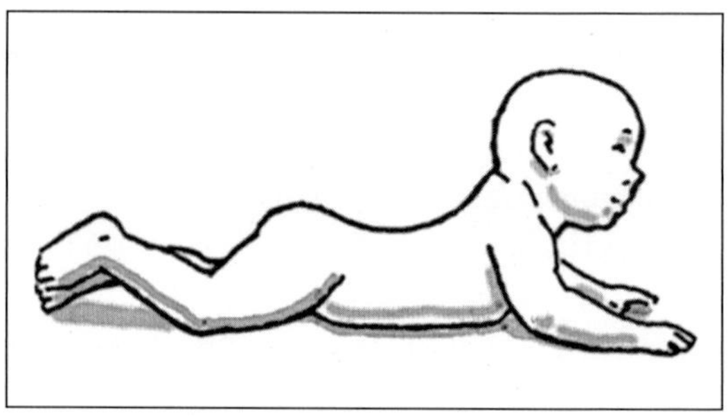

Figura 2.2. Arrastre.

era bebé. También tuvimos la sensación de que lo comprendíamos. En un túnel oscuro y hasta ahora poco prometedor, empezábamos a ver la luz.

Se hizo particularmente evidente que este sendero de crecimiento, que el bebé había seguido para convertirse en un ser humano en el pleno sentido de la palabra, tenía dos características: era algo ancestral y muy bien definido. Es interesante destacar que este camino no admitía la más ligera variación. No había desvíos, ni cruces ni intersecciones, nada que cambiara a lo largo del recorrido. Era un sendero invariable que todos y cada uno de los niños sanos recorrían en su proceso de crecimiento. Cualquiera que pudiera observar con atención tenía la posibilidad de conocer el modo en el que un niño sano aprende a caminar.

El camino que descubrimos era algo ancestral y muy bien definido.

Cuando todos los factores ajenos que no eran vitales para aprender a caminar se eliminaban, quedó claro que en este recorrido había cuatro estadios de importancia vital.

El primer estadio comenzaba en el nacimiento, cuando el bebé podía mover sus extremidades y su cuerpo pero no podía utilizar estos movimientos para mover su cuerpo de un lugar a otro. A esto lo llamamos «movimiento sin movilidad» (ver Figura 2.1).

El segundo estadio se iniciaba cuando el bebé aprendía, a veces en cuestión de horas, que al mover los brazos y las piernas de una manera determinada, junto con el estómago presionando contra el suelo, se podía mover del Punto A al Punto B. A esto lo llamamos «arrastre» (ver Figura 2.2).

A continuación se pasaba al estadio tres, en el que el bebé aprendía a desafiar la gravedad por primera vez e incorporarse con sus manos y rodillas para moverse por el suelo de una manera más diestra y eficaz. A esto lo llamamos «gateo» (ver Figura 2.3).

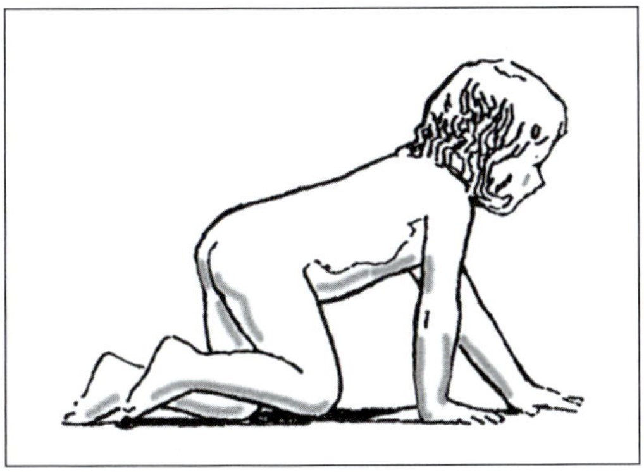

Figura 2.3. Gateo.

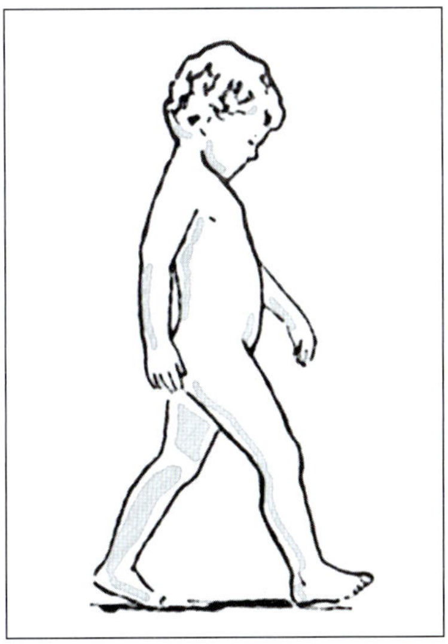

Figura 2.4. Caminar.

El último estadio significativo sucedía cuando el bebé aprendía a levantarse y sujetarse con sus pies y caminar, estadio que todos conocemos como «caminar», o capacidad para andar (ver Figura 2.4).

Comprender el significado de estos cuatro estadios es fundamental. Podemos ver su importancia si los comparamos con los niveles del ciclo escolar. Considere que el estadio uno, en el que se mueven los brazos y las piernas pero no hay movilidad, es el nivel preescolar; piense en el estadio dos —arrastre— como la escuela primaria; el estadio tres —gateo— como la secundaria y, por último, identifique el estadio cuatro, en el que ya el niño puede caminar, con la universidad. Ningún niño pierde la totalidad de su vida escolar. Ningún niño completa la universidad antes de acabar la escuela secundaria.

Según un antiguo aforismo, hay que gatear antes de caminar.

Hay un dicho que afirma que para caminar antes se necesita gatear. Ahora sabemos con toda seguridad que los niños tienen que mover brazos y piernas antes de poder arrastrarse y que primero tienen que arrastrarse con la barriga sobre el suelo antes de poder gatear apoyándose en manos y rodillas.

Estábamos seguros de que ningún bebé sano se saltaba ninguno de estos estadios a lo largo del camino, y nos convencimos de ello a pesar de que las madres a veces nos informaban de que sus niños no habían pasado por la fase de arrastre. Sin embargo, cuando le preguntaba a alguna de estas madres: «¿Lo que quiere decir es que su hijo sencillamente estuvo tumbado en la cuna hasta el momento en que empezó a gatear apoyado en manos y rodillas o se levantó y caminó?». La madre, por regla general, reconsideraba la cuestión y recordaba que el niño se había arrastrado durante un breve periodo de tiempo.

A pesar de que bajo ningún concepto se recorre este camino sin pasar por todos y cada uno de los fundamentos básicos, había una gran diferencia en los factores temporales. Algunos niños pasaban diez meses en el nivel de arrastre y dos meses en el de gateo, mientras otros niños pasaban dos meses en el de arrastre y diez en el de gateo. Sin embargo, estos cuatro estadios significativos siempre se sucedían según la misma secuencia.

A lo largo de ese ancestral camino no había desvíos para el niño sano. Seguros de ello, también confirmamos otros dos factores.

En primer lugar, si un niño sano cualquiera omitiera alguno de estos estadios, ese niño no sería normal y no aprendería a caminar hasta que se le ofreciese la oportunidad de completar ese estadio omitido.

En ese momento quedamos convencidos, y aún lo estamos, de que si a un niño sano se le suspendiera al nacer en una especie de chaleco flotante y se le alimentara y cuidara hasta los doce meses y, *a continuación,* se le pusiera en el suelo y se le dijera: «Camina, porque tienes doce meses y este es el estadio en el que los niños sanos caminan», el niño, ciertamente, no andaría. Primero movería los brazos, las piernas y el cuerpo; en segundo lugar, se arrastraría; en tercer lugar, gatearía; y después caminaría. Esto no es una mera secuencia cronológica de hechos, sino un camino planificado en el que cada paso es necesario para que se cumpla el paso posterior.

Por otra parte, también quedamos convencidos de que, si cualquiera de estos estadios básicos se mantuviera durante poco tiempo, sin llegar a pasarse por alto, como, por ejemplo, en el caso de un niño que haya comenzado a caminar antes de haber gateado lo suficiente, habría consecuencias desfavorables tales como mala coordinación pobre, falta de concentración, hiperactividad, retraso en desarrollar por completo la lateralidad —ser totalmente diestro o zurdo— y problemas de aprendizaje, sobre todo en lectura y escritura.

El arrastre y el gateo nos empezaron a parecer estadios esenciales, no solo para aprender a caminar, sino para la programación global del cerebro, estadios en los que los dos hemisferios del cerebro aprenden a funcionar juntos.

El arrastre y el gateo son esenciales no solo para andar, sino para la programación global del cerebro.

Después de observar durante años a miles de niños de muchas partes del mundo, estamos más convencidos de que cuando nos encontramos ante un niño que no ha pasado por estos cuatro importantes estadios en su debido orden, lo más probable es que con posterioridad muestre signos de posibles problemas neurológicos.

Llegados a este punto contábamos con una primera serie de hechos. Sabíamos qué era lo normal, al menos en lo que se refería a movilidad. Eso nos ayudó a definir las dos siguientes tareas que debíamos abordar: 1) aprender a utilizar esos conocimientos para beneficiar a los niños con lesión cerebral, y 2) aprender los mecanismos normales en todas *las otras* áreas funcionales que son importantes para los seres humanos.

Después de dos décadas de trabajo quedó claro que lo que estábamos estudiando no eran solo cuestiones puntuales como la movilidad o un determinado tratamiento, sino el desarrollo global del cerebro del niño.

Hasta el día de hoy no hemos agotado los posibles medios de análisis sobre las miles de maneras que existen de estimular el cerebro y de enriquecer el entorno del niño. Como consecuencia de ello, cada vez son más los niños con lesión cerebral que ven, oyen, caminan y hablan. En algunos casos, de hecho, han llegado a recuperarse por completo.

3

Un nuevo tipo de niño

LA búsqueda de nuevas y mejores maneras de mejorar la movilidad de nuestros niños con lesión cerebral nos condujo, como es lógico, a examinar su desarrollo intelectual global, y a comienzos de la década de 1960 empezamos a enseñar a leer a niños pequeños con lesión cerebral.

Muchos de los pequeños tenían problemas de comprensión y pensamos que cuanto antes empezaran el aprendizaje de la lectura, mayor sería su probabilidad de éxito.

También tratábamos niños que no tenían ningún tipo de problema de comprensión. Su lesión estaba en el cerebro medio y en las áreas subcorticales. Tenían grandes problemas de movilidad, lenguaje y competencia manual, pero su comprensión era muy buena. En realidad, estos niños, cuyas lesiones suelen tener origen en su vida intrauterina, son muy inteligentes.

Mientras que sus hermanos y hermanas sanos y los niños de sus vecinos se arrastran, gatean, caminan y saltan por todas partes, ellos se ven forzados por su lesión a mirar y escuchar. Desarrollan con rapidez una aguda capacidad de observación y comprensión y, como resultado de ello, se mantienen extraordinariamente conectados a todo y a todos los que les rodean.

Puesto que su movilidad es escasa —o inexistente—, tienen gran necesidad de atraer a los adultos para conseguir lo que quieren o necesitan. El resultado de ello es que, a la edad de dos o tres años, estos niños presentan un grado de comprensión equivalente a la que es normal varios años más tarde, y mantendrán este nivel de progresión a lo largo de sus vidas.

En este contexto vimos que nuestro reto a la hora de abordar el desarrollo de estos niños consistía en que pudieran caminar y hablar y que utilizaran sus manos como el resto de los niños. Ya que mantenían un elevado nivel de compresión, dedujimos que se podrían beneficiar del aprendizaje de un programa de lectura temprana. Y de esa manera empezamos a instruir a los padres para que ellos a su vez enseñaran a leer a sus niños, de dos o tres años y con lesión cerebral severa.

Los resultados fueron inmediatos y asombrosos.

Los niños lesionados en el cerebro medio y en áreas subcorticales tempranas que no tenían ningún problema de comprensión también aprendieron a leer con sorprendente facilidad.

Y aún más sorprendente fue el hecho de que los niños con problemas de comprensión aprendieran asimismo a leer rápidamente y con facilidad. Y, lo que es más importante, nos admiró comprobar que su nivel de comprensión mejoró de manera significativa como consecuencia de esta nueva estimulación.

Comenzamos a preguntarnos qué es lo que no funcionaba, no en los niños afectados por lesiones cerebrales, sino en los sanos que *no podían* hacer cosas que sí hacían los lesionados.

Los niños estaban encantados con este nuevo programa, sus padres se mostraban eufóricos y, por supuesto, nosotros también.

En aquel momento no éramos conscientes de que nos estábamos adentrando en un campo del conocimiento completamente nuevo, dentro del cual iríamos mejorando nuestra comprensión del proceso de crecimiento *intelectual* y haciendo descubrimientos de vital importancia para el desarrollo del bebé sano.

En aquella época los niños con lesión cerebral acudían regularmente a los Institutos para ser evaluados por nuestro personal. Para cada niño se diseñaban nuevos programas basados en los progresos conseguidos, y los padres regresaban a casa para aplicar diariamente el programa nuevo durante unos seis meses.

Las actividades que debían realizar en casa estaban orientadas a buscar el equilibrio entre un programa de movilidad y un programa fisiológico destinado a asegurar una buena salud y función. Ahora añadíamos un programa intelectual de lectura temprana.

Como resultado de este programa, empezamos a comprobar que, a pesar de padecer lesión cerebral severa, podían leer y comprender cualquier lectura antes que los niños sanos de la misma edad. Estos niños de cuatro años todavía apenas podían hablar o caminar, pero sí podían leer a nivel de tercero o cuarto de primaria y, en algunas ocasiones, a un nivel más alto.

¿Qué significaba esto?

¿Era posible que la lesión cerebral severa afectara al cuerpo de la cintura para abajo, siendo el afectado intelectualmente superior de la cintura para arriba? ¿Suponía una ventaja tener una lesión cerebral severa? Nadie pensaba tal cosa. ¿Qué significaba?

Con cierta reticencia al principio, comenzamos a preguntarnos qué era lo que no funcionaba, no tanto en los niños con lesión cerebral en su camino hacia la recuperación, sino en sus homólogos sanos, que no sabían hacer cosas que los niños lesionados sí podían hacer.

Parecía ponerse de relieve que los niños sanos no estaban tan bien como se les suponía.

Justo en el momento en el que este incómodo pensamiento nos embargaba empezamos a ver un nuevo tipo de casos.

Deberíamos haber predicho que iban a empezar a llamar a nuestra puerta, pero no lo hicimos. Y nos cogieron totalmente por sorpresa.

Este modelo de niño venía a nuestras oficinas con su madre y su padre y con su su hermano o hermana con lesión cerebral. Normalmente estaba presente en todas las conversaciones adultas: el largo historial, la evaluación, las extensas sesiones de programación, etc. Con frecuencia hacía preguntas muy incisivas y voluntariamente contestaba algunas de las preguntas que surgían. Era articulado, con muy buena coordinación, se comportaba muy bien y se mostraba completamente implicado en el programa de su hermano o hermana afectado por la lesión cerebral.

Este nuevo niño tenía todas las características por las que admiramos a los niños y ninguna de aquellas por las que nos molestan o nos enojan.

Sin embargo, este niño no era el hermano o hermana mayor del niño con lesión. Era *el más joven*. Era el pequeño de la familia.

No era como ninguno de los niños con los que habíamos trabajado hasta ese momento.

Era un poco como un adulto desabrido, solo que más simpático y encantador de lo que la mayoría de los adultos tienden a ser. Poseía en abundancia todas las características por las que se quiere a los niños. Los rasgos por los que a veces se considera como peores que un dolor de muelas brillaban por su ausencia.

Debimos prever que se presentarían casos como este, pero no lo hicimos. Cuando el hermano mayor con lesión cerebral comenzó a desarrollar un programa neurológico diario, él era un recién nacido. Sabiamente, la madre había decidido que estuviera con el hermano lesionado en todo momento. El bebé participaba en todo lo que la madre y el niño lesionado hacían como parte del programa neurológico.

Si el hermano mayor se arrastraba sobre el suelo, ello suponía una buena oportunidad para que el bebé se arrastrara junto a él. Y, de esta manera, el bebé también se mantenía boca abajo en el suelo para explorar y arrastrarse.

Si el hermano mayor se desplazaba sobre rollos cilíndricos para mejorar su equilibrio y su desarrollo vestibular, el bebé se ponía a hacerlo al lado de su hermano mayor. Y de esta manera el cerebro del pequeño estaba sometido a una mayor estimulación de las áreas vestibulares y del equilibrio que si hubiera estado en un ambiente de prueba y error.

Cuando la madre comenzó a enseñar a leer al hermano mayor, el bebé se sentó a su lado. Cada palabra que veía su hermano, el bebé también la veía. Como el mayor tenía problemas visuales, las palabras que leía estaban escritas con letras muy grandes. El bebé podía ver esas palabras fácilmente y, en consecuencia, sus vías visuales tuvieron la oportunidad de desarrollarse más rápido y mejor. Las palabras que se eligieron eran del entorno doméstico, por lo que el bebé podía comprenderlas con facilidad. Al cumplir un año, podía realmente distinguir muchas palabras sueltas de otras.

En resumen, la madre y el padre habían trabajado lo indecible para ofrecer a su hijo con lesión cerebral un ambiente neurológico excelente para que pudiera desarrollar las vías neuronales afectadas y romper el cortocircuito creado por la lesión cerebral. El entorno era rico, en el sentido que proporcionaba abundante estimulación sensorial a las vías de *entrada* al cerebro y una gran cantidad de oportunidad motora para utilizar las vías de *salida*.

Nuestro trabajo con niños con lesión cerebral nos aportó las respuestas a la hora de crear un magnífico entorno para el recién nacido.

Nosotros apuntamos la teoría de que si semejante ambiente le proporcionaba a los niños con lesión cerebral la estimulación que necesitaban para alcanzar la normalidad, ¿no sería esto beneficioso también para los niños sanos? En definitiva, un niño sano se tiene que enfrentar a los mismos retos que los que afrontan los niños con lesión cerebral. Al igual que un niño con lesión, el recién nacido es neurológicamente inmaduro. En realidad, el recién nacido y el niño con lesión cerebral, aunque son muy diferentes en algunos aspectos, de hecho son muy similares desde el punto de vista neurológico.

Si en estos momentos sabíamos cómo hacer que los niños ciegos con lesión cerebral vieran, los sordos por lesión cerebral oyeran y los paralíticos por lesión cerebral se movieran, ¿no teníamos también las respuestas para crear el entorno más apropiado para el recién nacido sano?

Un programa bien diseñado le proporcionaría al recién nacido un entorno que promovería *—a propósito—* su desarrollo. Además, funcionaría como una especie de plan asegurador, al encargarse de cualquier problema neurológico que pudiera tener si dejáramos su crecimiento *al azar.*

Era un planteamiento ciertamente emocionante para el personal. En verdad ayudaron los múltiples debates y discusiones prolongados hasta las tres de la madrugada. Estas solían terminar cuando alguien apuntaba que teníamos un ejército de niños con lesión cerebral que confiaban en que nosotros encontraríamos las respuestas que necesitaban para curarse.

Nuestro equipo estaba volcado en la tarea, pero era pequeño. Sabíamos que no podíamos plantearnos pensar en mejorar a los niños sanos mientras los niños con lesión se estuvieran esforzando por sobrevivir en un mundo en el que lo normal era aislarlos y olvidarlos.

De esta manera, nuestro sueño de que los recién nacidos se beneficiaran de este conocimiento precioso quedó solo en un sueño durante un tiempo. Con el tiempo, sin embargo, esas personitas encantadoras, de gran elocuencia y buena coordinación, empezaron a aparecer por nuestras consultas con una regularidad predecible. No eran un sueño. Ya no eran una teoría. Eran muy reales y verdaderamente impresionantes.

Ahora no teníamos elección. Estos niños tenían nombres reales y caras reales. Estábamos enganchados. Sabíamos que no importaba cuánto tardaríamos ni los pocos fondos con los que contásemos; teníamos que *hacer* algo por estos niños sanos.

4

Sobre el cerebro

El cerebro humano es un órgano espléndido que va más allá de la imaginación. Por extraño que parezca es generalizada la creencia de que se sabe poco sobre él, excepto que pesa kilo y medio o dos kilos y que es el responsable de prácticamente todo lo que hacemos.

La verdad es que el cerebro no es en absoluto un órgano misterioso. A lo largo de miles de años se ha obtenido y analizado una gran cantidad de información sobre el cerebro. De todos los órganos del cuerpo, es el más capacitado para cambiar. En realidad, está cambiando de forma constante, física y funcionalmente, sea para mejor o para peor.

Es muy importante recordar que cuando hablamos del cerebro humano, hablamos de ese órgano físico que ocupa el cráneo y la columna vertebral y que pesa entre kilo y medio y dos kilos.

El cerebro crece de manera explosiva desde la concepción hasta los seis años.

No estamos hablando de esa nebulosa entidad a la que conocemos como «mente». La confusión entre el órgano llamado «cerebro» y la idea llamada «mente» ha sido fuente de problemas en el pasado.

La mente ha desafiado cualquier definición establecida sobre lo que es o deja de ser. El cerebro, sin embargo, es material. Es más fácil de estudiar. Lo podemos ver, sentir y oler. Incluso podríamos probar su sabor.

El cerebro es un órgano bien perfilado y atractivo, cuyo trabajo consiste en recoger información y procesarla, de tal manera que su propietario pueda relacionarla con su entorno de forma apropiada siempre que lo necesite.

Ésta es una gran responsabilidad y el cerebro se encarga de ella veinticuatro horas al día durante toda la vida del individuo.

A lo largo de la vida el cerebro continúa creciendo desde el momento de la concepción, aunque el patrón de crecimiento no es uniforme. Crece de forma explosiva desde la concepción hasta la edad de seis años.

Después el crecimiento continúa, si bien en comparación con ese periodo, el desarrollo posterior a los seis años es más bien lento.

El aumento del tamaño del cráneo pone claramente de manifiesto esa evolución. Desde la concepción hasta el nacimiento el perímetro craneal pasa de cero a treinta y cinco centímetros. Del nacimiento a los dos años y medio crece otros quince centímetros. Mientras que desde ese momento a la edad adulta la cabeza apenas aumentará otros cinco centímetros y la mayor parte de ese crecimiento se producirá antes de los seis años.

Desde el nacimiento el ritmo de crecimiento del cerebro describe una curva descendente. Cada día se va desarrollando un poquito menos que el día anterior.

Durante el periodo de mayor crecimiento el bebé puede absorber información a un ritmo verdaderamente asombroso. Pero este proceso será algo más lento cada día.

El crecimiento del cerebro es dinámico, puede detenerse, hacerse más lento y, sobre todo, acelerarse.

Algunas personas tienen interés en proporcionar estimulación al bebé incluso cuando se encuentra en el útero. No obstante, esta no ha sido el área en la que nosotros hemos realizado nuestra investigación ni nuestros hallazgos. A pesar de que posiblemente hay mucho que aprender sobre el bebé durante su vida intrauterina, nosotros limitaremos nuestro análisis al tiempo que sigue al nacimiento, que es cuando podemos observar y evaluar al bebé y ver lo que necesita y cómo reacciona a las cosas que se están haciendo con él.

Puesto que el periodo crítico de crecimiento del cerebro se sitúa entre el nacimiento y los seis años, está claro que cuanto antes le proporcionemos estimulación y oportunidad de desarrollarse mejor las asimilará.

Por desgracia, se ha tendido a considerar el crecimiento y el desarrollo del cerebro como si fuera algo inalterable y estuviese predeterminado. La verdad es que en realidad se trata de un proceso dinámico y en permanente evolución.

Es un progreso que se puede detener, como sucede en el caso de la lesión cerebral severa.

Se trata de algo que se puede hacer más lento, como en el caso de un ambiente que inhiba la oportunidad del niño para explorar y descubrir su entorno a través de la vista, oído, tacto, gusto y olfato y que le coarte el movimiento, el habla o el uso de las manos. Pero lo más importante es que se trata de un proceso que se puede acelerar y mejorar.

Todo lo que necesitamos hacer para incentivar el desarrollo es proporcionar estimulación visual, auditiva, y táctil —con alta frecuencia, intensidad y duración—, según la secuencia ordenada en la que el cerebro crece.

¿Y cómo crece el cerebro?

El cerebro crece con el uso.

Hay pocas frases que se compongan de solamente seis palabras y que contengan tanto poder para cambiar la realidad como esta:

El cerebro crece con el uso.

Exactamente igual que el bíceps, el cerebro crece con el uso.

Aquellos que usan su bíceps muy poco tienen un músculo pequeño, poco desarrollado y débil. Quienes hacen un uso normal de su bíceps tienen un músculo normal. Y los que usan su bíceps de manera extraordinaria, tienen un bíceps extraordinario.

No hay otra posibilidad.

Esto mismo es válido para el cerebro, porque el cerebro crece con el uso.

Fueron nuestros niños con lesión cerebral quienes así nos lo demostraron.

Cuando empezamos a tratar con éxito a los niños con lesión cerebral comenzaron a desarrollar una función normal. Niños que no se habían podido mover empezaron a realizar movimientos. Niños que no podían caminar empezaron a hacerlo. Niños con comprensión baja empezaron a percibir mejor el mundo que los rodeaba.

Una característica de los niños con lesión cerebral es que son físicamente pequeños. Tienen estructuras físicas menos desarrolladas que las de sus semejantes sanos. La mayoría de los niños con los que trabajamos están por debajo del percentil diez en sus medidas físicas. Tienen el tórax reducido, la cabeza pequeña y su estatura es muy inferior a la de sus hermanos y hermanas sanos.

Todo lo que hacemos para acelerar el desarrollo es aportar estimulación visual, auditiva y táctil, con frecuencia, intensidad y duración crecientes.

No son pequeños porque sus genes sean inferiores, son pequeños porque su lesión cerebral los ha privado de una función normal. La falta de función es la responsable de su estructura corporal.

Hay una antigua ley de la naturaleza que dice: *la función determina la estructura.*

El niño con lesión cerebral demuestra que lo contrario es también cierto. *Una falta de función crea una falta de estructura.*

Nosotros considerábamos que si podíamos tratar el cerebro con éxito, el niño comenzaría a incrementar su función, y, a medida que esto sucediera, su estructura empezaría a cambiar.

Esto es exacta y precisamente lo que sucedió.

A medida que los niños empezaron a ver por primera vez y a comprender por primera vez y a moverse por primera vez y a caminar por primera vez, sus estructuras empezaron a cambiar.

Empezaron a crecer como la hierba.

Niños cuya estatura se había mantenido diez centímetros por debajo de la de sus coetáneos sanos comenzaron a crecer a un ritmo dos veces superior al de un niño sano de esa edad. Los niños que tenían un tórax minúsculo y habían sufrido problemas respiratorios graves experimentaron un crecimiento de su pecho que en algunos casos era entre tres y cinco veces más rápido que el de los niños sanos, y dejaron de padecer infecciones respiratorias.

Estábamos encantados pero no sorprendidos. El crecimiento físico y el desarrollo que tenían eran algo perfectamente lógico.

La capacidad de la madre naturaleza para compensar por el tiempo perdido tiene un nombre: se llama el «fenómeno de la recuperación».

Lo que sí nos sorprendió, sin embargo, fue un cambio físico que no esperábamos. Muchos de los niños con lesión cerebral que estábamos tratando tenían más de seis años. De hecho, algunos no tenían nada de niños, eran ya adultos. Aunque hicimos meticulosas mediciones de la cabeza a todos los niños y adultos con lesión cerebral que acudieron a nosotros, realmente no esperábamos ver mucho crecimiento en el perímetro craneal de los niños que tenían más de seis años.

Los niños que crecen en un entorno rico en estímulos desarrollan mejor su cerebro.

Después de todo sabíamos, como todo el mundo, que el crecimiento del cerebro termina esencialmente a los seis años y que, por tanto, el tamaño de la cabeza cambia muy poco después de este momento.

Estábamos equivocados.

Cuando empezamos a estudiar los cambios en el desarrollo cefálico de nuestros niños con lesión cerebral mayores de seis años, nos quedamos anonadados ante lo que observamos. Aunque el crecimiento de la cabeza de los niños sanos era muy leve, las cabezas de nuestros niños con lesión cerebral estaban creciendo dos, tres o incluso cuatro veces más deprisa que las de los niños sanos de su edad.

Esta era la prueba palpable de que el cerebro crece con el uso.

Hemos podido comprobar este fenómeno durante cincuenta años.

Las estructuras físicas de los niños con lesión cerebral que no reciben un tratamiento neurológico eficaz empeoran con el paso de los días.

Pero los niños con lesión cerebral que reciben la estimulación correcta y oportunidad de función, desarrollan un mejor y mayor pecho, mejores y mayores brazos, piernas y cerebros.

De la misma manera, los bebés *sanos* que se crían en un ambiente rico en estimulación y donde tienen gran cantidad de oportunidad para desarrollar función, también desarrollan un mejor y mayor pecho, mejores y mayores brazos, piernas y —esto es lo más importante— cerebros de mayor tamaño y de mejor función.

5

El recién nacido

Los adultos siempre hemos asumido que ser un recién nacido supone un estado de idílica felicidad. Parece que los trabajos más importantes de un bebé son los de comer y dormir y, como ninguno de los dos está catalogado como difícil, consideramos que el recién nacido vive en una especie de luna de miel infantil en la que tiene todo el tiempo del mundo para establecerse y acomodarse en su nueva casa.

En realidad, el mundo del recién nacido no es ni mucho menos ese.

Llega después de haber completado lo que se podría considerar el viaje más peligroso que jamás hará. Aun habiendo tenido un parto fácil, ha tenido que hacer muchas cosas.

Aceptamos que la labor de la madre en el parto supone un trabajo físico duro. Pero el parto es cosa de dos, y el miembro más joven del equipo trabaja tanto como el mayor, si no más, para ser alumbrado.

Una vez en el exterior, el niño debe adaptarse con gran rapidez al hecho de que ya no vive en un medio líquido. No solo debe aprender a mover sus manos y piernas sin la ayuda de su medio líquido, también debe aprender con rapidez a dominar los fundamentos de la respiración si quiere sobrevivir.

Es asombroso que haga esas dos cosas en los primeros segundos posteriores al parto.

Cuando las cosas se hayan asentado y tanto el médico como las enfermeras, la madre y el padre le hayan dado el visto bueno, el recién llegado debe centrarse en la formidable tarea de explicarse qué es cada cosa.

En el momento del nacimiento no puede ver. Es funcionalmente ciego. Sin embargo, desde que se le expone a la luz por primera vez empieza inmediatamente a intentar utilizar la vista. Responderá a la luz, a pesar de que al principio solo puede hacerlo durante breves momentos. Sus instantes de visión son breves. Pronto se cansará y dormirá después de hacer el esfuerzo de ver.

Tampoco oye demasiado bien. Se ha demostrado que en el útero materno los bebés responden a determinados sonidos y voces si su volumen es lo bastante alto. Sin embargo, en el momento del nacimiento, el bebé es, desde un punto de vista funcional, sordo. Puede oír algunos sonidos de tono más o menos elevado, pero no puede oír en absoluto la mayoría de ellos. A menudo el bebé nace en un entorno lleno de sonidos intensos, lo que le crea un auténtico caos auditivo. Le será difícil oír estos sonidos mezclados.

El bebé tiene sensación táctil, por supuesto, pero es una sensación muy primitiva. Puede utilizar el sentido del olfato para localizar a su madre, y si está en buena forma neurológica, también puede aspirar y tragar poco después del nacimiento.

Los recién nacidos luchan por superar la ceguera, la sordera y la inmovilidad.

Es capaz de mover sus manos y pies libremente pero, aun en su mejor momento, el movimiento hacia delante le resulta difícil, sobre todo porque lo suelen tener enrollado en telas como una momia y tumbado boca arriba en el nido.

Puede llorar, pero su respiración todavía no es lo bastante intensa como para que pueda diferenciar el sonido que emite. Por tanto, tiene que recurrir al llanto para comunicarse.

Al nacer, puede agarrar un dedo si se le pone en la mano. Los padres, a menudo, se quedan impresionados por la fuerza de prensión de su recién nacido. Sin embargo, aunque puede agarrar muy bien y parece que bastante fuerte, no tiene la habilidad de soltar.

En general, el recién nacido vive en un mundo de ceguera, sordera y relativa insensibilidad, en el que no puede moverse o usar sus manos y tiene dificultad para producir sonidos.

Este no es ciertamente un estado deseable.

Los bebés recién nacidos no son esas pequeñas cositas felices que nos gusta pensar que son. Por el contrario, son seres humanos totalmente concentrados en hacer frente a la ceguera, la sordera y la inmovilidad.

Para ellos esto va muy en serio. Y así es como debe ser.

Ser un recién nacido no es fácil ni seguro.

El bebé piensa que su trabajo es aprender a ver, oír, sentir y moverse cuanto antes. Dedicará todo su tiempo de vigilia a esas tareas. La única pregunta de verdad es si lo ayudaremos a conseguirlo o nos interpondremos en su camino.

Ningún padre en su sano juicio se propone interponerse en el camino de su recién nacido, pero, sin querer, es lo que muchas veces hace.

Algunos de nuestros modernos métodos de parto y de cuidado infantil precoz tienen escasa razón de ser tanto en el qué como en el porqué. Cuando hay una razón para hacer algo suele relacionarse con nuestra propia conveniencia. Por desgracia, lo que pueda parecer conveniente y eficaz en el mundo adulto es con frecuencia malo para el bebé.

Examinemos el entorno típico de un recién nacido y preguntémonos: ¿Está acondicionado para su beneficio o para el nuestro?

Por regla general, después de nacer el niño es separado de la madre, lo envuelven y lo ponen bocarriba y se lo llevan, si la madre lo permite, a un nido con otros muchos bebés.

¿Eso es bueno para él o simplemente es más ventajoso para que el personal hospitalario pueda vigilarlo?

En la mayor parte de los casos la naturaleza ha dispuesto una proporción de una madre/un bebé, de manera que el recién nacido tenga a la madre vigilándolo y observándolo a todas horas. Así pues, actuando de este modo frustramos el designio de la naturaleza y nos llevamos al bebé para que sea parte de una camada de bebés vigilados, no por sus madres, sino por unas concienzudas enfermeras.

¿Está el ambiente del recién nacido adaptado a su beneficio o a nuestra conveniencia?

Para ayudar a las enfermeras en la vigilancia los colocan boca arriba para que estén seguras de que respiran. Cubren a los bebés con mantas porque la temperatura de los nidos no es lo bastante alta como para que estén desnudos, porque si no, haría demasiado calor para las enfermeras.

Aunque los bebés no pueden ver ni oír a sus madres bien cuando nacen, sí las pueden oler. Cuando llegan al nido, no pueden seguir oliéndolas. Y esto enfada enormemente a los bebés.

Su instinto de supervivencia les dice: «¡Mantén a tu madre a tu lado a todas horas!» Por tanto, llorarán para que su madre venga a su lado. Como la madre está a cien metros de distancia, no puede oír esta llamada y no responde a ella. De este modo el bebé sabe que su madre no está ahí y sus intentos de llamada quedan sin respuesta.

Ciertamente, este no es un estado reconfortante para el recién nacido. La espantosa situación se agrava porque puede oír los ruidosos y repetidos llantos de otros bebés en el nido que también están intentando llamar a sus madres.

¿Y a esto le llamamos «nido»?

Es posible que nuestra intención sea buena, pero hemos establecido un entorno que satisface las necesidades de los adultos. Difícilmente podría crearse un ambiente más propicio para confundir, asustar y frustrar al bebé.

Cuando el recién nacido llegue a casa, seguirá abrigado sea cual sea la época del año. Enfriamos o calentamos nuestras casas basándonos en nuestra comodidad. Pero el bebé necesita un ambiente más templado que nosotros, así que debe estar abrigado en los primeros meses de su vida.

Arropado con mantas y con trajes que se ajustan como la ropa de esquiar, le es muy difícil moverse. Ya tiene un cuerpo muy rechoncho al que cuesta mover, pero con un pañal abultado y un traje que le cubre piernas y brazos y después envuelto en mantas, tendría que ser un luchador de sumo para poder escapar de todo el relleno que le rodea.

Y está deseando moverse.

En los escasos momentos en los que está libre del confinamiento de sus ropas y mantas moverá los brazos y las piernas de manera frenética. Esta es la razón por la que el cambio de pañal puede ponernos a prueba. Normalmente, es el único momento del día en el que, por un instante fugaz, es libre. Se vuelve como loco, algo que nos suele volver locos a nosotros porque lo único que estamos intentando es ponerle un pañal limpio.

No son solo las mantas, las sábanas y la ropa lo que frustra sus intentos de moverse. Desde que nace y casi de forma invariable le colocan tumbado boca arriba. En esta posición es como una tortuga del revés. Todos los maravillosos movimientos de propulsión de sus brazos y piernas son inútiles. No le permiten avanzar hacia delante.

¿Cuánto tiempo está el bebé libre para moverse, bocabajo, sin que nada le estorbe? Prácticamente ninguno.

Sin embargo, cuando se le coloca bocabajo, con el vientre apoyado sobre una superficie suave y cálida, todos esos movimientos de sus brazos y piernas que parecían hechos al azar se convierten en movimientos productivos, en impulsos hacia delante. Cuando el recién nacido esté colocado bocabajo comenzará a hacer los mil y un experimentos que necesita hasta descubrir cómo usar los brazos y las piernas para arrastrarse. La naturaleza lo ha dotado de la fuerza suficiente para mover su cuerpo y necesita todo el tiempo del que pueda disponer para conseguirlo.

Si calcula el tiempo que un bebé de nuestros días está libre para moverse sin que nada le estorbe, con el vientre contra una superficie suave y tibia, comprobará que es casi nulo.

Incluso cuando le proporcionamos cierta oportunidad de movimiento le restringimos su campo de juego drásticamente al ponerlo en la cuna, en el parque, la silla columpio, el carrito de paseo o el andador. Cada uno de estos artilugios se inventó para que hiciera las veces de cuidador a distancia. Están diseñados para restringir al bebé, para que nosotros podamos hacer nuestras cosas sin tener que vigilarle tan de cerca. Puede que parezca algo positivo, e incluso seguro para el bebé pero, en realidad, no es bueno a largo plazo ni seguro a corto plazo.

No hay nada bueno en crear un ambiente en el que el bebé no pueda, por más que lo intente, desarrollar sus capacidades vitales de arrastrarse y gatear libremente.

Ahora sabemos que estos no son estadios fortuitos en su desarrollo; arrastrarse y gatear son de vital importancia en todos los aspectos del desarrollo neurológico. Lo que hoy puede parecer bueno mañana se tornará en algo muy perjudicial si la falta de gateo y arrastre mientras es bebé le llega a generar dificultades en su vida posterior.

En cuanto a la seguridad, con un bebé diminuto no hay un sustituto a la vigilancia de verdad. Cada artilugio que nos permite crear una distancia entre nuestro bebé y nosotros es un medio que nos tranquiliza creando una falsa sensación de seguridad.

Tenemos una clínica llena de niños con lesión cerebral que *eran* niños sanos que se salieron de la cuna saltando y cayeron de cabeza, o se salieron de su parquecito y se cayeron a la piscina.

La lección es fácil: cuanto más cerca está un bebé de su madre y del suelo, más seguro estará tanto a corto como a largo plazo.

Como padres y como sociedad necesitamos revisar nuestras prioridades cuidadosamente cuando decidimos traer un bebé a este mundo.

Si examinamos con atención nuestra manera de actuar, es posible que comprobemos que hemos sido egoístas, insensibles, y extremadamente miopes al diseñar el entorno del bebé casi en su totalidad para nuestra comodidad y conveniencia, negándole de este modo su derecho a moverse desde el nacimiento y a explorar y desarrollar sus capacidades al máximo.

Aunque no lo hemos hecho a propósito, hemos entorpecido el desarrollo de nuestros bebés.

Las necesidades de un recién nacido son mucho más importantes que nuestra conveniencia temporal. Se debería diseñar su entorno para optimizar tanto su seguridad como su crecimiento y su desarrollo a largo plazo.

La familia y la sociedad en su conjunto se benefician enormemente del aumento en las capacidades y felicidad de los bebés que se crían de tal manera que sus necesidades neurológicas se hayan visto satisfechas.

Se debería diseñar su entorno para optimizar tanto su seguridad como su crecimiento y su desarrollo a largo plazo.

6

Hacer que suene la alarma

HEMOS hablado mucho sobre lo que no deberíamos hacer, pero solo hemos esbozado lo que *deberíamos* hacer para crear un ambiente mejor para nuestros bebés.

Profundicemos en ello.

Durante mucho tiempo se creyó que los elementos más importantes en el desarrollo infantil se logran de manera automática, por el mero hecho de ir cumpliendo años.

Esta teoría establece que el niño caminará cuando cumpla un año como consecuencia del funcionamiento de algún tipo de mecanismo interno —algo así como una alarma programada para dispararse a los doce meses y que es el desencadenante de la capacidad de caminar.

De forma simultánea, la alarma se dispara para el habla y el niño comienza a decir palabras. La misma teoría postula que hay una alarma preprogramada para todos y cada uno de los estadios del desarrollo. Esta teoría sugiere que el mero paso del tiempo conduce al desarrollo de la capacidad humana y que la adquisición de estas capacidades es tan inevitable como la salida y la puesta del sol.

El concepto de «preparación» es un auténtico despropósito.

Este planteamiento se asocia con la idea de «estar preparado». Por ejemplo, la alarma salta a los seis años cuando el niño se supone que «está preparado» para la lectura.

El concepto de «preparación» y la teoría de las alarmas en secuencia son en su conjunto un auténtico despropósito.

Si la preparación para la lectura sucede a la edad de seis años, como señalan los indicadores convencionales, ¿cómo puede explicarse que el treinta por ciento de los niños en nuestro sistema escolar no hayan aprendido a leer correctamente a la edad de dieciocho años? ¿Por qué no sonaron sus alarmas cuando tenían seis o siete años? ¿Por qué no han sonado todavía a los que tienen dieciocho?

Es aún más difícil explicar el hecho de que miles de niños con lesión cerebral hayan aprendido a leer espléndidamente bien a la edad de tres años. Piensan que la lectura es el mejor invento después del de las madres.

¿Por qué su «alarma» de la lectura sonó temprano?

Es verdad que un niño promedio sabrá caminar a la edad de doce meses. Pero, ¿es eso una relación de causa-efecto? ¿Es el paso del tiempo el que ha determinado esta nueva capacidad?

Evidentemente, no.

¿Por qué caminan, hablan y usan las manos antes que sus semejantes los niños crecidos en entornos muy favorables?

Después de pasar mucho tiempo con niños que se desenvolvieron en un entorno muy favorable desde que nacieron, nos vimos obligados a preguntarnos: «¿Por qué caminan, hablan y usan las manos antes que sus semejantes?»

¿Por qué suena su alarma *antes* de lo establecido? ¿Por qué están aprendiendo a una edad más temprana?

Uno de los descubrimientos más sorprendentes fue el de que el proceso de crecimiento y desarrollo es un producto de la cantidad de estimulación en el entorno del niño. No está determinado por ninguna alarma preprogramada.

Por consiguiente, empezamos a buscar todas las maneras posibles de «disparar las alarmas» de nuestros niños con lesión cerebral y hemos encontrado cientos de ellas.

Descartamos el modelo de la secuencia de alarmas. Lo que descubrimos fue una verdad sencilla y precisa:

El cerebro crece con el uso, no por una alarma preprogramada.

El crecimiento del cerebro se puede acelerar con un incremento de estimulación en cualquier momento de la vida, pero sobre todo cuando está creciendo a mayor velocidad: durante los seis primeros años de vida.

Los seis primeros años de vida son de gran valor, ya que durante este tiempo el cerebro crece muy deprisa. Durante el primer año de vida es cuando el crecimiento del cerebro es más espectacular.

Como hemos indicado, un bebé recién nacido es, al igual que otras criaturas, funcionalmente ciego desde un punto de vista práctico. Solo puede distinguir la luz y la oscuridad. Presenta un «reflejo de luz». Esto significa que, si hacemos brillar una luz directa a sus ojos, la pupila se contraerá para evitar que entre demasiada luz en las vías visuales. Si apagamos la luz la pupila se dilatará otra vez permitiendo que una cantidad aceptable de luz entre en su vía visual.

Analicemos a continuación los casos de tres niños:

1. Un bebé prematuro nacido dos meses antes del término de la gestación en Chicago y que en la actualidad tiene dos meses.

2. Un bebé sano, nacido a término y concebido el mismo día que el niño prematuro, también nacido en Chicago.
3. Un bebé sano de tres meses de la tribu Xingu en el Mato Grosso de Brasil.

Si la teoría de las alarmas fuera cierta, el bebé Xingu, sano y con tres meses debería ser el que viera mejor, el bebé nacido a término de Chicago vería menos que el primero y el bebé prematuro concebido el mismo día debería ser el que viera peor.

De hecho, lo que sucede es exactamente lo contrario.

¿Cómo es esto posible?

Comencemos con nuestro bebé prematuro, expulsado demasiado pronto del agradable ambiente del útero de su madre.

Lo examinamos al nacer y vemos que su falta de madurez no ha afectado a su visión. Tiene un reflejo de luz normal y ve luz y oscuridad.

Nuestro bebé a término de Chicago, concebido el mismo día, nació exactamente dos meses después que el prematuro. Lo examinamos y vemos que él también tiene visión normal. Tiene reflejo de luz y, por tanto, distingue luz y oscuridad.

En función del instante de su concepción, estos dos bebés tienen exactamente la misma edad.

En el momento de nacer el bebé a término ve solo luz y oscuridad, mientras que el bebé prematuro (que ahora tiene dos meses) ya ve contornos y siluetas, algo normal en un niño sano de dos meses.

Hemos visto esto una y otra vez. ¿Qué es lo que significa?

¿Por qué el bebé prematuro ve ya contornos mientras el nacido a término, con la misma edad desde la concepción, solo diferencia luz y oscuridad?

Parece obvio, ¿no?

El niño en desventaja ha tenido un mundo al que mirar durante dos meses mientras que el niño a término no.

Nadie jamás leyó si nunca tuvo un libro que leer.

Nadie jamás tocó el violín si no tuvo un violín que tocar.

Nadie jamás nadó si no tuvo agua en la que nadar.

Nadie jamás vio un mundo si no tuvo un mundo que ver. Se necesita ver un mes o dos para que la vía visual del cerebro alcance un estadio en el que comience a ordenar lo que ve.

Y ¿qué hay de nuestro bebé Xingu de tres meses en las grandes sabanas de Brasil? Hasta hace cuarenta años esta tribu estaba tan aislada que los legendarios antropólogos hermanos Villas-Boas eran los únicos extraños que los habían visto. Así que cuando el equipo de los Institutos llegó en 1966 fuimos la tercera, la cuarta, la quinta y la sexta persona ajena a su cultura que conocieron y con quienes convivieron.

Nuestro bebé Xingu tiene tres meses. Se crió con su tribu Xingu en el Mato Grosso del Brasil Central.

Si el modelo de la alarma preprogramada fuera cierto, con toda seguridad nuestro bebé Xingu de tres meses podría ver mejor que el niño prematuro o que el nacido a término.

La realidad es justamente la contraria.

El bebé de dos meses prematuro es el que más ve. El aventajado recién nacido, a los pocos días, verá menos. Nuestro bebé Xingu no verá nada en absoluto.

¿Cómo puede ser eso?

En ausencia de la oportunidad visual adecuada el paso del tiempo no es una ventaja. Es, en realidad, una desventaja.

¿Qué le sucedió a nuestro bebé Xingu?

Era un bebé precioso, como todos los bebés Xingu. Su gente vive en grandes cabañas de hierba sin ventanas y con una única y pequeña apertura. Estas pequeñas aperturas sirven para proteger a aquellos que viven dentro. Es imposible entrar en una casa Xingu sin agacharse e inclinar la cabeza. A los intrusos se les puede despachar con un buen golpe en la cabeza. La consecuencia de ello es que las cabañas Xingu son muy, muy oscuras. De hecho, prácticamente no hay nada de luz dentro de la cabaña.

Por razones solamente conocidas por los Xingu, cuando nace un niño se le deja dentro de la cabaña durante aproximadamente su primer año de vida.

Cuando nuestro equipo visitó a esas bellas personas del Mato Grosso, fue una de esas veces en nuestra vida en las que la ignorancia jugó a nuestro favor.

Al no ser conscientes de esta costumbre, pedimos a una familia con un bebé de al menos tres meses de edad la posibilidad de verlo y fotografiarlo. Así que la madre y el padre sacaron al bebé a la luz del día para que pudiéramos fotografiarlo mejor.

Examinamos su estadio de desarrollo visual, auditivo y táctil.

Tenía reflejo de luz, pero solo distinguía luz y oscuridad. A los tres meses de edad no mostró tener la habilidad de ver contornos o detalle.

¿De qué otra forma hubiera sido posible?

Durante este año no sacan a los bebés a la luz para nada. El resultado de esta costumbre es que los bebés no ven cuando finalmente salen de las cabañas. Tienen reflejo de luz, que consiste en una contracción pupilar en presencia de la luz, como las pupilas de los recién nacidos, pero más allá de eso, no ven nada.

Así que nuestro bebé Xingu de tres meses era el mayor de los tres cronológicamente, pero en lo que se refiere a desarrollo visual estaba en el estadio de un recién nacido.

El bebé prematuro ha dispuesto de dos meses completos para ver antes de su fecha teórica de nacimiento. Es cronológicamente el más joven desde la concepción, pero ha tenido dos meses más de estimulación que el bebé sano nacido a término. Le lleva visualmente cinco meses de ventaja al bebé Xingu. Tiene una edad visual de dos meses.

Se demuestra así que no existe ninguna alarma preprogramada. *El cerebro crece con el uso,* no con un horario predeterminado.

Detengámonos a pensar un momento en tres familias que viven al lado unas de otras en las afueras de una ciudad.

Una es la familia Blanco, junto a ella está la familia Rojo y la siguiente es la familia Pardo.

Exactamente el mismo día, cada madre da a luz un bebé.

Cinco semanas después el señor Blanco llega a casa y la señora Blanco le dice: «¿Sabes una cosa? El bebé me siguió con la mirada esta mañana. Estaba tumbado bocabajo en la cama. Sucedió cuando pasé entre él y la ventana. Estaba clarísimo que él me podía ver, a pesar de que estaba en el lado contrario de la habitación».

El cerebro crece con el uso, no según una secuencia temporal preestablecida.

Y papá contesta «¿y eso es todo?». La madre continúa «Espera un momento. Tiene cinco semanas y el pediatra dice que los bebés no siguen con la mirada hasta que tienen diez meses. Tenemos un bebé muy listo».

Diez semanas después del nacimiento del bebé, el señor Rojo llega a casa y la señora Rojo le dice: «¿Sabes una cosa?, el bebé me ha seguido con la vista hoy». Y papá responde: «¿Eso es todo?». La madre añade: «Tiene diez semanas y es cuando, en teoría, un bebé puede seguirte con la mirada. Tenemos un bebé bueno y sano».

Quince semanas después del nacimiento de los bebés el señor Pardo llega a casa y la señora Pardo le dice: «Cariño, tenemos que hablar». Puesto que su tono de voz es decididamente serio, papá añade: «Es de dinero, ¿verdad? Pues hablémoslo ahora». La madre niega: «No, no es de dinero, es mucho más importante que eso. Es sobre el niño. Nuestro bebé tiene quince semanas y todavía no me sigue con la mirada». Y papá pregunta: «¿Eso es todo?». Mamá continúa: «Debería haber empezado a hacerlo hace cinco semanas. Nuestro bebé tiene un problema».

Cada una de estas madres ha llegado a una conclusión. La señora Blanco ha concluido que tiene un bebé muy, muy inteligente. La señora Rojo deduce que tiene un bebé sano y normal, y la señora Pardo que su bebé tiene un problema.

Y todas tienen razón, las tres.

Pero, ¿a qué lo atribuyen?

La señora Blanco se dice a sí misma: «Yo soy lista, mi marido es listo, así que tenemos un bebé listo y bueno».

La señora Rojo se dice: «Yo soy normal, mi marido es normal, los dos venimos de familias muy normales, por tanto tenemos un bebé bueno y normal».

La señora Pardo se dice a sí misma: «Soy totalmente normal, igual que mi marido, pero ya no estoy tan segura sobre la familia de mi marido. El tenía una tía que...».

Básicamente las tres madres asumen que sus bebés son como son debido a razones genéticas predeterminadas.

Pero sus tres bebés, muy distintos, no son un producto de las diferencias genéticas.

Cada uno de ellos es producto de su entorno.

El niño de los Blanco es el producto de un ambiente enriquecedor (en la familia Blanco esto parece ser una feliz coincidencia).

El bebé de los Rojo es el producto de un entorno visual medio, también por casualidad.

Cada niño es producto de su entorno.

El bebé de los Pardo es producto de un entorno muy pobre en estimulación visual. Por desgracia, también esto es un accidente.

Qué gran tristeza criar a nuestros niños por casualidad.

Alimentamos sus estómagos con la mejor comida que podemos comprar. En cambio, alimentamos sus cerebros por casualidad.

Por encima de cualquier otra cosa, deberíamos asegurar a nuestros hijos recién nacidos el más importante de todos los derechos, el derecho a alcanzar su máximo potencial humano. Después de todo, esa es la razón por la que usted está leyendo este libro. Sus páginas le enseñarán a hacer que el cerebro de su hijo crezca, en lugar de esperar a que se disparen mecanismos de alarma inexistentes.

Recuerde: *El cerebro crece con el uso.*

En el caso de las familias Blanco, Rojo y Pardo la diferencia estribaba en la estimulación de las vías visuales que, combinadas con otras vías, constituyen el cerebro como unidad funcional.

Cada uno de los tres bebés es un producto del número de veces que la madre o el padre encendieron o apagaron la luz. El sol sale y se pone. Esos son dos estímulos para el bebé. Más allá de eso, lo que es esencial es el número de veces que el «accidente» del reflejo de luz sucede.

Cuando encendemos la luz en una habitación oscura, se estimula el reflejo de luz. La pupila se contraerá de forma refleja por la presencia de la luz y se dilatará en la oscuridad. En la mayoría de las casas esto sucede varias veces al día por casualidad.

¿Qué padre ha dicho a su mujer al llegar a casa, «¿Cuántas veces has encendido y apagado la luz para estimular al bebé hoy?».

Pero en las casas de las familias con las que trabajamos en los Institutos para el Logro del Potencial Humano es exactamente eso lo que sucede. Los padres y las madres de niños ciegos con lesión cerebral se organizan para que este «accidente» suceda cientos de veces al día para que sus niños se puedan desarrollar, mejorar o fortalecer su reflejo de luz, que es el primer y más importante paso para poder ver.

Los padres y las madres de recién nacidos se organizan para que este «accidente» suceda docenas de veces al día de forma que sus bebés sanos puedan mejorar y fortalecer su reflejo de luz y de ese modo adquirir más rápidamente la capacidad de ver.

La importancia de que el bebé sano desarrolle más pronto la capacidad de ver no estriba en poder decir simplemente: «¡Qué bien! Está creciendo más deprisa que otros niños de su edad». ¿Qué beneficio le reportaría eso al bebé?

El recién nacido que es estimulado tiene la oportunidad de ver durante el periodo de tiempo en el que su cerebro está creciendo a la máxima velocidad.

La verdadera significación del hecho de que la capacidad de ver se adquiera pronto va mucho más allá. Un bebé promedio está atrapado en una habitación normal desde el punto de vista visual en el momento en que su cerebro está creciendo a su ritmo más alto. Puede absorber enormes cantidades de información, pero sus vías visuales no están lo suficientemente desarrolladas para hacerlo.

El recién nacido que es estimulado, y de ese modo adquiere la capacidad de ver semanas o meses antes, tiene la maravillosa oportunidad de percibir con la vista todo lo que le rodea durante el periodo de tiempo en el que su cerebro está creciendo a la máxima velocidad.

La capacidad de visión conduce posteriormente a la maduración de otras vías.

Una vez que el bebé puede ver, empieza a comprender mejor lo que se le dice. Cuando puede ver, su necesidad de movimiento aumenta enormemente. Como consecuencia de ello, intenta moverse más y, de hecho, se mueve más. Este movimiento estimula su tacto y favorece la posterior evolución de la vista. El aumento de la cantidad de movimiento sirve para que crezca su cavidad torácica y, en consecuencia, para que mejore su respiración. Este incremento en la respiración le permite emitir sonidos con más facilidad y así puede comunicar mejor sus necesidades.

De este modo se genera un círculo de acontecimientos felices, cada uno de los cuales enciende otra chispa, y cada chispa provoca la ignición de una nueva capacidad.

Cuanto más se usa el cerebro, más crece y más capaz se hace el bebé. Esta es la verdadera definición del uso del cerebro.

La estimulación se debería hacer a propósito, no por casualidad.

El niño con lesión cerebral no se puede permitir el lujo de ser estimulado por casualidad y, verdaderamente, tampoco se lo debería permitir el sano.

La estimulación debe llevarse a cabo de manera intencionada, no por casualidad. Cuanto más se usa el cerebro más crece y, de este modo, el niño desarrolla mejor sus capacidades.

La capacidad del niño es el producto de la estimulación y la oportunidad, no de un mecanismo de alarma preprogramado o de un diseño genético predeterminado.

La *realidad* del modo en el que se desarrolla el cerebro resulta ser mucho más prometedora que la antigua *idea* preconcebida a este respecto. La verdad resulta ser mucho mejor que la ficción.

Hemos visto cómo empiezan a desarrollarse las vías *visuales* por el uso. El cerebro se compone de *seis* vías y *todas ellas* crecen a través del uso. Examinemos cuáles son esas seis vías.

7

El Perfil de Desarrollo de los Institutos

El Perfil de Desarrollo de los Institutos constituye un esquema destinado a diseñar los estadios significativos del desarrollo que atraviesan los niños normales desde el nacimiento hasta la edad de seis años. Refleja la progresiva evolución del cerebro. El Perfil fue articulándose después de años de investigación y estudio sobre el desarrollo de los niños.

Descubrimos que hay seis capacidades que caracterizan a los seres humanos y que les hacen diferentes de cualquier otro ser vivo.

Estas seis funciones son únicas en los seres humanos y todas ellas se localizan en nuestra peculiar corteza cerebral.

Tres de estas funciones son motoras por naturaleza y dependen por completo de las otras tres, que son sensoriales.

Las tres funciones motoras, únicas y características de todos los seres humanos, son:

1. Caminar y correr en posición erguida y con un patrón cruzado real (con las extremidades opuestas moviéndose a la vez).
2. Hablar en un lenguaje vocal, simbólico y complejo, inventado y mantenido por acuerdo y convención, como el inglés, chino, español, japonés, italiano, etc.
3. Escribir ese lenguaje inventado oponiendo el dedo pulgar con el índice.

Estas tres funciones motoras son absolutamente únicas y características de los seres humanos y cada una de ellas es propia de nuestra característica corteza cerebral.

Las tres habilidades motoras están basadas en tres habilidades sensoriales únicas:

1. Ver de tal manera que se pueda leer el lenguaje simbólico inventado.

2. Oír de modo que se comprenda el lenguaje simbólico inventado.
3. Sentir de forma que podamos identificar un objeto solo con el tacto y sin confirmarlo por medio de la vista, el oído, el olfato o el gusto.

Como las anteriores, cada una de estas características también es específica de los seres humanos y propia de la corteza cerebral.

Después de estudiar el desarrollo tanto de niños con lesión cerebral como de niños sanos, descubrimos que cada una de estas seis funciones se desarrollaba atravesando siete estadios, que comenzaban en el nacimiento y finalizaban a los seis años.

Los siete estadios de función corresponden a siete fases de desarrollo del cerebro. Esto sucede a medida que las diferentes partes del cerebro, que ya existen en el nacimiento, evolucionan y se hacen funcionales.

Estadio I	Tronco encefálico y médula tempranos.
Estadio II	Tronco encefálico y áreas subcorticales.
Estadio III	Cerebro medio y áreas subcorticales.
Estadio IV	Corteza inicial.
Estadio V	Corteza temprana.
Estadio VI	Corteza primitiva.
Estadio VII	Corteza compleja.

Descubrimos que en niños promedio estos estadios se hacen funcionales aproximadamente al mismo tiempo que se desarrolla el proceso orientado a la consecución de cada una de las seis funciones. Estos siete periodos críticos, aunque son variables, son a grandes rasgos los siguientes:

Nacimiento.

2,5 meses.

7 meses.

12 meses.

18 meses.

36 meses.

72 meses.

Con cada una de las piezas del rompecabezas en su lugar es posible crear una tabla que muestra las seis funciones humanas vitales y únicas y los sietes estadios en los que estas se suceden en un niño sano (ver Figura 7.1).

Una vez que hubimos determinado los estadios más significativos por los que un bebé debe pasar para completar su desarrollo, necesitábamos determinar qué funciones son las cruciales para el crecimiento y desarrollo humano.

Ello implicaba una minuciosa observación de cientos de bebés sanos en todos los estadios del desarrollo. Este estudio ha abarcado los últimos cincuenta años y continúa desarrollándose todavía en la actualidad.

Si los Institutos son recordados dentro de cien años, ello se deberá casi con toda seguridad al Perfil del Desarrollo de los Institutos, que es el fruto de una gran parte de nuestro trabajo.

El Perfil es una descripción del crecimiento y desarrollo del cerebro humano desde el nacimiento hasta la consecución de su madurez a los seis años de edad.

Es un documento esencial diseñado con la intención de que resulte claro y directo, de manera que cualquier padre pueda estudiarlo y, lo que más importante, lo pueda utilizar con facilidad.

El mayor desafío a la hora de plantear el contenido del Perfil del Desarrollo no era tanto decidir qué *incluir,* sino más bien qué *excluir.* Durante los primeros seis años de desarrollo suceden literalmente millares de cosas. Gesell y su equipo invirtieron años en catalogar todos esos eventos. Fue una tarea monumental.

En esencia, habían documentado todo lo que un niño hacía en todos esos años importantes entre el nacimiento y los cinco años.

Pero nosotros queríamos saber una cosa mucho más importante: de todas las miles de cosas que hace un niño sano en el proceso de crecimiento desde el nacimiento hasta los seis años, ¿cuáles son las que en realidad importan?

En resumen, de la multitud de cosas que hace un bebé, ¿qué cosas son causas y qué cosas son simplemente consecuencias?

¿Cuáles le impedirían desarrollarse con normalidad si se eliminaran de su vida?

Cada uno de estos siete estadios del desarrollo es responsabilidad de un estadio diferente del cerebro. Aunque todos estos estadios *existen* en el recién nacido cuando nace, *se convierten en funcionales* en orden sucesivo, desde el estadio inferior en el nacimiento hasta el estadio superior del desarrollo a la edad de seis años en un niño promedio.

PERFIL DE DESARROLLO

VII	CORTEZA COMPLEJA	72 meses	LECTURA	COMPRENSIÓN DEL LENGUAJE	IDENTIFICACIÓN POR EL TACTO	CAMINAR	HABLA	ESCRITURA
VI	CORTEZA PRIMITIVA	36 meses						
V	CORTEZA TEMPRANA	18 meses						
IV	CORTEZA INICIAL	12 meses						
III	CEREBRO MEDIO Y ÁREAS SUBCORTI- CALES	7 meses						
II	TRONCO ENCEFÁLICO Y ÁREAS SUBCORTI- CALES TEMPRANAS	2,5 meses	COMPETENCIA VISUAL	COMPETENCIA AUDITIVA	COMPETENCIA TÁCTIL	COMPETENCIA EN LA MOVILIDAD	COMETENCIA LINGÜÍSTICA	COMPETENCIA MANUAL
I	TRONCO ENCEFÁLICO Y MÉDULA TEMPRANOS	Nacimiento	REFLEJO DE LUZ	REFLEJO DE SOBRESALTO	REFLEJO DE BABINSKI	MOVIMIENTO REFLEJO	LLANTO AL NACER REFLEJO	REFLEJO DE PRENSIÓN

Figura 7.1. Perfil de Desarrollo Simplificado.

Así pues, necesitábamos añadir:

1. Un diagrama del cerebro humano con sus sucesivos estadios del desarrollo.
2. La función específica del cerebro mismo en cada uno de los cuarenta y dos recuadros.
3. Un código de colores para distinguir cada uno de los estadios del cerebro.

De este modo el avance de un niño se puede dibujar, estadio por estadio y columna por columna en el Perfil.

Ello permite a los padres establecer la edad neurológica global del niño y hacerse cargo de los puntos débiles que se detecten.

De hecho, el Perfil nos proporciona seis edades neurológicas: una edad visual, una edad auditiva, una táctil, una de movilidad, una edad de lenguaje y una edad manual.

La madre evalúa a su bebé en cada una de las seis columnas para descubrir las capacidades que tiene o no su bebé en cada área. A continuación se traza una línea a lo largo del borde superior del estadio más alto al que el bebé ha logrado llegar en cada una de las seis columnas. Los padres esperan a veces que el estadio más alto sea el mismo en las seis columnas, aunque este no suele ser el caso.

El lado sensorial del Perfil es, necesariamente, más grande que el lado motor. El niño debe recibir una buena dosis de información sensorial antes de que esa información se convierta en respuesta motora. En resumen, la información debe entrar en el cerebro antes de que esperemos que pueda salir. Por esta razón, el lado motor del Perfil a menudo queda por detrás del sensorial.

Es posible que algún área inferior en alguna de las columnas no sea perfecta. Es posible lograr un estadio más alto antes de que todos los estadios inferiores sean perfectos. Sin embargo, el niño no logrará el nivel óptimo en lo más alto del Perfil (estadio VII) hasta que haya perfeccionado todos los estadios inferiores.

Por fin conseguimos lo que se conoce como el Perfil de Desarrollo de los Institutos. (ver Figura 7.2).

Como hemos dicho, en el pasado se planteó la teoría de que esta progresión era un hecho predestinado e inalterable, que resultaba de la herencia genética predestinada superpuesta a un esquema rígido de tiempo y secuencia.

Hemos demostrado que esto es incierto.

El orden en el cual suceden los estadios significativos del desarrollo (visual, auditivo y táctil en el lado sensorial del Perfil, y de movilidad, lenguaje y competencia manual en el lado motor) es una función del desarrollo del cerebro a medida que estadios superiores entran en escena.

El esquema de tiempos es altamente variable y depende de dos factores:

1. La frecuencia, la intensidad y la duración de los estímulos proporcionados al cerebro por el entorno del niño.
2. El estado neurológico del niño.

Figura 7.2. Perfil de Desarrollo de los Institutos

ESTADIO CEREBRAL PREDOMINANTE		REFERENCIA TEMPORAL	COMPETENCIA VISUAL	COMPETENCIA AUDITIVA	COMPETENCIA TÁCTIL
VII	**CORTEZA COMPLEJA**	Superior 36 meses Media 72 meses Inferior 144 meses	Lectura con comprensión total *Comprensión humana compleja*	Comprensión del vocabulario completo y frases correctas *Comprensión humana compleja*	Identificación táctil de objetos *Comprensión humana compleja*
VI	**CORTEZA PRIMITIVA**	Superior 18 meses Media 36 meses Inferior 72 meses	Identificación de símbolos visuales y letras con experiencia *Comprensión humana primitiva*	Comprensión de 2.000 palabras y frases sencillas *Comprensión humana primitiva*	Habilidad para determinar características de los objetos por medios táctiles *Comprensión humana primitiva*
V	**CORTEZA TEMPRANA**	Superior 9 meses Media 18 meses Inferior 36 meses	Diferenciación de símbolos visuales simples, similares pero distintos *Comprensión humana temprana*	Comprensión de 10 a 25 palabras y dos pares de palabras *Comprensión humana temprana*	Diferenciación táctil de objetos similares pero distintos *Comprensión humana temprana*
IV	**CORTEZA INICIAL**	Superior 6 meses Media 12 meses Inferior 24 meses	Convergencia de la visión que deriva en percepción simple de la profundidad *Comprensión humana inicial*	Comprensión de dos palabras del lenguaje hablado *Comprensión humana inicial*	Percepción táctil de la tercera dimensión en objetos que parecen planos *Comprensión humana inicial*
III	**ÁREAS DEL CEREBRO MEDIO Y SUBCORTICALES**	Superior 3,5 meses Media 7 meses Inferior 14 meses	Apreciación de detalles dentro de una configuración determinada *Apreciación de significado*	Apreciación de sonidos dotados con significado *Apreciación de significado*	Apreciación de sensación gnóstica (de reconocimiento) *Apreciación de significado*
II	**TRONCO ENCEFÁLICO Y ÁREAS SUBCORTICALES TEMPRANAS**	Superior 1 mes Media 2,5 meses Inferior 5 meses	Percepción de los contornos *Percepción vital*	Respuesta vital a sonidos amenazantes *Percepción vital*	Percepción de la sensación vital *Percepción vital*
I	**TRONCO ENCEFÁLICO TEMPRANO Y MÉDULA ESPINAL (TÁLAMO)**	Superior Nacimiento-0,5 meses Media Nacimiento-1 mes Inferior Nacimiento-2 meses	Reflejo de luz *Reflejo de recepción*	Reflejo de susto *Reflejo de recepción*	Reflejo de Babinski *Reflejo de recepción*

El Perfil de Desarrollo detalla el desarrollo de cada niño desde el nacimiento hasta los seis años, cuando la evolución neurológica es efectivamente completa.

En la creación de este Perfil no hemos usado los términos psicológicos, médicos o de desarrollo convencionales. tales términos representan a menudo una cronología observable que acompaña al desarrollo del niño

Figura 7.2. Perfil de Desarrollo de los Institutos (cont.)

PERFIL DE DESARROLLO DE LOS INSTITUTOS

POR GLENN J. DOMAN

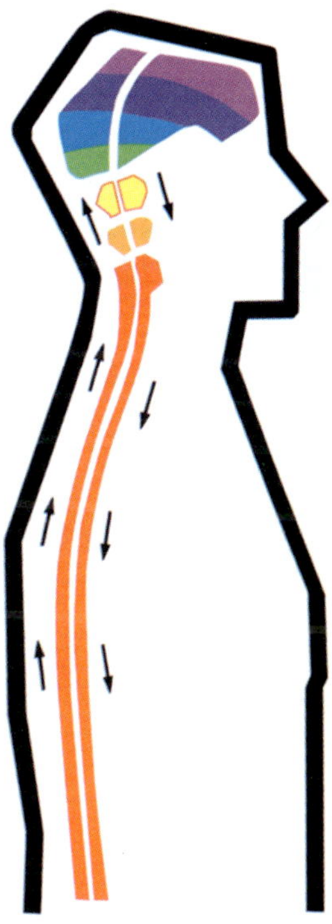

MOVILIDAD	LENGUAJE	COMPETENCIA MANUAL
Uso de una pierna con función dominante en coherencia con el hemisferio dominante *Expresión humana compleja*	Vocabulario completo y estructura correcta de las frases *Expresión humana compleja*	Uso de una mano para escribir en coherencia con el hemisferio dominante *Expresión humana compleja*
Marcha y carrera con patrón cruzado completo *Expresión humana primitiva*	2.000 palabras de lenguaje hablado y frases cortas *Expresión humana primitiva*	Función bimanual con predominio de una mano *Expresión humana primitiva*
Marcha con los brazos liberados de su función de elemento principal de equilibrio *Expresión humana temprana*	De 10 a 25 palabras del lenguaje hablado y dos pares de palabras *Expresión humana temprana*	Oposición cortical bilateral y simultánea *Expresión humana temprana*
Marcha con los brazos empleados como elemento principal de equilibrio, la mayor parte de las veces a la altura de los hombros o por encima de ellos *Expresión humana inicial*	Dos palabras del lenguaje hablado usadas de forma espontánea y con significado *Expresión humana inicial*	Oposición cortical en ambas manos *Expresión humana inicial*
Gateo sobre manos y rodillas que culmina con gateo con patrón cruzado *Respuesta significativa*	Creación de sonidos dotados de significado *Respuesta significativa*	Reflejo prensil *Respuesta significativa*
Arrastre en posición de decúbito supino que culmina en arrastre con patrón cruzado *Respuesta vital*	Llanto vital en respuesta a elementos amenazadores *Respuesta vital*	Desasimiento vital *Respuesta vital*
Movimiento de brazos y piernas sin movimiento del cuerpo *Respuesta refleja*	Llanto y gritos desde el nacimiento *Respuesta refleja*	Reflejo de prensión *Respuesta refleja*

INSTITUTOS PARA EL LOGRO DE POTENCIAL HUMANO®

8801 STENTON AVENUE
WYNDMOOR, PENNSYLVANIA 19038

y, aunque estos hechos puedan ser ciertos, no son, sin embargo, significativos para ese desarrollo.

Además, muchos de estos términos significan cosas distintas para personas diferentes. Eso hace que disminuya su eficacia como herramientas fiables de valoración y puede dar lugar a una amplia variedad de informes diferentes elaborados por varios observadores en relación con el momento en el que se concretan ciertas capacidades específicas en el niño promedio.

El Perfil surgió de la necesidad de establecer un estándar de comparación, ya que tratábamos a niños que oscilaban dentro de amplios márgenes, desde los que padecían lesión cerebral hasta los que mostraban capacidades superiores. A pesar de que los niños variaban en los patrones de desarrollo, sus características se tenían que medir en función de esos patrones y valores medios.

Nuestro objetivo para cada niño era ayudarlo a pasar por estos estadios de desarrollo sano en su orden adecuado, y hacerlo a la máxima velocidad posible en el proceso a lo largo del cual evolucionaban hacia niveles funcionales excelentes.

Utilizamos el Perfil de Desarrollo de los Institutos como estándar de progresión normal. Medimos el progreso de cada niño comparándolo con él y, después, diseñamos un programa adecuado para aplicarlo en casa y acelerar ese avance.

Las cuarenta y dos funciones del Perfil son los factores clave en la vida de un niño desde su nacimiento hasta los seis años. La rapidez y el grado de perfección con los que los logre influirá enormemente en su función intelectual, física y social durante el resto de su vida.

La adquisición de cada una de estas cuarenta y dos funciones vitales es el puro producto del número de veces que un niño tiene la oportunidad de realizar cada una de estas funciones.

8

Evaluar al recién nacido

EVALUAR las funciones básicas de un recién nacido es algo muy importante y no resulta difícil hacerlo.

La primera evaluación se debería realizar lo más pronto posible después del nacimiento. Lo ideal sería hacerlo en las primeras veinticuatro horas. Si si no se hace entonces, es conveniente proceder tan pronto como pueda la madre.

Si encuentra que alguna de las funciones o respuestas de su bebé no son perfectas, ello no ha ser causa de miedo, sino que debe motivar para reflexionar y actuar adecuadamente. El verdadero propósito de esta evaluación es, de hecho, ayudar a diseñar un programa neurológico eficaz para su bebé, independientemente de cuál haya sido el resultado de esa evaluación.

En un recién nacido es necesario que el padre y la madre valoren solo el estadio I del Perfil de Desarrollo, integrado por las funciones de la parte inferior del Perfil, en color rojo. Este es el estadio reflejo del desarrollo. Todas estas funciones deberían estar presentes al nacer en un bebé sano.

Al nacer, el bebé tiene reflejos. Se pueden observar y elicitar inmediatamente después del nacimiento. El pequeño llega al mundo con todos los niveles del cerebro presentes y preparados para ser utilizados, pero son la médula espinal y las áreas subcorticales tempranas las que están en funcionamiento en el nacimiento.

COMPETENCIA VISUAL: ESTADIO I

El reflejo de luz

Materiales necesarios:

- Linterna casera.

En este estadio la madre simplemente necesita evaluar el reflejo de luz. Dicho reflejo es la respuesta de la pupila a la luz. En condiciones de

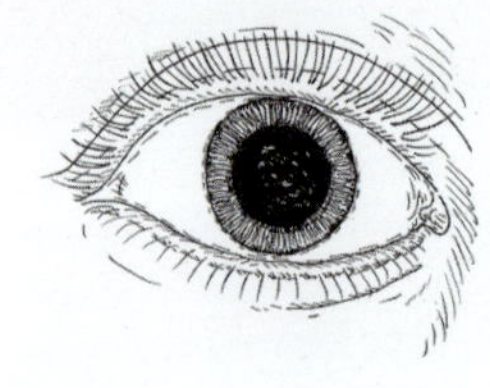

Figura 8.1. La pupila se dilata en la oscuridad.

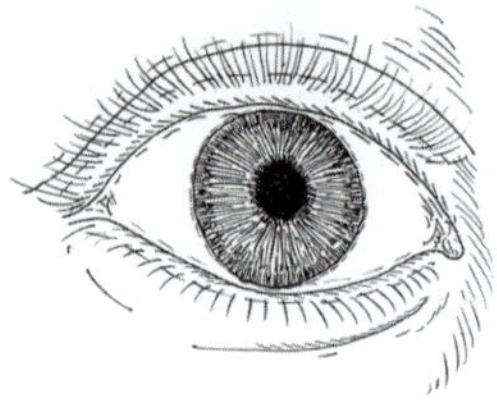

Figura 8.2. La pupila se contrae ante la luz.

Reflejo de luz

Perfecto

Recepción refleja

Figura 8.3. Reflejo de luz perfecto.

Reflejo de luz

Funcional

Recepción refleja

Figura 8.4. Reflejo de luz funcional.

oscuridad la pupila se dilata para permitir que entre más luz. En presencia de luz, en cambio, la pupila se contrae. La contracción de la pupila es lo que se llama reflejo de luz.

Este es un reflejo muy importante que se usa durante toda la vida. El estado de este reflejo nos proporciona una pequeña pero importante ventana mediante cuya observación podemos comprobar, hasta cierto punto, si el cerebro está funcionando con normalidad o no.

Para evaluar el reflejo de luz en un bebé recién nacido, es importante saber, como estándar de comparación, cuál es el aspecto de un reflejo de luz normal. Puesto que generalmente es más sencillo valorar el reflejo en un adulto, la madre debería adquirir experiencia observando este reflejo en el padre y el padre debería practicar a su vez comprobando el de la madre.

Para evaluarlo se necesitan una linterna casera y una habitación lo más oscura posible. Espere aproximadamente un minuto para que el ojo se adapte a la oscuridad. Las pupilas se expandirán hasta su dilatación máxima (ver Figura 8.1). Después, cubra el ojo izquierdo suavemente y, sujetando la linterna a unos 15-20 centímetros del ojo derecho, enciéndala y diríjala brevemente hacia el ojo. Verá que la pupila se contrae inmediatamente cuando la luz ilumina el ojo (ver Figura 8.2). Esa contracción debe ser inmediata y la pupila se debería contraer hasta quedar del tamaño de la cabeza de un alfiler. Esta es la respuesta normal.

Ahora espere diez segundos. Cubra el ojo derecho con cuidado y repita el proceso en el ojo izquierdo. Debería observar la misma respuesta.

Si la respuesta del ojo izquierdo parece ser menor que la del derecho, es posible que no haya esperado lo suficiente entre la estimulación del ojo derecho y la del izquierdo. Incluso aunque haya cubierto el ojo izquierdo mientras estimulaba el derecho, aún existirá cierto grado de respuesta simpática. Por eso necesita esperar entre estimulaciones.

Mediante esta operación se ha generado y observado un reflejo de luz normal. Para aumentar su confianza, repítala varias veces e inténtelo con otras personas para asegurarse de que sabe lo que está buscando. Parece bastante fácil, está en el buen camino. *Es* fácil.

Ahora está en condiciones de evaluar este reflejo cuando nazca su bebé.

Puede que encuentre que la valoración en un bebé recién nacido resulta más difícil que la realizada en un adulto. Recuerde, lo que está buscando es una contracción completa de la pupila en ambos ojos. Si eso es lo que ve, escriba «Perfecto» en el recuadro de reflejo de luz del Perfil y trace una línea azul a través del borde superior de dicho recuadro (ver Figura 8.3).

Una respuesta inferior a la perfecta sería un reflejo lento o incompleto en uno de los ojos o en ambos. Una respuesta incompleta sería aquella en la que la pupila no se contrae en su totalidad. Si en cualquiera de los dos ojos la reacción es lenta o incompleta, escriba «Funcional» en tinta azul en el recuadro de reflejo de luz del Perfil y trace una línea azul a través del borde superior (ver Figura 8.4).

En ocasiones, un niño ciego no tiene ningún tipo de reflejo de luz en ninguno de sus ojos. Si este es el caso, trazamos una línea azul en el borde inferior de este recuadro (ver Figura 8.5).

Reflejo de luz

Recepción refleja

Figura 8.5. Reflejo de luz cero.

COMPETENCIA AUDITIVA: ESTADIO I

El reflejo de sobresalto

Materiales necesarios:

- 2 tacos de madera (15 cm de largo/10 de ancho /5 cm de fondo).

El siguiente reflejo a evaluar en el recién nacido es el *reflejo de sobresalto*. Este reflejo se produce en presencia de un ruido repentino, agudo e intenso. Cuando un ruido se produce inesperadamente, lo normal es que nos asustemos. Todos hemos experimentado esta reacción.

En el recién nacido la reacción parece ser el resultado de un miedo consciente, pues, al experimentarla, el cuerpo se pone tenso de forma repentina. Sin embargo, un reflejo de sobresalto verdadero no es de ninguna manera un acto consciente, ya que es, como su nombre indica, un reflejo y, por tanto, está a un nivel inferior al de las respuestas conscientes.

El reflejo de sobresalto no solo es normal, sino deseable en el recién nacido y en todos los seres humanos. Generalmente se producirá en presencia de un ruido agudo y de volumen elevado. La agudeza es más importante que el nivel de volumen, aunque los dos son factores importantes.

Es más probable que esta reacción se produzca en presencia de un portazo, de un plato roto o cuando una persona aclara su garganta inesperadamente que cuando el volumen de un sonido se incrementa de forma gradual, como el sonido de la sirena de un camión de bomberos.

La razón de ser del reflejo de sobresalto es ponernos inmediatamente en situación de alerta cuando aparece un sonido repentino y de gran volumen, que por su naturaleza podría ser amenazador.

Reflejo de sobresalto

Perfecto

Recepción refleja

Figura 8.6. Reflejo de sobresalto perfecto.

Reflejo de sobresalto

Funcional

Recepción refleja

Figura 8.7. Reflejo de sobresalto funcional.

Reflejo de sobresalto

Recepción refleja

Figura 8.8. Reflejo de sobresalto cero.

Como anteriormente, lo ideal sería que la madre indujera el reflejo de sobresalto en el padre antes de hacerlo con el bebé. Para que el método sea lo más simple posible utilizaremos dos tacos de madera. Dos piezas de madera de 5 cm x 10 cm y de unos 15 ó 20 cm de largo servirán perfectamente. Cuando se las golpea a la vez, estas piezas de madera producen un sonido que es lo suficientemente alto para desencadenar un reflejo de sobresalto.

Para poder practicar con un adulto debe hacerlo de forma inesperada. Ello no le creará excesivas simpatías pero conseguirá observar un buen reflejo de sobresalto. El padre se puede animar a devolvérselo en cualquier momento inesperado y entonces la madre tendrá la oportunidad no solo de evaluarlo sino de experimentarlo.

Una vez que esté preparado para evaluar el reflejo, tome los dos tacos de madera y sosténgalos a una distancia de *al menos 60 cm* del bebé y golpéelos. Su bebé debe sobresaltarse de inmediato, normalmente tensionando todo su cuerpo.

Si ve una respuesta inmediata y completa escriba «Perfecto» en el recuadro del reflejo de susto del Perfil y trace una línea azul en el borde superior del recuadro (ver Figura 8.6).

Si hay una respuesta retardada, escriba «Funcional» en el recuadro de reflejo de sobresalto y trace una línea azul en el borde superior del recuadro (ver Figura 8.7).

Un niño con un problema auditivo nos mostrará de alguna manera que oye el sonido pero no se asusta. Un niño sordo no oirá el sonido en absoluto y no se asustará. En ambos casos debemos trazar la línea azul en el borde inferior del recuadro del reflejo de sobresalto (ver Figura 8.8).

COMPETENCIA TÁCTIL: ESTADIO I

El reflejo de Babinski

Ahora pasaremos a evaluar el *reflejo de Babinski,* que se observa en los pies. Está presente en los pies del bebé sano desde el nacimiento hasta aproximadamente los doce meses de edad. En ese momento es reemplazado por el reflejo plantar, que se mantiene durante toda la vida.

El reflejo de Babinski se puede producir al pasar el lado plano de la uña del dedo pulgar a lo largo del borde exterior de la planta del pie des-

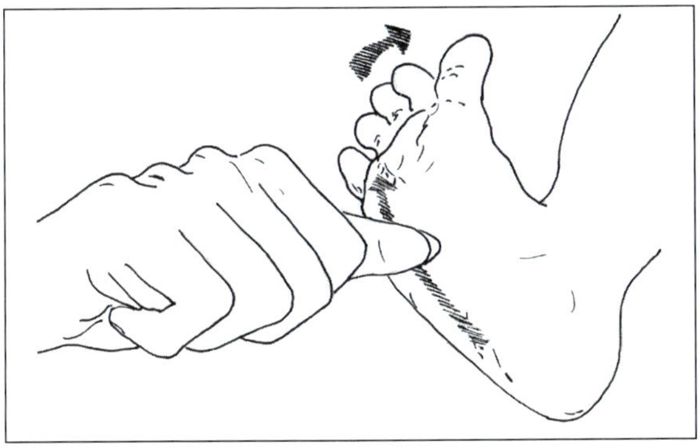

Figura 8.9. Reflejo de Babinski.

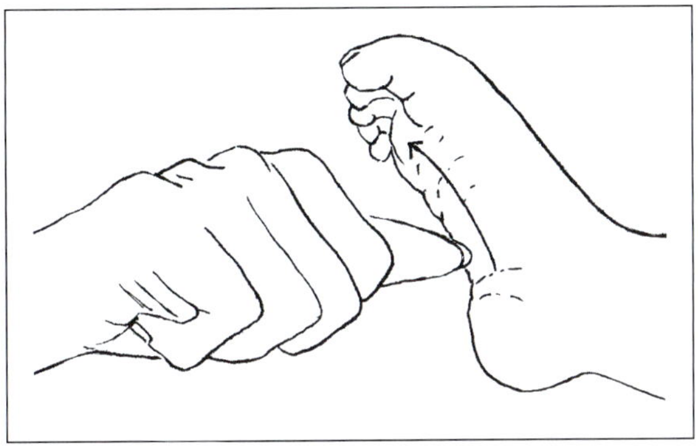

Figura 8.10. Reflejo plantar.

de el talón hasta los dedos. Cuando hacemos esto, el dedo gordo del pie del bebé se moverá hacia arriba y el resto de los dedos se moverán hacia fuera (ver Figura 8.9).

El reflejo plantar se puede apreciar en los adultos. Si la madre pasa un dedo desde el talón hasta los dedos de la planta del pie del padre, sus dedos se moverán hacia abajo en lugar de hacia arriba. En realidad, de hecho, retirará la planta del pie cuando es estimulada (ver Figura 8.10).

Al ser este el caso, los padres no podrán usar el pie del otro para ver el reflejo de Babinski. En su lugar, la madre debe evaluar esta respuesta en un grupo de niños sanos de edades comprendidas entre cero y doce meses.

La razón de ser del reflejo de Babinski es ayudar al bebé recién nacido a ganar tracción con sus pies para arrastrarse. Cuando el dedo gordo del pie sube y el resto se dirige hacia fuera, ese movimiento le ayuda a clavar el pie en el suelo y le hace más fácil el desplazamiento hacia delante. Una vez que pueda arrastrarse y gatear ya no necesita este reflejo. De hecho, no sería útil en el proceso de caminar. Cuando empiece a caminar lo perderá y adquirirá el reflejo plantar.

Si ve la respuesta correcta en ambos pies cuando evalúe el reflejo de Babinski en su recién nacido, escriba «Perfecto» en el recuadro del reflejo de Babinski del Perfil y trace una línea azul a través del borde superior del recuadro (ver Figura 8.11).

Si hay respuesta correcta en un pie, pero no en el otro, escriba «Funcional» en el recuadro del reflejo de Babinski y trace una línea azul a través del borde superior del recuadro (ver Figura 8.12).

Reflejo de Babinski

Perfecto

Recepción refleja

Figura 8.11. Reflejo de Babinski perfecto.

Reflejo de Babinski

Funcional

Recepción refleja

Figura 8.12. Reflejo de Babinski funcional.

Reflejo de Babinski

Recepción refleja

Figura 8.13. Reflejo de Babinski cero.

Un niño insensible a veces no presenta reflejo de Babinski. Cuando evaluamos a un niño de estas características trazamos una línea a lo largo del borde inferior de este recuadro (ver Figura 8.13).

Movimientos de brazos y piernas sin movimiento del cuerpo

Perfecto

Recepción refleja

Figura 8.14. Movimiento perfecto.

Movimientos de brazos y piernas sin movimiento del cuerpo

Funcional

Recepción refleja

Figura 8.15. Movimiento funcional.

Movimientos de brazos y piernas sin movimiento del cuerpo

Recepción refleja

Figura 8.16. Movimiento cero.

COMPETENCIA EN LA MOVILIDAD: ESTADIO I

Libertad de movimientos

Al nacer, los bebés pueden mover sus cuatro extremidades libremente. Se trata de algo fácil de percibir. Observar a otros niños de pocos días o pocas semanas antes de que nazca su bebé es algo que puede resultarle útil a la madre para valorar ese aspecto en su bebé.

Cuando el bebé está tumbado de espaldas, es fácil observar el movimiento libre de las cuatro extremidades. Esta es la posición en la que el movimiento y la función en el estadio I deberían evaluarse.

Si su recién nacido puede mover las cuatro extremidades libremente, escriba «Perfecto» en el recuadro del movimiento de brazos y piernas del Perfil de Desarrollo y trace una línea azul a lo largo del borde superior de este recuadro (ver Figura 8.14).

Si su bebé no mueve una o varias de sus extremidades, o el movimiento es restringido en comparación con las otras extremidades, escriba «Funcional» en el recuadro del movimiento de brazos y piernas del Perfil (ver Figura 8.15).

Un niño paralítico a veces no tiene movimiento ninguno en una o más extremidades. En este caso, trazamos una línea azul en el borde inferior de este recuadro en el Perfil (ver Figura 8.16).

Además, ponga a su bebé cuanto antes *tumbado boca abajo, desnudo* y observe su movimiento. Un bebé sano que ha tenido un parto normal podrá moverse de alguna manera hacia adelante incluso a los pocos momentos de nacer.

En algunas culturas tienen como tradición colocar al bebé en el cuerpo de su madre inmediatamente después de nacer, en la cadera, y se le ofrece la oportunidad de arrastrarse desde la cadera hasta el pecho de su madre para mamar. Es una costumbre muy sensata. Demuestra que el recién nacido puede, de hecho, arrastrarse un poquito si se le da la oportunidad inmediata de hacerlo.

COMPETENCIA LINGÜÍSTICA: ESTADIO I

El llanto al nacer

El *llanto al nacer* del recién nacido es, con toda seguridad, la más antigua de todas las evaluaciones en relación con el bienestar del nuevo bebé. Una vez que el bebé ha nacido debe tener un llanto firme, alto, robusto.

Si su bebé tiene un llanto alto y fuerte al nacer o inmediatamente después, escriba «Perfecto» en el recuadro del llanto al nacer del Perfil y trace una línea azul a lo largo del borde superior de este recuadro (ver Figura 8.17).

Si el pequeño llora débilmente, con poca intensidad, escriba «Funcional» en el recuadro del llanto al nacer del Perfil y trace una línea azul a lo largo del borde superior de este recuadro (ver Figura 8.18).

Al nacer, o poco después, hay algunos niños con lesión cerebral que no lloran en absoluto. En este caso deberemos trazar una línea azul a lo largo del recuadro de llanto al nacer (ver Figura 8.19).

Llanto al nacer

Perfecto

Respuesta refleja

Figura 8. 17. Llanto al nacer perfecto.

Llanto al nacer

Funcional

Respuesta refleja

Figura 8.18. Llanto al nacer funcional.

Llanto al nacer

Respuesta refleja

Figura 8.19. Llanto al nacer cero.

COMPETENCIA MANUAL: ESTADIO I

El reflejo de prensión

El *reflejo de prensión* es muy evidente en el bebé sano al nacer.

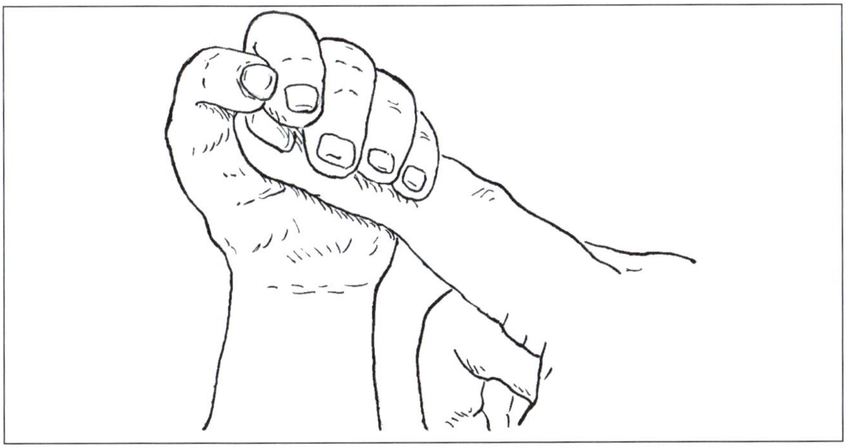

Figura 8.20. Reflejo de prensión.

Figura 8.21. Reflejo de prensión perfecto.

Figura 8.22. Reflejo de prensión funcional.

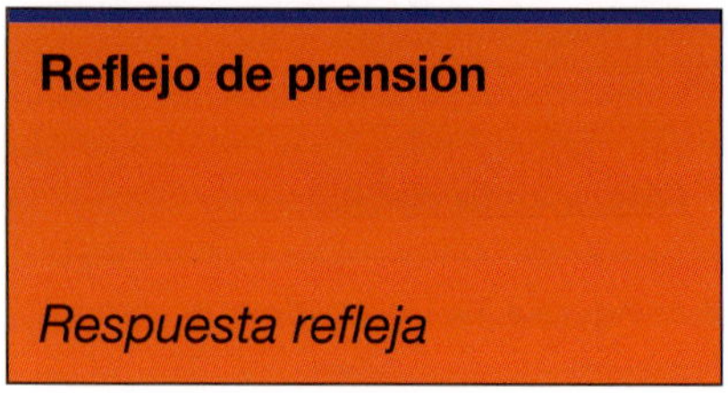

Figura 8.23. Reflejo de prensión cero.

Cuando se le pone algo en la mano, el bebé lo agarrará de manera refleja independientemente de lo sea. A esto se le llama reflejo de prensión. Este reflejo permite al bebé agarrarse a algo, si fuese necesario, inmediatamente después de nacer.

La forma más sencilla de evaluar este reflejo en su bebé recién nacido es ponerlo tumbado bocabajo y colocar el dedo índice derecho de la madre o el padre en su puño izquierdo cerrado y, al mismo tiempo, el dedo índice izquierdo en su puño derecho. A continuación, la madre o el padre deben tirar de su bebé hacia ellos con los dedos índices. A medida que el bebé sienta la presión de sus dedos índices quien realice la prueba sentirá que su agarre —su prensión— se intensifica significativamente (ver Figura 8.20).

Si su bebé tiene el reflejo correcto en ambas manos, escriba «Perfecto» en el recuadro de reflejo de prensión del Perfil de Desarrollo y trace una línea azul a lo largo del borde superior del recuadro (ver Figura 8.21).

Si se observa que una mano se agarra con más fuerza que la otra o que ninguna de las dos tiene el reflejo de prensión, escriba «Funcional» en el recuadro correspondiente y trace una línea azul en el borde superior del recuadro (ver Figura 8.22).

Algunos niños con lesión no tienen reflejo de prensión al nacer. En este caso trazamos una línea azul en el borde inferior del recuadro. (ver Figura 8.23).

RESUMEN

Ahora ya ha completado la primera evaluación de su bebé. Ha trazado una línea azul a lo largo de las seis columnas del Perfil de Desarrollo y ha marcado cada uno de los seis recuadros con el nivel de reflexividad que le corresponde a su bebé recién nacido.

Esta primera evaluación le muestra una *referencia neurológica* de su bebé. Marque este primer Perfil en color azul. El azul siempre denota la primera evaluación.

El bebé completamente sano tendrá una línea azul en el borde superior de cada uno de los seis recuadros en el Perfil y, además, estarán marcados como «Perfectos».

Si hay alguno marcado como «Funcional» inmediatamente sabrá qué área sensorial necesita niveles elevados de estimulación o qué área motora necesita más oportunidades de desarrollo. Es así de sencillo.

Cuando hay algún área que tiene una línea azul en el borde inferior de un recuadro rojo del Perfil, sabemos que el bebé tiene un problema significativo.

Cuanto antes lo sepa, antes puede actuar para diseñar un programa neurológico eficaz. Esto le asegurará que el bebé podrá adquirir las funciones de las que carece y ascender en el Perfil lo más pronto posible.

Ya ha dado el primer paso importante al aprender a usar el Perfil de Desarrollo de los Institutos para evaluar a su recién nacido.

Ahora estamos preparados para aprender a usar el Perfil y para diseñar un programa eficaz que estimule el crecimiento y el desarrollo del cerebro de su bebé.

9

El programa sensorial para el recién nacido

AHORA ya estamos preparados para diseñar un programa específico que favorezca el desarrollo del cerebro de su bebé no por casualidad sino con un propósito definido. Crearemos un programa a la medida de la condición neurológica de su bebé, pero primero debemos comprender algo mejor la estructura del cerebro.

El cerebro está dividido físicamente en dos grandes secciones, la posterior y la anterior. La mitad posterior del cerebro y la médula espinal están consagradas a las vías de entrada. Estas vías de entrada son carreteras de una sola dirección hacia el cerebro. Son nuestros cinco sentidos: vista, oído, olfato, gusto y tacto.

Todo lo que Leonardo, Shakespeare o Beethoven sabían sobre el mundo lo aprendieron a través de estas cinco vías.

De las cinco, la vista, el oído y el tacto son vitales para los seres humanos. Estas vías se convertirán, a la edad de seis años, en lectura, comprensión y percepción táctil complejas. Puesto que son vías exclusivamente de una dirección hacia el cerebro, debemos alimentarlas con estimulación.

La mitad delantera del cerebro y la médula espinal se componen de vías motoras. Su propósito es actuar en función de la información que el cerebro ha recibido a través de las vías sensoriales. Estas vías motoras son la movilidad, el lenguaje, y la competencia manual. También son vitales para el niño porque posteriormente se convertirán en caminar, hablar y escribir.

Puesto que las vías motoras son carreteras de una dirección de *salida* del cerebro, es imposible que crezcan con estimulación como lo hacen las vías sensoriales, que son de entrada. Para que crezcan estas vías de salida debemos dar a los bebés las más amplias posibilidades de que se muevan, emitan sonidos y usen sus manos.

Hay, por supuesto, una conexión en el cerebro entre las vías de entrada y las de salida. Los ingenieros lo llaman el «bucle cibernético». Nos permite estar influidos por el entorno y responder en consecuencia.

El siguiente diagrama representa esta conexión o «bucle cibernético» (ver Figura 9.1).

Evidentemente, no podemos diseñar un buen programa que ayude al nuevo bebé a desarrollar su potencial sin saber con exactitud en qué punto se halla del Perfil de Desarrollo. Por eso comenzamos con una evaluación cuidadosa. Incluso si se está usando este libro para ayudar a un niño que no sea recién nacido, una minuciosa valoración por medio del Perfil de Desarrollo es siempre el primer paso.

Después de completar la evaluación es muy importante tener las herramientas adecuadas para diseñar un programa sensorial, cuyo propósito es potenciar el crecimiento y desarrollo del bebé. Para el niño sano esto significa dotarlo de una verdadera ventaja. Para un bebé que presente retraso en algún área, significa ayudarle a reducir las consecuencias de la alteración.

El Perfil de Desarrollo no solo es muy fácil de usar en la valoración del bebé, también lo es para crear un programa sensorial óptimo para él.

Figura 9.1.
Bucle cibernético

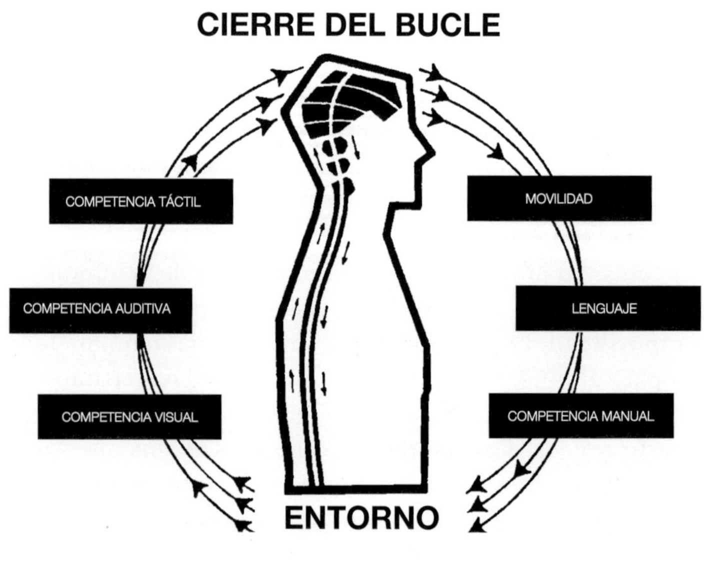

El lado sensorial del Perfil se compone de tres de las cinco vías que conducen al cerebro. No incluye el gusto y el olfato, ya que estos sentidos son mucho menos importantes para el desarrollo neurológico que las otras tres vías sensoriales.

Para desarrollar estas vías sensoriales, el bebé necesita estimulación visual, auditiva y táctil. La suma total de esta estimulación vendrá de la madre, el padre y el entorno que creen para el bebé.

Si hay algún área del lado sensorial del Perfil de Desarrollo no alcance el nivel adecuado para su edad, ese área se convierte en la mayor prioridad al crear el programa sensorial. Sin embargo, el programa también se debe proyectar pensando en reforzar las capacidades que su hijo ya posee.

Es un error común creer que una vez que el niño ha conquistado un determinado nivel de desarrollo ya no necesita estimulación en ese área. En realidad, alcanzar un nuevo estadio es solo el principio. El bebé necesita un gran refuerzo en cada etapa para alcanzar la siguiente, algo que ocurrirá mucho más temprano aplicando el programa que dejando la evolución al azar.

El programa de estimulación sensorial es un proceso reconfortante y natural que ayuda al bebé a empezar a ver, oír y sentir por primera vez. Esto es de enorme beneficio para el bebé. Ciertamente, no es fácil ser funcionalmente ciego, sordo e insensible. Siempre habrá quien diga que el bebé debe esperar para que la vista, el oído y el tacto se desarrollen por casualidad porque es más «natural». Pero no hay nada de natural o de valioso en ser funcionalmente ciego, sordo e insensible durante más semanas o incluso meses de lo necesario. La verdad es que todos los niños tienen un hambre natural e insaciable de experimentar y conocer el mundo que los rodea. Ver, oír y sentir *son* la base de esta exploración.

RESUMEN

1. Los padres proporcionan estimulación sensorial en forma de estimulación visual, auditiva y táctil.
2. Cualquier área que se sitúe por debajo del nivel normal correspondiente a la edad del bebé en el Perfil tiene prioridad en el programa.
3. El enfoque principal del programa es reforzar el estadio que el bebé ha alcanzado.
4. El programa también debería proporcionar estimulación sensorial para el estadio inmediatamente superior al nivel de función actual del bebé.

EL PROGRAMA DE ESTIMULACIÓN SENSORIAL

Sabemos que el bebé recién nacido está viviendo esencialmente en un mundo de ceguera, sordera y relativa insensibilidad, así que nuestro trabajo está muy claro. Debemos proporcionarle tanta estimulación como podamos, de manera que se pueda alejar cuanto antes del mundo confuso y difícil en el que nació.

En ese mundo sensorial del recién nacido, ver, oír y sentir suponen un trabajo realmente duro. Es un esfuerzo para el bebé usar los sentidos de la vista, del oído y del tacto.

Los adultos vemos, oímos y sentimos con tanta facilidad que nos resulta difícil imaginar el esfuerzo, verdadero y entusiasta, que el recién nacido hace para ver, oír y sentir.

Debemos crear un ambiente en el que sea fácil ver, oír y sentir. Eso animará al bebé a poner en marcha sus funciones sensoriales más a menudo.

No le estamos forzando a hacer estas cosas. Simplemente estamos estimulándole estas vías y dándole la oportunidad de responder.

Nunca se nos debe olvidar el hecho básico: *el cerebro crece con el uso.*

Las vías visuales, auditivas y táctiles son parte del cerebro.

Las vías visuales del niño que parten de los ojos hacia el cerebro crecen con el uso.

Las vías auditivas del niño desde los oídos hasta el cerebro crecen con el uso.

Las vías táctiles del niño desde la piel hasta el cerebro crecen con el uso.

Ello significa que cada vez que usa la visión, sus vías visuales crecen. Esto hace que ver sea más fácil y mejor. El ciclo de mejora prosigue hasta que esas vías han madurado completamente.

Un programa de estimulación sensorial ayudará a determinar si su madurez visual se concretará a la edad de tres años, lo cual es magnífico; o a la de nueve, lo que supone un serio problema; o nunca, con la trágica evidencia de la ceguera. Los diferentes resultados dependen de la prontitud, frecuencia y minuciosidad de la oportunidad que tenga el niño para desarrollar sus vías visuales y, por supuesto, del bienestar neurológico del niño.

Lo mismo sucede con las vías auditivas y visuales, así como con las olfativas y gustativas. Sin embargo, el gusto y el olfato son muchísimo menos importantes para la supervivencia y el desarrollo neurológico sano en los seres humanos que en los animales.

COMPETENCIA VISUAL: ESTADIO I

El programa visual

El primer programa de estimulación visual de su bebé consistirá en *fomentar el reflejo de luz.* Esto hará que este reflejo se fortalezca y se produzca más rápidamente, y ayudará al niño a alcanzar el siguiente estadio más pronto.

Materiales necesarios:

- Linterna Casera.

Objetivo: Sestablecer, mejorar o reforzar el reflejo de luz.

Propósito: Estimulación del reflejo de luz.

Frecuencia: 10 veces al día.

Intensidad: Linterna casera.

Duración: Aproximadamente un minuto.

Contenido: 5 estimulaciones en cada ojo.

Entorno: Una habitación completamente oscura.

Técnica: Tome al bebé en brazos o colóquelo bocarriba en una posición cómoda. Déle un beso y un abrazo, y suavemente cubra su ojo izquierdo con la mano. Mantenga la linterna a una distancia de su bebé de entre 15 y 20 cm y diríjala encendida al ojo derecho. Observe la contracción de la pupila. Suele durar entre uno y dos segundos. Apague la linterna y espere cinco segundos en la oscuridad.

Tape su ojo derecho suavemente y dirija la luz al izquierdo. Observe la contracción de la pupila. Espere cinco segundos en la oscuridad y repita el proceso anterior.

Alterne los dos ojos. Debe ser posible realizar cinco estimulaciones en cada ojo en un minuto.

Preste atención, por favor: Es posible que observe que el reflejo de luz de su bebé es unas veces mejor que otras. Ello puede resultar desconcertante, especialmente si fue perfecto la primera vez que lo evaluó. No se alarme. En el recién nacido no será constante. Cuando esté bien descansado presentará una respuesta mejor que cuando tenga sueño o se sienta mal.

A medida que estimule este reflejo, así como el auditivo y táctil, verá que cada vez se hace más uniforme. Mientras dirige la luz de la linterna a su ojo dígale con voz alta y clara «luz». Esto le proporciona estimulación auditiva y le enseña la palabra «luz». Cuando haya terminado, abrácelo otra vez y dígale cuánto lo quiere.

COMPETENCIA AUDITIVA: ESTADIO I

El programa auditivo

Materiales necesarios:

- 2 tacos de madera (15 cm de largo/10 de ancho /5 cm de fondo).

El primer programa auditivo de su bebé consistirá en la *estimulación del reflejo de sobresalto*. Ello hará que este reflejo sea más firme y que su respuesta madure, de forma que la reacción vaya dejando de ser una sacudida de todo el cuerpo y se empiece a asemejar más al sobresalto templado de un adulto.

Este proceso de refuerzo y estimulación del reflejo de sobresalto ayudará a su bebé a pasar al siguiente estadio auditivo más rápida y fácilmente.

Objetivo: Establecer, mejorar o reforzar el reflejo de susto.

Propósito: Estimulación del reflejo de susto.

Frecuencia: 10 veces al día.

Intensidad: Golpeo de dos bloques de madera.

Duración: 10 segundos.

Contenido: 3 estimulaciones.

Entorno: Una habitación en silencio.

Técnica: Ponga al bebé bocarriba en una posición cómoda donde pueda observar su cara fácilmente y él pueda ver la suya. Sonríale y dígale: «¡Ahora vas a oír tacos de madera!». Mantenga los bloques a 60 cm de él y golpéelos fuerte una vez. Observe la respuesta de su bebé. Espere tres segundos y golpéelos de nuevo. Observe la respuesta del bebé. Vuelva a esperar tres segundos y golpee los bloques por última vez. Cada vez que los golpee, diga con una voz fuerte y clara: «tacos». Cuando termine, pregúntele: «¿Te han gustado los tacos?» o «¿Va mamá a golpear los bloques otra vez?». Haga que cada momento con su hijo sea alegre y divertido.

Preste atención, por favor: Puede notar que al principio su bebé tiene una respuesta mayor después de la segunda o tercera estimulación. Esto es algo típico de la inmadurez del recién nacido.

Necesita un efecto acumulativo de una o dos estimulaciones para que el mensaje llegue al cerebro. A medida que continúe con la estimulación, el bebé empezará a responder de forma coherente la primera vez. Una respuesta adecuada es señal de que las vías sensoriales están más maduras. Cuando perciba este tipo de respuesta, sabrá que las vías están creciendo, precisamente porque le ha proporcionado al bebé la oportunidad de *utilizarlas*.

COMPETENCIA TÁCTIL: ESTADIO I

El programa táctil

El primer programa táctil del bebé consistirá en *estimular el reflejo de Babinski*. Esto hará que este reflejo sea más intenso y rápido, y le ayudará a ascender a los siguientes estadios táctil de movilidad más fácilmente.

Objetivo: Establecer, mejorar o reforzar el reflejo de Babinski.

Propósito: Estimulación del reflejo de Babinski.

Frecuencia: 10 veces al día.

Intensidad: Pasar la uña del pulgar por la planta del pie.

Duración: 30 segundos.

Contenido: 3 estimulaciones para cada pie.

Entorno: Entorno normal.

Técnica: Coloque a su hijo bocarriba en una posición cómoda. El bebé debe estar descalzo. Suavemente, agarre su pierna izquierda y sujétela con su mano derecha. Utilizando su mano izquierda, presione con la parte lisa de su uña del pulgar a lo largo del exterior de la planta del pie de su bebé desde el talón hacia los dedos. Observe la respuesta del bebé. Después coja la pierna derecha de su bebé con su mano derecha y repita el procedimiento. Si usted es zurdo, puede que le sea más cómodo sujetar la pierna del bebé con su mano izquierda y estimular el pie con la derecha.

Cada vez que toque a su bebé para generar el reflejo de Babinski, diga con voz alta y clara «tacto».

Decir las palabras «luz», «tacos» y «tacto» estimula las vías auditivas, pero, más que todo eso, supone un intercambio natural entre madre y bebé. Las madres saben de forma intuitiva que es importante decirle al bebé lo que está sucediendo. Es muy importante establecer esta línea de comunicación de madre a bebé desde el momento mismo del nacimiento.

Otra ayuda para organizar su programa es hacer una lista de control que incluya cada elemento de su programa. Los programas de estimulación sensorial son, por naturaleza, de alta frecuencia y poca duración. El número de elementos puede parecer grande, pero cuando ves la brevedad de cada uno es bastante fácil.

Marque cada actividad hecha al final de cada sesión. Al final del día, dedique un minuto de tu tiempo a escribir tus observaciones. Guarda las listas en un cuaderno y, a medida que el bebé madure, cambie la lista para que refleje los cambios en el programa.

PROGRAMA SENSORIAL PARA EL ESTADIO I DEL PERFIL

Lista de control diario

Competencia visual:

Estimular el reflejo de luz: 10 veces al día durante aprox. 60 segundos

☐ ☐ ☐ ☐ ☐

☐ ☐ ☐ ☐ ☐

Tiempo total: 10 minutos

Competencia auditiva

Estimular el reflejo de sobresalto: 10 veces al día durante 10 segundos

☐ ☐ ☐ ☐ ☐

☐ ☐ ☐ ☐ ☐

Tiempo total: 1 minuto 40 segundos

Competencia táctil:

Estimular el reflejo de Babinski: 10 veces al día durante 30 segundos

☐ ☐ ☐ ☐ ☐

☐ ☐ ☐ ☐ ☐

Tiempo total: 5 minutos

Cambios que he notado hoy: ______________________________

____

Fecha: ______________

Pronto se hará muy experta en estos programas y podrá enseñar al padre a hacerlos también. Esto le ayuda al padre a ser una parte importante del desarrollo del bebé. Cuando el padre se hace cargo del programa sustituyendo a la madre, lo que hace —sencillamente— es seguir la lista. En algunas familias es el padre el que pasa la mayor parte del tiempo con el bebé, en este caso es el padre quien enseña a la madre.

Aprenderá rápidamente a completar la lista y a hacer el resto de las cosas que se necesitan hacer en un día.

10

El programa de oportunidad motora para el recién nacido

LA parte centrada en la función motora del Perfil de Desarrollo de los Institutos representa todas las vías de salida del cerebro.

Para que estas tres esenciales vías de salida crezcan, el bebé necesita potenciar el movimiento, la realización de sonidos y el uso de sus manos. La madre y el padre deben crear un entorno que proporcione a su bebé las máximas oportunidades para hacer esto.

Por favor, no se desanime si hay un área en el Perfil de Desarrollo donde su bebé esté por debajo de donde debería estar según su edad. La verdadera finalidad del Perfil es mostrarnos cuáles son las áreas que necesitan atención. Sabemos que esas áreas que están en niveles inferiores serán una prioridad cuando establezcamos un programa nuevo.

De la misma manera que el programa sensorial, el programa motor debe reforzar las habilidades que su bebé ya posee. Ello le permitirá ascender al siguiente estadio mucho antes de lo que lo haría si no se aplicase.

RESUMEN

1. Los padres proporcionan formas de potenciación motora en forma de oportunidad de movilidad, oportunidad de lenguaje y oportunidad de competencia manual.
2. Cualquier área motora que esté por debajo del nivel de la edad en el Perfil se prioriza en el programa.
3. El objetivo principal es reforzar el estadio motor que el bebé ya ha conseguido.
4. El programa debe proporcionar oportunidad para el estadio *inmediatamente superior* a aquel en el que el bebé se encuentra en ese momento.

EL PROGRAMA DE OPORTUNIDAD

Los adultos nos movemos, hacemos sonidos y usamos nuestras manos con tanta facilidad que nos es difícil imaginar el tremendo esfuerzo que debe hacer el recién nacido para poder llevar a cabo estas acciones. Nuestra función está muy clara: proporcionar al bebé amplias oportunidades de desarrollo motor para que pueda hacer estas cosas *sin esfuerzo* y supere este vulnerable estadio cuanto antes.

Cuanto más uso haga de sus capacidades, más sencillo le será moverse, emitir sonidos y utilizar sus manos. A medida que le vaya resultando más fácil, le apetecerá más hacer uso de estas habilidades. Así se irá haciendo más capaz cada minuto que pase.

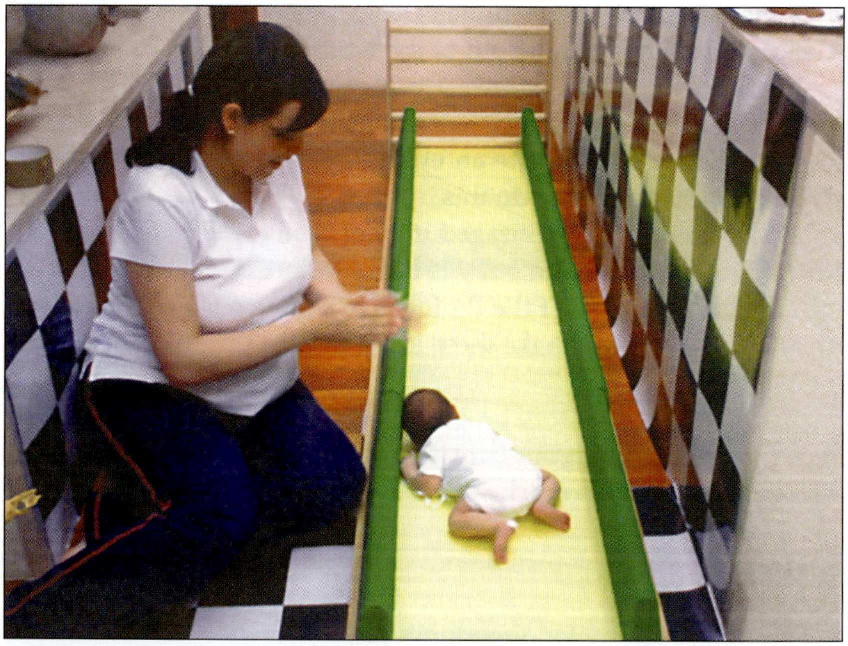

Figura 10.1. Beatriz le da a su bebé, María, la oportunidad de arrastrarse por la pista.

EL PROGRAMA DE MOVILIDAD

Ya que al bebé le resulta prácticamente imposible moverse cuando está tumbado de espaldas, como una tortuga vuelta del revés, lo mejor y prioritario es crear un entorno seguro en el suelo, donde pueda pasar el máximo tiempo posible apoyado en su vientre. Esto le permitirá usar sus brazos y piernas para aprender a moverse hacia adelante. Así podrá realizar la imprescindible fase de arrastre.

Este programa se dividirá en dos partes: sesiones cortas específicas en las que animamos al bebé a moverse, y periodos extensos en los que el bebé tiene total libertad de movimientos, en un entorno convenientemente acondicionado al efecto.

Figura 10.2. María usa los lados de la pista de arrastre para darse impulso.

La pista de arrastre infantil

Hemos desarrollado la pista de arrastre infantil como el entorno ideal para que el bebé recién nacido mueva sus brazos y piernas y, de este modo, aprenda a moverse hacia delante. La pista infantil es segura, limpia, cálida, suave y almohadillada. Estos son los elementos importantes que al unirse crean un magnífico entorno de movilidad para el bebé.

Materiales necesarios:

- Pista de arrastre infantil.

La pista es lo bastante ancha como para permitir al bebé mover sus brazos y piernas con facilidad, aunque también lo bastante estrecha para permitirle empujar con sus pies contra los lados. Ello hace que el movimiento sea mucho más sencillo.

Puesto que la pista es recta, mantiene el movimiento del bebé también en línea recta. Esto le resulta de gran ayuda al recién nacido que, de otra manera, tiende a moverse hacia atrás o pivotar en círculos cuando empieza a moverse por primera vez.

Se trata de algo frustrante para él, que claramente está intentando moverse hacia delante (ver Figura 10.3).

La pista se hace de madera de aglomerado o maciza, con dos centímetros y medio de relleno de goma espuma cubriendo los lados y la base, y se tapiza con plástico. El resultado es una superficie bien aislada y almohadillada que proporciona la cantidad adecuada de rozamiento, elasticidad y comodidad al recién nacido.

Los lados forman una barrera de protección que evita que el niño resbale o se caiga por los lados. Es sencillo mantener la superficie limpia. Utilice jabón poco concentrado y agua y alcohol de fricción para mantenerlo desinfectado. Déjelo secar.

Es importante que la pista infantil de arrastre se fabrique *antes* de que nazca el bebé. Las instrucciones detalladas para su construcción se incluyen en el apéndice C de este libro.

Del tiempo que un recién nacido tarde en usar sus brazos y piernas para moverse hacia delante dependerá lo fácil o difícil que para él sea moverse en los primeros días o semanas de vida.

Asegúrese de que el bebé se encuentra en un entorno adecuado, acondicionado para sus necesidades y dedíquele todo el tiempo del mundo para que *utilice* ese entorno.

Figura 10.3. Isolda avanza por la pista de arrastre con los ánimos de su madre.

Parte I – La pista inclinada de arrastre

Objetivo: Establecer, mejorar o reforzar la capacidad de movimiento de brazos y piernas.

Finalidad: Proporcionar al pequeño la oportunidad de mover brazos y piernas en la posición de decúbito prono.

Frecuencia: 10 veces al día.

Disposición: Suave inclinación de entre 15 centímetros y 60 centímetros.

Duración: Entre 10 y 30 segundos.

Actividad: 1 recorrido completo hacia abajo por la pista de arrastre.

Entorno: Una habitación bien iluminada con una pista infantil de arrastre (hecha de acuerdo con las instrucciones en el Apéndice C de este libro). La habitación debe tener una temperatura cálida para que el bebé esté cómodo con poca ropa.

Técnica: Vista a su bebé de manera que sus brazos y piernas queden descubiertos; por ejemplo, con el pañal y una camiseta o un pequeño bodi. Coloque a su bebé tumbado bocabajo (con el estómago en el suelo) en la parte superior de la pista de arrastre. Después vaya a la parte inferior de

Figura 10.4. Isolda se arrastra por la pista inclinada mientras su mamá la aplaude. La niña empezó a arrastrarse ya desde su nacimiento.

la pista y póngase de rodillas en el suelo para que su bebé pueda ver, oír e incluso sentir que está al final de la pista. La meta de bebé será llegar a donde está usted. Cada día podrá ver, oír y sentir mejor que el día anterior.

La pista se debe inclinar levantándola por el extremo superior, entre 15 y 60 cm, dependiendo de cuál sea la altura más adecuada para su hijo. La inclinación debe calcularse en función de que el bebé pueda descender en menos de 60 segundos (ver la Figura 10.4).

Preste atención, por favor: Es posible que su bebé necesite llorar para mover sus brazos y piernas con la fuerza suficiente para bajar la pista inclinada.

No pasa nada. La mayoría de los recién nacidos necesitan llorar para incrementar el ritmo y profundidad de su respiración y poderse mover. Es algo parecido a lo que les sucede a los levantadores de pesas que gritan al levantar un gran peso o a los jugadores de tenis que chillan al golpear la pelota.

Como saben todas las madres, hay una gran diferencia entre el llanto normal y el llanto con chillidos. Si su bebé se pone a chillar, finalice la sesión en la pista y averigüe qué le sucede.

La mayor parte del tiempo, el bebé se esforzará en mover sus brazos y piernas para bajar por la pista inclinada.

Anímelo para que sepa que le encanta verlo moverse y que valora el esfuerzo que hace para conseguirlo. Para el bebé, esta es una hazaña atlética importante, no un logro minúsculo.

Parte II – La pista de arrastre plana

Objetivo: Hacer que se desarrollen las vías motoras al establecer, mejorar o reforzar la capacidad de movimiento de brazos y piernas.

Finalidad: Proporcionar las máximas oportunidades para mover brazos y piernas en la posición de decúbito prono.

Frecuencia: Plantear su uso como modo de vida.

Intensidad: Pista infantil de arrastre plana.

Duración: Entre 3 y 4 horas diarias.

Actividad: Posibilidad ilimitada de moverse en la pista de arrastre.

Entorno: Habitación bien iluminada con una pista infantil de arrastre. La habitación debe tener una temperatura cálida para que el bebé esté cómodo con poca ropa.

Técnica: Ahora que ha creado el entorno adecuado solo necesita añadir su propio entusiasmo y su compañía para completar la fórmula. Ponga al bebé y la pista de arrastre en la habitación en la que se encuentre durante la mayor parte del tiempo, no solo para vigilarlo o protegerlo, sino para hablarle y animarlo a moverse por la pista y explorar su mundo. En este estadio la familia debería permanecer con él en el suelo el mayor tiempo posible. El bebé no se debe sentir abandonado en el suelo. A pesar de que quizá no pueda ver, oír y sentir aún muy bien en este momento, sí puede sentir su presencia o su ausencia.

Preste atención, por favor: El recién nacido se moverá muchísimo mientras duerme. De hecho, en las primeras semanas de vida muchos bebés se mueven más mientras duermen que en sus periodos de vigilia. Ello significa que el ambiente de suelo durante sus horas de sueño es muy importante. Este precioso tiempo se perderá si creamos un ambiente en el que el bebé no se puede mover. La pista infantil de arrastre se puede colocar en torno a la cama de los padres para que el pequeño pueda dormir con seguridad junto a usted y tenga un amplio ámbito de movilidad en el que moverse por la noche (ver Figura 10.5). Consulte el apéndice B para más información sobre la posición del bebé al dormir.

Muchos bebés se mueven más mientras duermen que en sus periodos de vigilia. La pista de arrastre en torno a la cama permite que el niño se arrastre durante la noche.

Muchos bebés se mueven más mientras duermen que en sus periodos de vigilia.

La pista de arrastre en torno a la cama permite que el niño se arrastre durante la noche.

Figura 10.5
Isolda está cerca de mamá y papá, pero tiene máxima libertad para moverse mientras duerme.

Existe el beneficio añadido de que cuando el bebé se despierta para comer, la madre puede darse la vuelta y alimentarlo, devolverlo a la pista y volverse a dormir.

Muchas madres han descubierto que este sistema es muy útil, no solo para el bebé, sino para su propio sueño y bienestar.

Materiales necesarios:

- Una almohada grande.
- Una pequeña alfombra.

Parte III – Actividades de equilibrio

Objetivo: Hacer que se desarrollen las áreas de equilibrio del cerebro al establecer, mejorar y reforzar la capacidad de desplazamiento espacial.

Finalidad: Proporcionar las máximas oportunidades de que el niño se mueva en el espacio de varias maneras.

Frecuencia: 15 veces al día.

Intensidad: Movimiento lento y cuidadoso.

Duración: 15 segundos, aumentando poco a poco hasta 45 segundos.

Actividad: Una actividad de equilibrio por sesión.

Entorno: Espacio abierto libre de obstáculos que evite que el bebé se golpee mientras realiza estas actividades. El niño debe estar vestido con ropa cómoda y que permita que se le pueda agarrar bien con facilidad.

Técnica: Cada una de las *siguientes* actividades se debe introducir gradualmente. Comience con solo unos segundos de actividad y, según la evolución, vaya aumentando la duración de cada sesión hasta los 45 segundos. Siempre debe decirle al bebé lo que está haciendo, antes y mientras lo hace.

Termine siempre la actividad *antes* de que el bebé quiera parar, con el fin de que tenga ganas de continuar en la siguiente ocasión.

PRECAUCIÓN: Sujete siempre la cabeza y el cuello del bebé cuando le mueva.

1. *Cogerlo en brazos.* Sujete a su bebé de la siguiente manera: coloque sus manos con la palma hacia arriba; con una mano sujete la parte de atrás de su cabeza y con la otra sujete su trasero. Ahora sujételo moviéndolo suavemente. Muévalo de arriba abajo, de atrás hacia adelante y de lado a lado. Llévelo así por la casa, hablando con él y diciéndole dónde está y los nombres de las cosas. También déjelo mirar por la ventana y háblele sobre lo que hay en el exterior (ver Figura 10.6).

2. *Moverlo de arriba abajo y de un lado para otro.* Túmbese bocarriba y sujete al bebé por debajo de sus brazos y alrededor del tronco. Después levántelo para tener contacto visual con él. Muévalo suavemente de derecha a izquierda y de arriba abajo (ver Figura 10.7).
3. *Mecerlo.* Siéntese en una mecedora con el bebé en su regazo y mézase de atrás hacia delante con él.
4. *Mecer al niño hacia los lados.* Ponga al bebé bocabajo sobre una almohada o la alfombrilla. Tire con suavidad de un lado de la almohada y meza al niño hacia la derecha; después tire del otro lado para que se meza hacia la izquierda (ver Figura 10.8).
5. *Mecerlo de delante hacia atrás.* Mueva al bebé y la almohada de manera que la cabeza del bebé esté a la altura de una de sus manos, y sus pies a la altura de la otra mano. Realice una suave inclinación para mecerlo hacia adelante y hacia atrás (ver Figura 10.9).

Figura 10.6. Isolda disfruta moviéndose en todas direcciones con ayuda de su padre.

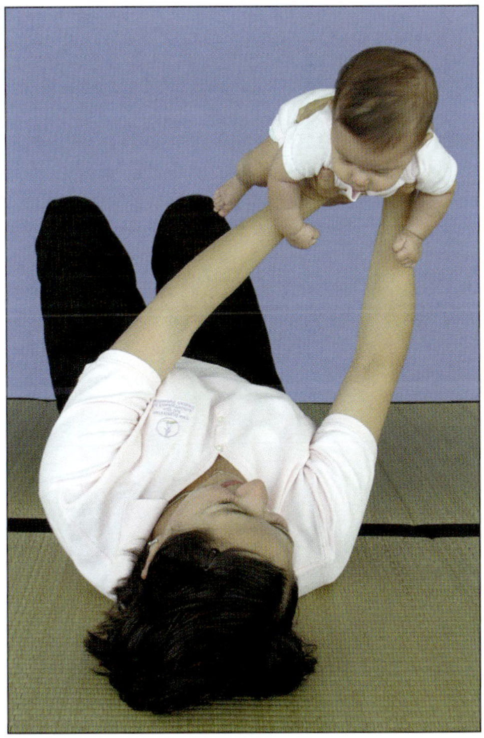

Figura 10.7. La madre de Isolda la mueve de lado a lado en el aire.

Figura 10.8. La madre de Isolda la gira de lado a lado sobre una almohada.

Figura 10.9. La madre inclina a Isolda de cabeza a pies sobre la almohada.

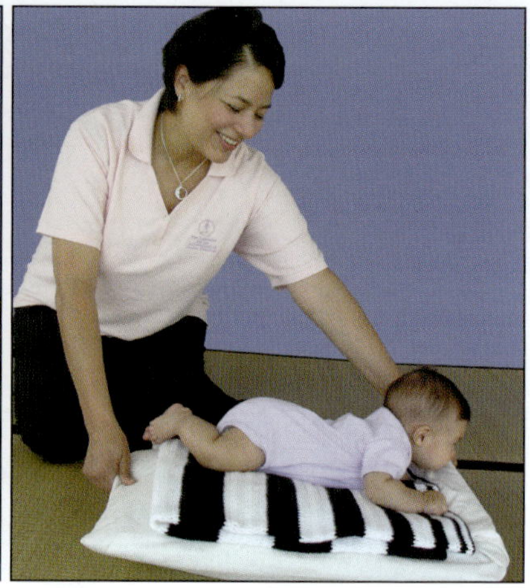

Figura 10.10. La madre mueve a Isolda desplazando la almohada hacia delante y hacia atrás.

Figura 10.11. El padre de Isolda la mueve girando la almohada a derecha e izquierda.

6. *Moverlo de delante hacia atrás en la almohada.* Coloque la almohada en el suelo y ponga al bebé bocabajo sobre ella. La cabeza del bebé debe permanecer en una de sus manos y los pies en la otra. Tire de la almohada para mover al bebé hacia delante. Después haga lo contrario para que el bebé se desplace hacia atrás (ver Figura 10.10).
7. *Moverlo de izquierda a derecha.* Utilizando la misma almohada o alfombrilla, gire al bebé para que esté de frente a usted. Deslice la alfombrilla hacia la derecha y después hacia la izquierda para que el bebé experimente el movimiento de lado a lado (ver Figura 10.11).
8. *Girar la almohada en sentido de las agujas del reloj.* Mientras mantiene al bebé bocabajo sobre la almohada o la alfombrilla, colóquelo de forma que su cabeza quede cerca del borde. Sostenga el borde de la alfombrilla donde están sus pies y suavemente gire al bebé en la dirección de las agujas del reloj (ver Figura 10.12).
9. *Girar la almohada en sentido contrario a las agujas del reloj.* Repita el paso anterior, pero rotando al bebé en dirección contraria a las agujas del reloj.
10. *Giro horizontal con el niño en brazos.* Permaneciendo en pie, coloque al bebé con su vientre apoyado en uno de sus hombros y suavemente dé vueltas en una dirección y después en la contraria. Tenga cuidado de no marearse y perder el equilibrio (ver Figura 10.13).

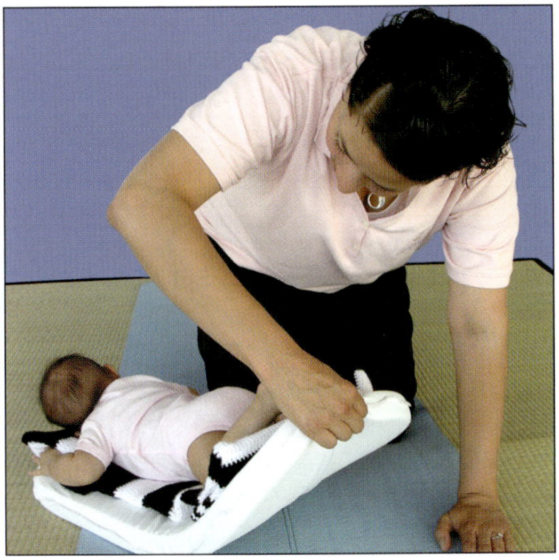

Figura 10.12. La madre de Isolda la hacer rotar en las dos direcciones mientras está sobre la almohada.

Figura 10.13. A Isolda le gustan los suaves balanceos sobre el hombro de su padre.

11. *Giro sobre su lado izquierdo.* Repita el paso anterior, pero colocando al bebé sobre su lado izquierdo encima de su hombro derecho. Dé vueltas con suavidad en ambas direcciones.
12. *Alternancia de pasos 10 y 11.* Repita el paso anterior, pero coloque al bebé sobre su lado derecho encima de su hombro izquierdo. Suavemente dé vueltas en ambas direcciones.
13. *Levantar al bebé y moverlo de arriba hacia abajo.* Póngase de rodillas y coloque al bebé en la alfombrilla con los pies orientados hacia usted. Coloque las manos detrás de los brazos del bebé y alrededor de su cuerpo mientras le sujeta el cuello. Levántelo suavemente hasta el nivel de los ojos y después bájelo de nuevo despacio (ver Figura 10.14).
14. *Ayudar al bebé a girarse en dos sentidos.* Coloque al bebé bocarriba en el suelo. Póngase de rodillas a la altura de los pies del bebé, de manera que toquen sus rodillas. Coloque su dedo pulgar izquierdo en la mano derecha del bebé. El bebé agarrará su dedo pulgar automáticamente. Entonces, diga «Tiramos» al bebé y tire con suavidad con su mano izquierda,

Figura 10.14. Su padre impulsa a Isolda hacia arriba y hacia abajo.

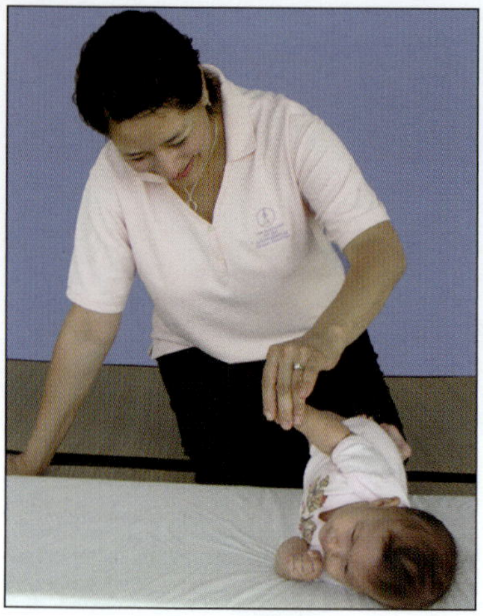

Figura 10.15. Isolda agarra el pulgar de su madre mientras ella la hace girar sobre sí misma.

de forma que el bebé ruede hacia su lado izquierdo y posteriormente a la posición de decúbito prono.

Haga lo mismo con su dedo pulgar derecho en la mano izquierda del bebé, de forma que ruede hacia su lado derecho y posteriormente a la posición de bocabajo.

Alterne la izquierda y la derecha. Tenga cuidado de no poner el brazo del bebé en una posición incómoda cuando lo gire hacia un lado (ver Figura 10.15).

15. *Trotar con el niño.* Sujete al niño junto a su cuerpo para que esté seguro y con la cabeza estable. Vaya «trotando» con suavidad por la casa. El bebé sentirá el movimiento de subida y bajada de su cuerpo. A medida que mejore su visión, empezará a percibir el mundo que le rodea en movimiento.

Ahora tiene quince actividades diferentes que enseñan al niño a sentir el movimiento en el espacio. Cada actividad le ofrece la oportunidad de sentir el movimiento y la gravedad en una orientación diferente.

Es útil nombrar al bebé cada actividad mientras las hace; de la misma manera que dice «luz», «tacos», o «tocar», diga «arriba», «abajo», «dar vueltas», «mecerse», «rodar», etc. De forma que su bebé empiece a saber lo que está a punto de suceder y cómo se llama. Alterne entre estas quince actividades a lo largo del día. A medida que su bebé vaya madurando, estas actividades se convertirán en sus momentos favoritos del día.

Preste atención, por favor: Acuérdese de comenzar despacio e incrementar gradualmente la duración de cada actividad. Sujete al bebé con cuidado en todo momento. Sea sensible con él. Mírelo y obsérvelo. Si parece estar enfadado o asustado, ralentice el ritmo o deje lo que esté haciendo en ese momento. Averigüe la razón de su enfado o miedo.

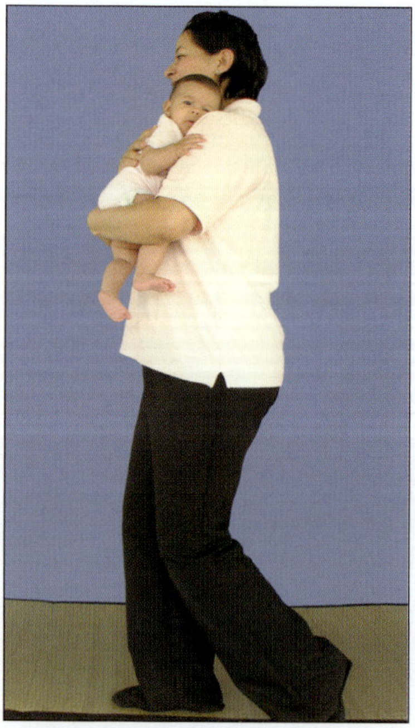

Figura 10.16. La madre abraza a Isolda contra su pecho mientras «trota» por la casa.

EL PROGRAMA DE LENGUAJE

Está claro que todos los padres y madres dan a su recién nacido la oportunidad de llorar y producir sonidos.

¿Qué pueden hacer los padres para potenciar en su hijo la capacidad de producir sonidos?

La mejor manera de incrementar el desarrollo del lenguaje es a través de la mejora de la respiración inmadura del recién nacido.

Cuando nace, el bebé se tiene que adaptar de inmediato a un entorno completamente nuevo. Ha disfrutado de nueve meses en medio líquido donde el suministro de oxígeno estaba garantizado por la capacidad que su madre tiene de respirar. Al nacer, debe tomar el mando de este proceso y, milagrosamente, lo hace. Sin embargo, su respiración es la mínima imprescindible para sobrevivir. No pasa repentinamente de carecer de capacidad para respirar a mostrar una habilidad perfecta para ello en los pocos minutos siguientes al parto. En este periodo solo desarrolla la capacidad de respirar lo justo, si todos los otros sistemas funcionan perfectamente.

Las madres de los recién nacidos están intuitivamente preocupadas por la respiración de sus bebés. Comprueban su respiración muchas veces durante el día. Por la noche es algo común para la madre de un recién nacido acercarse varias veces con sigilo a la habitación del bebé para comprobar cómo respira. A menudo la madre incluso tocará al bebé dormido para que se despierte. Cuando el bebé se despierta y llora, la madre está feliz y vuelve para decirle al padre que el bebé está bien. El padre se pregunta con frecuencia por qué ha tenido que despertar al bebé. La madre tenía una muy buena razón: no podía verlo respirar.

Las madres de bebés están obsesionadas con la idea de verlos respirar. Creen que los bebés recién nacidos no respiran bien y, una vez más, las madres están absolutamente en lo cierto. Los recién nacidos no respiran bien.

La preocupación natural de la madre por la respiración está justificada. Los recién nacidos tienen una función respiratoria muy inmadura, es decir, respiran de manera superficial e irregular. A veces dejan de respirar durante breves momentos y luego vuelven a empezar. Cuando esos momentos coinciden con la presencia de la madre, es cuando ella piensa: «Levántate y respira». Y de esa manera el bebé se despierta y respira de nuevo.

Las madres tienen razón al estar preocupadas. Esta es el área funcional más vulnerable para el recién nacido. Todos los esfuerzos se deberían dirigir a ayudar al bebé a desarrollar una respiración más profunda y regular en el menor tiempo posible.

El desarrollo del lenguaje en el bebé depende mucho del desarrollo de su respiración. Es un hecho demostrado que, para producir sonidos, el bebé tiene que poder aspirar y espirar.

Además, necesita controlar el proceso a través del cual aprende cuándo aspira y cuándo espira.

Si su respiración es inmadura, no puede aspirar la cantidad suficiente de aire como para producir un sonido alto o sostenido. Esto significa que su capacidad de producir sonidos se hará más difícil y requerirá más esfuerzo. Como consecuencia de ello, no podrá comunicarse con su padre o su madre tan bien o tan a menudo como debiera.

Si su respiración se desarrolla de manera que pueda respirar más profunda y regularmente, le será más sencillo producir sonidos. Esto significa que cada día podrá comunicarse con su madre y su padre con más facilidad y mayor frecuencia, ya que le supondrá un menor esfuerzo.

Un bebé que puede respirar profunda y regularmente es un bebé más seguro que uno que no lo hace.

El bebé que puede producir sonidos con facilidad es un bebé más seguro que uno que no lo hace.

¿Cuál es la mejor manera de fomentar la maduración del sistema respiratorio del recién nacido?

La movilidad.

No hay un programa mejor para conseguir una respiración profunda y regular que el movimiento de los brazos y piernas y el arrastre. De hecho, cuando el bebé quiere producir sonidos, podemos ver cómo se autobombea aire moviendo los brazos y las piernas más rápidamente. Es entonces cuando es capaz de llenar de aire sus pulmones, lo que le permite lograr un llanto alto y satisfactorio.

El movimiento es fundamental para el desarrollo de una mejor respiración. Cuanto más tiempo pase el bebé en el suelo para moverse y cuantas más oportunidades tenga de moverse en la pista inclinada, más rápidamente se desarrollara su respiración. Es así de simple.

Es una sabia decisión por parte de los padres mostrarse alerta ante la respiración del bebé durante las primeras semanas. Es muy importante conceder la máxima prioridad al hecho de que el bebé esté tumbado bocabajo. Ello conlleva la maduración de su sistema respiratorio en el menor tiempo posible.

Es, sin duda, el mejor programa de desarrollo del lenguaje para el recién nacido.

EL PROGRAMA DE COMPETENCIA MANUAL

El primer programa manual para su bebé se centra en la estimulación del reflejo de prensión.

Esto hará que ese reflejo se produzca con más rapidez y se fortalezca. El proceso le ayudará a conseguir alcanzar su siguiente estadio manual más fácilmente.

Objetivo: Hacer que se desarrollen las áreas de competencia manual del cerebro al establecer, reforzar o mejorar el reflejo de prensión.

Finalidad: Generar el reflejo de prensión.

Frecuencia: 10 veces al día.

Intensidad: Presión suave.

Duración: 10 segundos aumentando hasta 60 segundos.

Actividad: Posibilidad de agarrar los dedos índices de la madre, planteada inicialmente una vez y aumentando hasta 6 ocasiones al día.

Entorno: El suelo o la cama con el bebé en posición de decúbito prono.

Técnica: Coloque al bebé bocabajo en una posición cómoda frente a usted. Ponga su dedo índice o pulgar derecho con suavidad en el puño de la mano izquierda de su bebé y su dedo pulgar o índice izquierdo en el puño de la mano derecha. A continuación, suave y lentamente, comience a tirar del bebé hacia usted. A medida que el bebé sienta la presión de sus dedos, usted percibirá que aumenta su agarre. Se trata del reflejo de prensión, que es el que se desea suscitar. Mientras le agarra el dedo, dígale en voz alta y clara «agarra». Esto le ayudará a empezar a comprender la palabra y la acción. Haga que el bebé mantenga la prensión durante varios segundos antes de bajarlo lenta y suavemente hasta dejarlo tumbado de espaldas. Dígale lo bien que lo ha hecho y después retire despacio los dedos.

Preste atención, por favor: Al principio, estas sesiones deberían tener unos segundos de duración, pero pronto notará que el reflejo de prensión de su bebé se hace más fuerte. A medida que esto ocurra, alargue un poquito cada oportunidad con respecto a la anterior. Y también, después de una breve pausa, dé a su bebé una segunda y tercera oportunidad hasta que, por evolución, su sesión pueda durar hasta un minuto. De esta manera potenciará el desarrollo neurológico de su bebé mientras desarrolla su fuerza. (Ver Figura 10.17.)

Figura 10.17. Caleb agarra los pulgares de su madre mientras ella lo eleva con suavidad.

PROGRAMA MOTOR PARA EL ESTADIO I DEL PERFIL

Lista de control diario

Oportunidad de la movilidad

Oportunidad de mover brazos y piernas en posición de decúbito prono
Pista inclinada: 10 veces al día durante un tiempo de entre 10 y 30 segundos

☐ ☐ ☐ ☐ ☐ ☐ ☐ ☐ ☐ ☐

Tiempo total: de 1 minuto 40 segundos a 5 minutos

Pista llana: de 3 a 4 horas diarias

*Tiempo total hoy:*______________________

Oportunidad de moverse en el espacio con diferentes actividades:
(15 actividades diferentes, 1 actividad por sesión)
15 sesiones diarias, cada una de 15 segundos aumentando hasta 45 segundos

☐ ☐ ☐ ☐ ☐ ☐ ☐ ☐ ☐ ☐

Tiempo total: de 3 minutos 45 segundos a 7 minutos 30 segundos

Potenciación del lenguaje

Máximas oportunidades de moverse en la posición de decúbito prono para mejorar la respiración, lo cual facilita la producción de sonidos.

Ver el apartado Oportunidad de la movilidad, más arriba.

Potenciación manual

Oportunidad de utilizar el reflejo de prensión:
10 veces al día durante 10 segundos, aumentando hasta 60 segundos.

☐ ☐ ☐ ☐ ☐ ☐ ☐ ☐ ☐ ☐

Tiempo total: de 1 minuto 40 segundos a 10 minutos

Cambios que he notado hoy: ______________________

____

____

Fecha: ______________________

PROGRAMA MOTOR PARA EL ESTADIO I DEL PERFIL

Lista de control diario

Actividades de equilibrio

Oportunidad para moverse por el espacio de diferentes maneras
Nota: 1 actividad por sesión
15 sesiones diferentes diarias, con una duración en aumento hasta los 45 segundos.
Tiempo total: hasta 11 minutos 15 segundos

1. Caminar con el bebé en brazos ☐ ☐
2. Moverse de lado a lado y de arriba a abajo ☐ ☐
3. Mecerse con el bebé en el regazo ☐ ☐
4. Mecerse de lado a lado ☐ ☐
5. Mecerse de frente hacia atrás ☐ ☐
6. Acelerar de frente hacia atrás ☐ ☐
7. Acelerar de lado a lado ☐ ☐
8. Rotación en decúbito prono, en sentido horario ☐ ☐
9. Rotación en decúbito prono, en sentido antihorario ☐ ☐
10. Giro horizontal, en decúbito prono ☐ ☐
11. Giro horizontal en el lado izquierdo ☐ ☐
12. Giro horizontal en el lado derecho ☐ ☐
13. Subir y bajar al bebé ☐ ☐
14. Hacer rodar al bebé de espalda a vientre, en ambas direcciones ☐ ☐
15. Trotar por la casa con el bebé ☐ ☐

Duración de cada actividad: ____________________

Cambios que he notado hoy: ____________________

____

____

Fecha: ____________________

11

La segunda evaluación de su bebé

DESPUÉS de practicar un programa adecuado de estimulación sensorial y oportunidad motora con su bebé durante un mes, lo acertado es evaluar de nuevo al pequeño. Puesto que ya lo ha hecho una primera vez, le resultará más fácil esta segunda. Antes de comenzar necesitará conocer el estadio II del Perfil y el modo en el que se evalúan las seis funciones de este nivel.

La primera parte de esta segunda evaluación, sin embargo, consiste en repetir la evaluación del Estadio I para comprobar el progreso de su hijo en las últimas semanas desde la evaluación anterior. De hecho, siempre se debería empezar cualquier evaluación nueva repitiendo la valoración de los estadios inferiores. Así se puede comprobar qué funciones se han fortalecido, acelerado y consolidado. Es probable que se sorprenda con la cantidad de aspectos en los que su bebé habrá mejorado, incluso en áreas que ya consignó en su momento como «Perfectas».

A medida que avancemos hacia estadios superiores es cada vez más importante elegir el mejor momento del día para el bebé, de manera que podamos realizar evaluaciones precisas. Evite momentos en los que el niño esté protestón, cansado o tenga hambre. Debemos evaluarlo en su mejor disposición; elija un rato en el que esté descansado, tranquilo y contento.

En esta evaluación nos centraremos en el Estadio II, que se muestra en color naranja en el perfil, y que cubre todas las *respuestas vitales* que forman parte del desarrollo de un bebé.

COMPETENCIA VISUAL: ESTADIO II

Percepción de contornos

En este estadio se desea evaluar la capacidad del bebé de percibir contornos. Se trata de la habilidad para localizar o seguir con la vista un

Materiales necesarios:

- Linterna de bolsillo.

objeto oscuro, a contraluz o sobre un fondo claro. Por ejemplo, cuando la madre camina frente a la ventana por donde la luz del sol entra a raudales en la habitación, el escenario está preparado para que el bebé localice o siga con la mirada a la madre mientras se mueve frente a la ventana.

Puesto que esta oportunidad no se presenta muy a menudo, tendremos que simularla. Para ello es necesaria una linterna de bolsillo, en lugar de una normal de las caseras. De nuevo es importante que el bebé y usted se sitúen en una habitación completamente a oscuras para que se pueda crear un contraste completo entre luz y oscuridad. Eso le ayudará al bebé a ver la luz.

Coloque al pequeño en el suelo bocabajo o cómodamente en el regazo de papá. Apague todas las luces. Una vez que la habitación quede totalmente a oscuras, sujete la linterna de bolsillo a una distancia de entre 60 cm y un metro del niño y enciéndala. Mantenga la luz inmóvil y espere a que él pueda localizar la luz.

Es posible que tarde varios segundos. No hable ni emita ningún sonido. Si lo hace, es probable que el niño se gire hacia el sonido de su voz y pueda parecer que localiza la luz. Para llevar a cabo una evaluación precisa es importante introducir un solo elemento de estimulación sensorial en cada prueba.

Cuando haya conseguido localizar la luz, dígale lo bueno que es y déjelo que la mire durante unos momentos. Después, apáguela durante varios segundos, cambie de posición con cuidado y vuelva a encender la luz. Una vez más, concédale varios segundos para que localice la luz, asegurándose de que no le da pistas auditivas, como, por ejemplo, el lugar en el que está.

Cuando el bebé encuentre la luz otra vez, abrácelo y béselo para que sepa que usted sabe que lo ha hecho. Dele la oportunidad de mirarla y apáguela de nuevo. Repita el proceso. El hecho de que localice la luz es suficiente y para ello basta con tres oportunidades. Si lo hace más veces en una sola sesión, el bebé se puede cansar y desentenderse.

Si es capaz de localizar la luz de forma adecuada, espere unas horas y evalúelo luego una vez más. En esta ocasión, sin embargo, en lugar de mantener la luz inmóvil, muévala lentamente y observe si la puede seguir. Esto ya es algo más difícil, por lo que no se debe empezar a desplazar la luz hasta estar seguros de que el niño la localiza bien cuando está inmóvil.

Cuando el bebé pueda seguir a una persona en movimiento o una luz en movimiento en la oscuridad sin ninguna otra referencia, escriba «Perfecto» en el recuadro de percepción

Percepción del contorno

Perfecto

Percepción vital

Figura 11.1. Percepción perfecta del contorno.

Percepción del contorno

Funcional

Percepción vital

Figura 11.2. Percepción funcional del contorno.

de los contornos del Perfil y trace una línea roja a lo largo del borde superior de este recuadro (ver Figura 11.1).

Si un bebé puede seguir a una persona en movimiento o a una luz en movimiento en la oscuridad, aunque no de manera precisa, escriba «Funcional» en rojo en el recuadro de percepción del contorno del Perfil y trace una línea roja a lo largo del borde superior de este recuadro (ver Figura 11.2).

Si un bebé no es capaz de realizar la localización y el seguimiento, trace una línea roja por encima de la línea azul de la evaluación anterior para mostrar que aún está en el mismo estadio de visión (ver Figura 11.3).

Figura 11.3. Percepción cero del contorno.

COMPETENCIA AUDITIVA: ESTADIO II

Respuesta vital

Materiales necesarios:

- Bocina.

El siguiente paso consiste en evaluar la respuesta vital de su bebé a sonidos amenazadores. Esta respuesta está cimentada sobre el reflejo de sobresalto, pero añade un nivel adicional de complejidad. El reflejo de sobresalto se produce en presencia de cualquier sonido agudo repentino. Sin embargo, no todos los sonidos agudos y súbitos resultan amenazadores. El propósito de este siguiente estadio es que el bebé aprenda a distinguir un simple sonido agudo inesperado de un sonido amenazante.

Esta capacidad es, claramente, un mecanismo de protección. Hace que, cuando oye un sonido semejante, emita el correspondiente llanto de sobresalto, que haga acudir a su madre o su padre junto a él de inmediato y, en algunos casos extremos, le salven la vida.

Esta respuesta vital a sonidos amenazadores está presente en todos los seres humanos durante todos los estadios de la vida.

Los niños con lesión cerebral que no tienen esta respuesta vital sufren a veces lesiones serias añadidas porque no responden adecuadamente a un sonido amenazador.

Una vez más, lo mejor que pueden hacer el padre y la madre es evaluar cualquier función nueva entre ellos antes de valorar la función del bebé. Para evaluar la respuesta vital es necesario un sonido que se perciba como amenazador para la vida. Una bocina, de las utilizadas para dar comienzo a las carreras y que generalmente se encuentra en las tiendas de deportes, es fácil de usar, de trasladar y guardar. También podría utilizar el claxon del coche si la persona a la que está evaluando se encuentra lo bastante cerca del mismo para que reciba el bocinazo de lleno.

A los niños, cuando juegan, les gusta generar una respuesta vital de este tipo acercándose sigilosamente a otro y gritando» ¡Uhhh!» en voz muy alta y aterradora. Es muy eficaz también en adultos a los que se sorprende sin que lo esperen. Sin embargo, no tiene la suficiente intensidad para resultar eficaz con el bebé.

Utilice cualquiera de los métodos descritos y generará una respuesta vital en su pareja si lo hace en un momento en que él o ella no lo esperen. Anímelo a que le devuelva el favor en cualquier otro momento.

Cuando esté preparado para evaluar a su bebé, *asegúrese de que está situado al menos a 3 metros del claxon del coche o de la bocina.*

Si va a utilizar la bocina, ponga al bebé en una posición cómoda bocabajo en el suelo. Colóquelo de manera que pueda ver su cara con facilidad. A continuación haga sonar la bocina durante un segundo más o menos. Espere unos segundos y hágala sonar otra vez. Es probable que la primera vez que lo evalúe en este estadio observe que son necesarios dos o tres toques de bocina de un segundo seguidos de unos segundos de silencio antes de que el bebé responda.

Lo habitual es que, después del primer sonido, el bebé preste gran atención, después del segundo ponga gesto de preocupación y en el tercero rompa a llorar.

Es una secuencia de respuestas fascinante y completamente normal.

Es fascinante porque es la evaluación *en sí misma* la que da pie a la *creación* de la respuesta vital.

Después del primer bocinazo no se registra esa respuesta vital, aunque el bebé claramente oye el sonido. En el segundo bocinazo sospecha y se preocupa, pero, de nuevo, no produce respuesta vital. Es en el tercer bocinazo en el que percibe la intensidad total del volumen y lo interpreta como amenazador, por lo que ahora sí reacciona con una auténtica respuesta vital.

En esta breve evaluación se tiene la oportunidad de ver el crecimiento real de las vías auditivas. Al comienzo de la evaluación no había respuesta vital. Tres estimulaciones después se produjo la respuesta vital. Aunque durante un tiempo la respuesta pudiera ser imprecisa, el bebé ofrece por primera vez una respuesta vital.

Cuando su bebé ya experimente esa respuesta vital, tómelo en brazos y ofrézcale consuelo para que sepa que está seguro y que la amenaza está desactivada. Dígale que se trataba de un sonido fuerte que había oído y que está seguro.

También puede suceder que su bebé desarrolle una respuesta vital a un sonido amenazador muy rápidamente y que llore amargamente en el primer bocinazo. En este caso solo necesitará proceder a una estimulación y no a tres.

Si su bebé responde inmediatamente después del primer bocinazo, la respuesta vital es perfecta. Escriba, pues, «Perfecto» en color rojo en el recuadro de respuesta vital del Perfil y trace una línea roja a lo largo del borde superior de este recuadro (ver Figura 11.4).

Si su bebé tiene una respuesta vital a sonidos amenazantes la mayoría de las veces, pero no siempre, escriba «Funcional» en color rojo en este recuadro y trace una línea roja a lo largo del borde superior de este recuadro (ver Figura 11.5).

Si su bebé no tiene respuesta vital a sonidos amenazantes, trace una línea roja encima de la línea azul de la evaluación anterior para mostrar que todavía está en ese estadio del desarrollo (ver Figura 11.6).

Preste atención, por favor: Por regla general, las bocinas se usan para dar comienzo en las carreras de atletismo o de barcos. Una tienda de deportes que se precie debería tenerlas o poderlas encargar.

Este tipo de bocinas producen un sonido muy fuerte y penetrante que es excelente para este propósito. Sin embargo, debe mantenerlas alejadas del alcance de sus otros hijos, porque a los niños más mayores les puede producir un sobresalto considerable si se hace sonar de manera inadvertida.

Recuerde: Manténgase siempre a una distancia mínima de tres metros de su bebé cuando utilice la bocina.

Respuesta vital a sonidos amenazadores
Perfecta
Percepción vital

Figura 11.4. Respuesta vital perfecta.

Respuesta vital a sonidos amenazadores
Funcional
Percepción vital

Figura 11.5. Respuesta vital funcional.

Respuesta vital a sonidos amenazadores
Percepción vital

Figura 11.6. Respuesta vital cero.

COMPETENCIA TÁCTIL: ESTADIO II

Percepción de la sensación vital

Ahora estamos preparados para evaluar la capacidad del bebé de percibir la sensación vital. Esta es la capacidad del bebé de sentir sensaciones táctiles fuertes, como las producidas por un dolor agudo o por extremos de calor y frío. En resumen, estas percepciones incluyen aquellas sensaciones táctiles que podrían resultar amenazadoras para la vida del bebé si fueran continuadas. Se trata de una capacidad muy básica para todos los seres vivos y, como es lógico, está muy desarrollada en los seres humanos.

Una respuesta vital verdadera se manifiesta mediante un llanto alto, intenso y angustioso. Sin embargo, puesto que a nosotros nunca se nos dio muy bien pellizcar a los bebés o pincharles con alfileres con la inten-

Materiales necesarios:

- Hielo.
- Toalla tibia.

sidad necesaria para hacerles llorar, no podemos recomendar medidas semejantes a los padres y madres.

Por consiguiente, recomendamos solo la suficiente presión, o aplicación de frío o calor, como para que el niño tienda a rechazar el estímulo, pero sin llegar a hacerle llorar.

Con toda seguridad esta es la parte menos agradable de cualquier evaluación sensorial, ya que implica una estimulación dolorosa. Por fortuna, pocas veces es necesario evaluar esta función tan importante, pues los bebés con cierta frecuencia tienden a experimentar dolor en diferentes grados de forma accidental o, por ejemplo, a través de los pinchazos de las vacunas que les son administradas en las primeras semanas de vida.

Nadie quiere causar dolor a un bebé, ni siquiera brevemente. Por suerte, las madres suelen recordar bien la reacción de su hijo pequeño al recibir una inyección o cuando se pincha accidentalmente con un alfiler.

Aunque todos sabemos lo que se siente cuando uno se pincha con un alfiler, o cuando se siente un pellizco o se percibe sensación de frío o calor, lo mejor para el padre y la madre es que ensayen entre ellos este tipo de sensaciones. Eso le dará a la madre una idea de la intensidad necesaria del estímulo que puede desencadenar una sensación vital. En realidad, la intensidad es bastante menor de lo que podría imaginarse. Esta prueba también ayudará a despejar nuestro miedo ante la posibilidad de hacer daño al bebé, puesto que, cuando se hace de manera adecuada, el dolor ligero es momentáneo.

Una manera sencilla de evaluar este estadio es pellizcar ligeramente al bebé. Si tiene las uñas largas, córteselas para que pueda presionar una pequeña parte de la piel de su hijo sin arañarlo. Al sentir el pellizco, el bebé debe intentar retirarse del estímulo doloroso de la misma forma que lo haríamos los demás.

Es importante evaluar el torso del bebé, así como sus brazos y piernas. Algunas zonas puede que sean más sensibles que otras. A veces un lado del cuerpo reacciona más rápida y firmemente que el otro. Es bueno conocer esta información. La madre puede observar también que cuando pellizca en una zona una vez no hay respuesta, pero que después del segundo o tercer pellizco el bebé sí responde.

Ello se debe al mismo fenómeno al que aludíamos en la evaluación de las vías auditivas. Se pueden necesitar tres estimulaciones en vías inmaduras para que el mensaje «pellizco» llegue a su destino.

Después de un programa de estimulación, las vías táctiles crecen y maduran y entonces solo es necesario un pellizco para que el mensaje llegue a su destino. De nuevo, si es este el caso al principio, la madre debe dedicarle más atención para mejorarlo en el futuro.

Otra forma de generar una respuesta vital es usar las sensaciones de frío y calor. Para ello se puede poner en contacto con la piel del bebé un pequeño trozo de hielo en puntos diferentes de su cuerpo. Para llevar a cabo la estimulación con calor empape un paño en agua caliente. Después, escúrralo y espere a que pueda producir una sensación de molestia, pero en ningún caso un efecto dañino. Pase el paño por varios puntos de la superficie corporal del bebé y observe su respuesta.

Percepción de la sensación vital

Perfecta

Percepción vital

Figura 11.7. Sensación vital perfecta.

Percepción de la sensación vital

Funcional

Percepción vital

Figura 11.8. Sensación vital funcional.

Percepción de la sensación vital

Percepción vital

Figura 11.9. Sensación vital cero.

Por favor, recuerde que recomendamos que debe haber suficiente presión, o frío, o calor, como para que se produzca retraimiento, pero no hasta el punto de hacer llorar al bebé.

Cuando está evaluando a un niño con lesión cerebral severa, que posiblemente se muestre insensible, la necesidad de una valoración cuidadosa y detallada es vital para el futuro estado del niño. En tales casos sí que necesitamos saber con precisión qué es lo que puede producir una respuesta vital, si es que hay algo que la produzca. Sin embargo, con un niño sano no hay necesidad de recurrir a este tipo de procedimientos.

Si su bebé manifiesta una respuesta concreta e inmediata a la sensación vital en todo su cuerpo, escriba «Perfecto» en el recuadro de sensación vital del Perfil y trace una línea roja a lo largo del borde superior de este recuadro (ver Figura 11.7).

Si hay una o varias zonas del cuerpo de su hijo en las que la respuesta es difusa o retardada, o necesita de varias estimulaciones para manifestarse, escriba «Funcional» en color rojo en el recuadro de sensación vital del Perfil y trace una línea roja a lo largo del borde superior de este recuadro (ver Figura 11.8).

Si un niño no tiene la más mínima respuesta a la sensación vital en ningún lugar de su cuerpo, trace una línea roja encima de la azul de la evaluación anterior para mostrar que aún no ha logrado completar este estadio del desarrollo (ver Figura 11.9).

COMPETENCIA EN LA MOVILIDAD: ESTADIO II

Arrastre

En este estadio del desarrollo los padres necesitan observar la capacidad de arrastre de su bebé. Puesto que el padre y la madre ya han dedicado una buena porción de tiempo y energía a proporcionar un buen ambiente de suelo para que su bebé pueda desarrollar su capacidad de arrastre, evaluarla es bastante sencillo.

El arrastre es la capacidad del niño de moverse hacia delante sobre el abdomen utilizando los brazos y las piernas.

Al principio el bebé se arrastrará usando cualquier método que pueda. Sus movimientos parecerán aleatorios, sin patrón. Sin embargo, a medida que adquiera más experiencia, empezará a coordinar sus brazos y piernas hasta desarrollar un patrón cruzado en su arrastre. Este arrastre con patrón cruzado consiste en girar la cabeza a la derecha y flexionar el brazo derecho mientras flexiona la pierna izquierda. De esta manera, el brazo derecho y la pierna izquierda están flexionados al mismo tiempo y a continuación, cuando avanza, el brazo izquierdo y la pierna derecha se flexionan simultáneamente (ver Figura 11.10).

Figura 11.10. Isolda se arrastra con un patrón cruzado.

Esta es la forma de arrastre más eficaz y avanzada.

Es importante elegir un buen momento para evaluar la capacidad de movimiento de su bebé. Póngalo en su pista infantil de arrastre o en el suelo sobre una superficie suave, cálida y limpia. Asegúrese de que lo viste con la menor cantidad de ropa posible, a fin de conseguir la máxima tracción con sus brazos y piernas en la superficie suave en la que se mueve.

Arrastre en posición de decúbito prono que culmina en arrastre con patrón cruzado.

Perfecto

Respuesta vital

Figura 11.11. Arrastre perfecto.

A continuación túmbese en el suelo a unos dos metros de distancia y dígale que vaya hacia usted. Por las experiencias anteriores en el suelo, el bebé debería saber lo que quiere que haga. Concédale dos o tres minutos para que se arrastre hacia usted. Anímelo y apláudalo cuando realice cualquier tipo de esfuerzo para desplazarse.

Cuando pueda arrastrarse dos metros en menos de tres minutos utilizando movimientos de patrón cruzado, escriba «Perfecto» en rojo en el recuadro dedicado al arrastre en el Perfil y marque una línea roja sobre el borde superior de esta parte del casillero (ver Figura 11.11).

En cambio, cuando el bebé se desplace esos dos metros en menos de tres minutos, pero empleando movimientos aleatorios, o algún otro tipo de patrón, escriba «Funcional» en la casilla correspondiente y trace una línea roja a lo largo del borde superior de este recuadro (ver Figura 11.12).

Si el bebé no puede recorrer dos metros en menos de tres minutos, trace una línea roja por encima de la línea azul anterior para mostrar que aún no ha culminado este estadio de movilidad (ver Figura 11.13).

Arrastre en posición de decúbito prono que culmina en arrastre con patrón cruzado

Funcional

Respuesta vital

Figura 11.12. Arrastre funcional.

Arrastre en posición de decúbito prono que culmina en arrastre con patrón cruzado

Respuesta vital

Figura 11.13. Arrastre cero.

COMPETENCIA LINGÜÍSTICA: ESTADIO II

Llanto vital

Cuando llega el momento en el que la madre y el padre están preparados para evaluar la capacidad de llanto vital del bebé, probablemente la propia vida ya haya intervenido y proporcionado oportunidades más que suficientes al bebé para que muestre esta capacidad.

Cuando un bebé percibe una situación que puede suponer una amenaza para su vida, debe tener la capacidad de llorar de manera muy distinta a las de su llanto normal.

A las pocas semanas de vida del bebé, la madre y el padre ya se han familiarizado con su forma normal de llamarlos. Ese llanto no es de alarma en absoluto. Por el contrario, es una señal de que el bebé está vivo y sano y que desea anunciarlo. Es un sonido reconfortante para la madre y el padre, ya que, en efecto, les indica que está bien y sano.

El llanto vital es diferente; significa: «Algo va mal, ayudadme inmediatamente». La primera vez que la madre oye este llanto viene corriendo. No hay posibilidad de confusión.

Cualquier cosa que el bebé perciba como una amenaza provocará este llanto. Hemos mencionado ya dos formas de entrada sensorial —el sonido amenazador y la sensación de amenaza—, que son dos razones bastante comunes por las que el bebé hace uso del llanto vital.

En el caso de que aún no haya oído a su bebé responder con el llanto vital a una situación que amenaza su vida, deberá evaluar esta capacidad.

Un posible método es recurrir a la bocina mencionada anteriormente, en el apartado dedicado a la competencia auditiva en este capítulo. Si el bebé responde bien a esa evaluación del llanto vital, escriba «Perfecto» en rojo en el recuadro de llanto vital del Perfil y trace una línea roja lo largo del borde superior de este recuadro (ver Figura 11.14).

Llanto vital en repuesta a elementos amenazadores

Perfecto

Respuesta vital

Figura 11.14. Llanto vital perfecto.

Si, en cambio, responde de manera difusa, será necesario tomar una decisión. ¿Qué es lo incoherente, su *percepción* de la situación amenazadora o su *respuesta*?

Llanto vital en respuesta a elementos amenazadores

Funcional

Respuesta vital

Figura 11.15. Llanto vital funcional.

En la mayoría de los bebés esta respuesta imprecisa se deberá a que sus vías *sensoriales* están aún inmaduras. El problema rara vez se encontrará en las vías motoras de respuesta. Es importante establecer esta diferenciación, ya que, de otro modo, el bebé puede ser calificado dos veces como «Funcional» en este aspecto cuando, en realidad, su llanto vital puede ser perfecto, aunque su percepción de los sonidos vitales sea aún insuficiente. En otras palabras, el bebé todavía no oye de forma coherente, pero en todas las ocasiones en que sí lo hace tiene un llanto vital bueno y apropiado.

Llanto vital en respuesta a elementos amenazadores

Respuesta vital

Figura 11.16. Llanto vital cero.

Este fenómeno es fácil de poner de manifiesto en los niños que presentan llanto vital definido cuando sienten dolor, pero en los que ese llanto es más difícil de detectar cuando es producido por un sonido intenso. En estos casos son claramente las vías auditivas las que están inmaduras.

Si descubre que su bebé presenta un llanto vital débil o inconsistente y que el problema está en el propio llanto y no en las vías a través de las cuales se percibe la amenaza, consigne en rojo «Funcional» en el recuadro de llanto vital del Perfil y trace una línea roja a lo largo del borde superior de este recuadro (ver Figura 11.15).

Cuando un bebé no presenta llanto vital, aunque esté claro que puede oír, sentir y percibir las amenazas para su vida, trace una línea roja por encima de la línea azul de la evaluación anterior para mostrar que todavía no ha culminado este estadio (ver Figura 11.16).

COMPETENCIA MANUAL: ESTADIO II

Soltar vital

Ahora estamos también preparados para evaluar lo que denominaremos soltar vital de su bebé. Como hemos dicho, un recién nacido tiene capacidad para asir con fuerza los objetos pero no para soltarlos. El segundo estadio de su desarrollo manual consiste en adquirir la capacidad de soltar un objeto de sus manos cuando exista una razón potencial de amenaza para la vida. Esta capacidad resulta esencial para la seguridad del bebé.

A menudo los bebés cogen objetos que pueden poner su vida en peligro. El niño no solo debe percibir ese peligro, sino que ha de disponer de la capacidad motora necesaria para responder de forma apropiada y soltar el objeto inmediatamente. En una casa moderna algunas de las amenazas más comunes podrían ser una plancha caliente, una cazuela o ciertos tipos de cable.

Figura 11.17. Soltar vital perfecto.

La madre naturaleza asume pocos riesgos. La disposición para soltar el objeto se desarrollará en el bebé antes de que tenga la capacidad de extender la mano y agarrarlo.

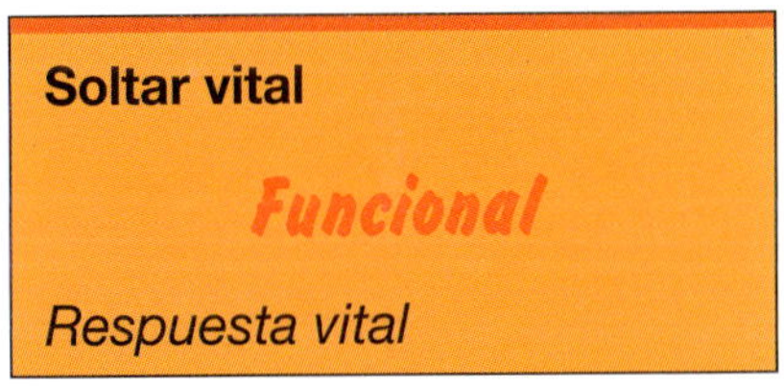

Figura 11.18. Soltar vital funcional.

Esta respuesta vital se puede evaluar con facilidad colocando un objeto en el puño de su bebé para que lo tenga bien agarrado y después darle un pellizco en la palma de esa mano. Este pellizco debería ser lo suficientemente fuerte como para que abriera la mano y soltase el objeto. En eso consiste lo que hemos denominado soltar vital. Esta capacidad se debería evaluar en ambas manos. La madre podría encontrarse con una mano que lo hace mejor que la otra. Es este un punto al que hay que prestar atención.

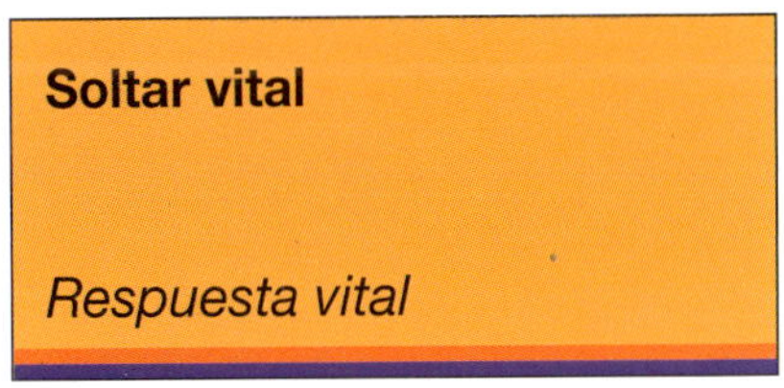

Figura 11.19. Soltar vital cero.

Cuando su bebé presente un soltar vital adecuado con ambas manos escriba en rojo «Perfecto» en el recuadro de soltar vital del Perfil y trace una línea roja a lo largo del borde superior de este recuadro (ver Figura 11.17).

Si su niño exhibe una respuesta lenta o difusa en una o en ambas manos, escriba «Funcional» en el recuadro correspondiente y trace una línea roja a lo largo del borde superior de este recuadro (ver Figura 11.18).

Cuando el bebé un niño no manifieste indicios de esta capacidad en ninguna de sus manos trace una línea roja por encima de la línea azul de la evaluación anterior para mostrar que aún no ha culminado este estadio (ver Figura 11.19).

12

Ampliación del programa sensorial

AHORA que ha completado la segunda evaluación ya puede tener una idea clara de aquellas áreas en las que su bebé ha madurado y progresado. También debería tener una referencia manifiesta de aquellas en las que el bebé puede necesitar más estimulación y oportunidad.

Antes de ampliar el programa del recién nacido, usted deseará probablemente reforzar el desarrollado hasta ahora incrementando la frecuencia de estimulación en las áreas menos avanzadas del estadio I. Igualmente, en función de lo obtenido en la segunda evaluación, puede disminuir la frecuencia en aquellas áreas que ahora ofrecen resultados perfectos.

El tiempo es el bien más preciado en la vida de un pequeño bebé y en la de su madre. Por tanto, la madre se debe asegurar de que cada elemento del programa está hecho a la medida de las necesidades neurológicas de su bebé. El Perfil de Desarrollo de los Institutos le proporciona la información necesaria para elegir de forma correcta qué frecuencia, intensidad y duración son las más adecuadas para cada parte de su programa sensorial.

Por ejemplo, después de la segunda evaluación, cabe la posibilidad de que observe que su bebé presenta un reflejo de sobresalto perfecto. Tal vez ahora sea plenamente satisfactorio, mientras que en la primera evaluación era impreciso o difuso.

En tal caso puede disminuir la estimulación de ese reflejo de 10 a 5 veces al día. Sin embargo, la estimulación debería continuar para ayudarle a estimular el estadio II.

Cabe la posibilidad de que, después de la segunda evaluación, descubra que el reflejo de luz del pequeño ha mejorado pero todavía no es perfecto en ambos ojos. En tal caso, iría por el camino adecuado si aumentase las sesiones de reflejo de luz de 10 veces a 15 veces al día, de manera que su bebé desarrollase un reflejo de luz perfecto más rápidamente.

Tras repasar el estadio I en cada columna del Perfil de Desarrollo de esta manera, su programa adquirirá otra dimensión que reflejará las nuevas capacidades de su bebé. Ahora puede ampliar su programa, incluyendo elementos de estimulación para el estadio II en el Perfil de Desarrollo.

EL PROGRAMA DE ESTIMULACIÓN SENSORIAL

Ahora nuestro trabajo se centra en hacer que al bebé le resulte más fácil ver, oír y sentir en el estadio II, de la misma manera que lo hicimos en el estadio I. El contraste sigue siendo de gran importancia. El mundo del bebé debe ser, en cierto sentido, en blanco y negro, no solo en lo que se refiere a la vista, sino también en lo relacionado con el oído y el tacto. Para el niño será más fácil ver, oír y sentir cuando su entorno esté dominado por los contrastes pronunciados (ver Figura 12.1).

Cuando el bebé está en un mundo gris o pastel vuelve a ser ciego, sordo e insensible hasta cierto punto. Nuestra tarea es crear un entorno que le diga al bebé: «¡Despierta! ¡Abre los ojos! ¡Hay cosas que ver, cosas que oír y cosas que sentir!»

Figura 12.1.
María mira con atención el suelo de cuadrados blancos y negros que sus padres han preparado para proporcionarle un excelente contraste visual.

Es verdad que los bebés muy pequeños necesitan dormir mucho, pero también es cierto que los bebés aburridos que carecen de la estimulación adecuada duermen muchísimo más que los bebés estimulados e interesados.

Recuerde: Los bebés tienen una gran curiosidad pero están muy indefensos. Nos necesitan. Si no tiene mucho que ver, oír o sentir, el bebé inteligente se desconecta y se duerme. Si creamos un ambiente en el que ver, oír y sentir suponga menos esfuerzo, el pequeño añadirá su propia curiosidad natural y su energía y «conectará» su vista, su oído y su tacto.

Le proporcionamos la ayuda que necesita al usar estimulación de contraste con la frecuencia, intensidad y duración adecuadas.

Cuando la madre y el bebé evolucionan hacia un mismo objetivo, el niño se desarrolla más rápidamente.

ESTIMULACIÓN VISUAL

En el estadio II los padres necesitan estimular la percepción de los contornos, además de reforzar el reflejo de luz. Esta es la etapa en la que el bebé empieza a ver objetos oscuros sobre fondo claro.

En este estadio el contraste sigue siendo vital para el bebé. Necesita abundantes referencias de objetos o formas oscuras sobre fondo claro o blanco. Es posible que una de estas referencias se presente en alguna ocasión por casualidad, pero lo que nosotros queremos es proporcionar al bebé numerosas oportunidades de este tipo, de manera intencionada y a diario, de modo que sus vías visuales maduren y él comience a ver en el menor tiempo posible.

Objetivo: Estimular, establecer, mejorar o reforzar la capacidad de ver los contornos.

Propósito: Estimulación de la percepción de los contornos.

Parte I – Ambiente de contraste

Frecuencia: Todo el tiempo de vigilia.

Intensidad: Cuadrados blancos y negros de 25 x 25 cm.

Duración: Todo el tiempo de vigilia.

Materiales necesarios:

- 2 trozos grandes de cartón blanco ahuecado (75 por 100 cm).
- 12 cuadrados de cartulina negra (25 por 25 cm).

Entorno: Una habitación bien iluminada o el rincón de una habitación. Coja dos trozos grandes de cartón ahuecado de aproximadamente 75 x 100 cm y construya un tablero de cuadros blancos y negros con él.

Conviene que la iluminación en la zona del tablero sea dos veces más potente que la ambiental. No debe estar dirigida a los ojos del bebé, sino a la zona del tablero. Es preferible usar luz incandescente (ver Figura 12.2).

Figura 12.2. Un panel de cuadrados blancos y negros proporciona un buen entorno de contraste visual.

Técnica: Los dos trozos de cartón ahuecado de 75 x 100 cm deben acompañar al bebé allá donde vaya, por lo que deben ser ligeros y fáciles de transportar. Si está en el suelo del salón, deben estar colocados cerca de él en ángulos rectos, creando una especie de rincón. El tablero le proporcionará al bebé un

Figura 12.3. Dos grandes tableros de cuadrados blancos y negros colocados en ángulo recto proporcionan una mayor estimulación visual.

contraste de blanco y negro que verdaderamente puede ver. Una pared blanca o de color pastel no proporciona ningún contraste y, por tanto, es difícil de ver para el bebé (ver Figura 12.3).

Si el pequeño se va a echar una siesta en su habitación, los tableros de cuadrados deberían acompañarlo, para que pueda mirarlos mientras se queda dormido y al despertar.

Si el bebé va a casa de los abuelos, lleve uno de los tableros. Eso le ayudará a disfrutar de este contorno aún más. Una vez que llegue allí (o a cualquier otro ambiente nuevo), el niño nota que todo es diferente y difícil de ver. A menudo llora o se duerme, pero el tablero de cuadrados le proporcionará algo que puede *ver*. Esta estimulación y este ambiente familiar harán que la visita sea para él mucho más reconfortante.

La iluminación del tablero es muy importante. Cuanto más intensa es la luz ambiental, más fácil le resulta al bebé ver los cuadrados blancos y negros.

A la inversa, cuanto más tenue sea la luz más difícil será para él notar el contraste en su entorno.

Las luces orientables son particularmente adecuadas para este propósito, ya que con ellas se puede dirigir la luz hacia el tablero y hacerlo más visible.

Preste atención, por favor: También resulta muy útil para el bebé colocar rayas verticales blancas y negras en los lados de la pista de arrastre infantil (ver Figura 12.4). Esto le proporciona al bebé nuevas oportunidades de utilizar su vista.

Figura 12.4. Isolda aprecia el contraste visual de las rayas claras y oscuras en su pista de arrastre.

A medida que baja por la pista es consciente de su movimiento hacia delante gracias a la realimentación de las rayas blancas y negras consecutivas. Esto literalmente le ayuda a hacer uno de los descubrimientos más importantes de su vida: ¡que se está moviendo!

En un entorno sin contraste donde solo haya iluminación normal, el bebé no vería casi nada. No sería visualmente consciente de que se está desplazando por la pista abajo.

La relación entre movilidad y visión es fundamental en todos los estadios del desarrollo, pero nunca tanto como ahora.

Parte II – Encontrar una Luz

Materiales necesarios:

- Linterna de bolsillo.

Frecuencia: 10 veces al día.

Intensidad: Una linterna de bolsillo o una lamparilla de luz intensa.

Duración: 1 minuto.

Contenido: 6 a 10 estimulaciones.

Entorno: Una habitación completamente oscura.

Técnica: Si la madre y el padre hacen esto juntos, lo mejor es que uno de los dos sujete al bebé en los brazos mientras que el otro usa la luz. Si es un solo progenitor el que está haciéndolo, lo mejor es que tumbe al bebé bocarriba en el suelo en una posición cómoda.

Apague la luz para que la habitación se quede totalmente a oscuras. Encienda entonces la linterna de bolsillo y diríjala hacia la palma de su mano o a otra superficie relativamente reflectante que no esté a más de unos 45 cm del bebé (ver Figura 12.5). *No dirija la luz de la linterna a los ojos del bebé.* Esta luz es más intensa que la de la linterna utilizada en el programa sensorial inicial.

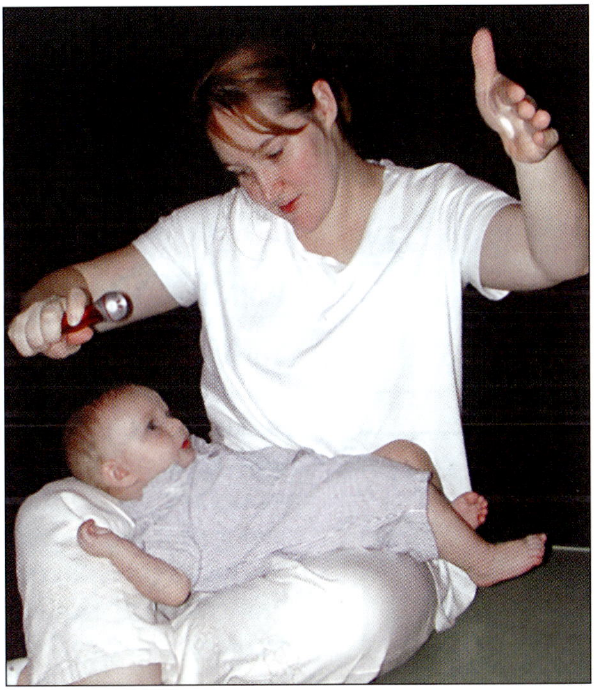

Figura 12.5. Caleb ve la luz reflejada en la mano de su madre en una habitación oscura.

Mantenga la luz y su mano inmóvil y espere a que el bebé la encuentre. Es algo que puede que lleve un poco de tiempo, así que tenga paciencia.

Es aconsejable que anime al bebé diciéndole: «Encuentra la luz».

Cuando se gire hacia la luz, diga: «¡Muy bien, has encontrado la luz!».

Deje que la mire unos segundos y apáguela. Espere en la oscuridad dos o tres segundos antes de desplazar la luz hacia otro lugar. Encienda la luz una vez más, manteniéndola a 45 cm de su cara y diga: «Encuentra la luz».

Cada vez que el niño tenga éxito en su búsqueda asegúrese de decirle que lo hizo muy bien con voz cálida y entusiasta. Realice tantas estimulaciones como pueda en la sesión de un minuto y después pare.

Preste atención, por favor: es posible que al principio el bebé no pueda ver la mano iluminada, pero insista. Queremos que tenga esta capacidad. No haga esta prueba cuando el bebé tenga hambre o esté cansado. Elija los mejores momentos del día para realizarla.

Notará que a veces el bebé encuentra la luz con facilidad y otras no tanto. Se trata de algo normal en un bebé que está empezando a ver contornos. Irá mejorando día a día si persevera. A veces se tiene tendencia a querer hacer un barrido del objeto iluminado en el campo de visión del bebé para atraer su atención.

No debe hacer eso. Un objeto en movimiento es más difícil de localizar que uno estático.

Una vez que el bebé pueda encontrar de manera adecuada el objeto iluminado, lo puede mover lentamente y dejar que lo siga con los ojos.

Parte III – Tarjetas Bit de inteligencia para contornos

El pensamiento y el razonamiento no pueden funcionar sin datos o sin las vías sensoriales adecuadas para asimilar esos datos. En este apartado introducimos el uso de tarjetas especiales, identificadas por las tarjetas Bits de Inteligencia® (tarjetas Bit). Estas tarjetas Bit son datos. Podemos mejorar y hacer que crezcan las vías visuales y auditivas y ofrecer al niño información útil e interesante a la vez.

Empezamos con tarjetas Bit sencillas y, a medida que las vías sensoriales se van desarrollando, las tarjetas Bit se van haciendo también más sofisticadas, visual e intelectualmente.

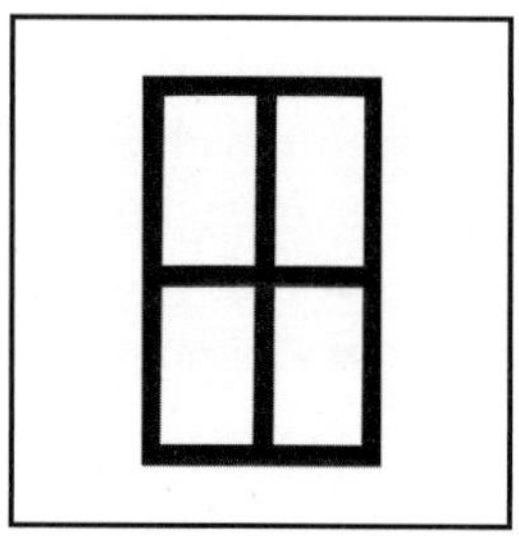
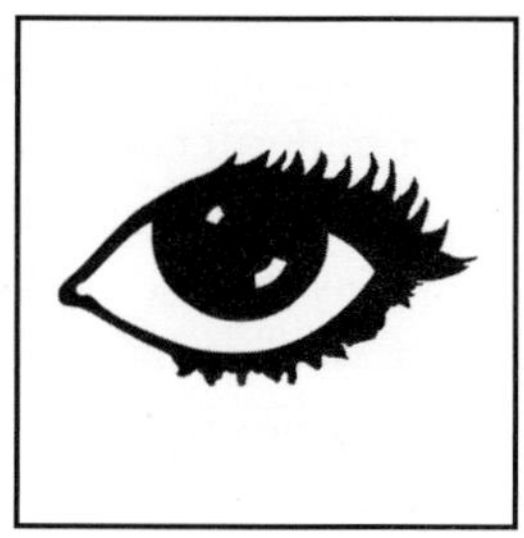

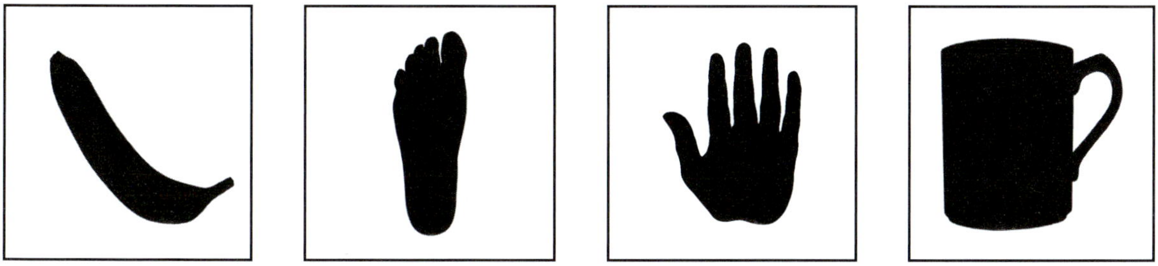

Frecuencia: 10 veces al día.

Intensidad: Imágenes en negro sobre blanco. Cartulina de 27,5 x 27,5 cm.

Duración: De 5 a 10 segundos.

Contenido: De 1 a 3 tarjetas Bit de inteligencia.

Entorno: Una habitación bien iluminada con luz adicional sobre las tarjetas mientras se muestran.

Técnica: Cada una de estas tarjetas Bit de inteligencia es una imagen simple, grande y negra montada sobre cartulina blanca. Normalmente utilizamos un cuadrado, un círculo, un triángulo, una estrella, un plátano, un pie, una mano, una taza, una cuchara, un pez, un gato, un árbol, un elefante, una ventana, un ojo, una boca, una mariposa, un pájaro, una flor, unas tijeras y una araña (ver Figura 12.6.).

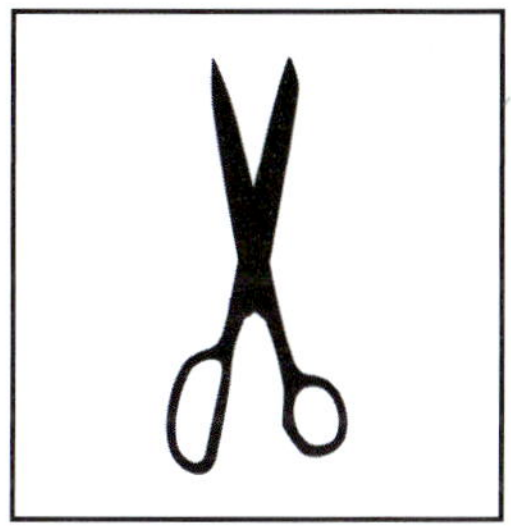

De la semana 1 a la semana 3

Comience con el «cuadrado», porque es una de las imágenes más simples. Utilice esta misma tarjeta durante todo el día. Acune a su bebé suavemente o póngalo en una posición cómoda bocarriba en una cama o en el suelo. Sujete la tarjeta a una distancia de 30 a 45 cm de su cara y diga: «Cuadrado».

Ahora espere y dele tiempo para que encuentre la tarjeta. Puede tardar varios segundos. Cuando encuentre la tarjeta repita, con voz alta y clara: «Cuadrado».

Figura 12.6.
Las tarjetas Bit de contornos básicos mejoran y hacen crecer las vías visuales del bebé.

Ahora dele un abrazo y un beso y dígale lo buen chico que es. Al principio muéstrele solo una tarjeta por sesión. Cualquier otra referencia adicional lo cansaría. El objetivo es que cuando termine la sesión el bebé tenga la percepción de que ver es algo fácil y no una sensación de fatiga. Si por cualquier motivo cree que ha elegido un mal momento para enseñarle la tarjeta, guárdela inmediatamente y vuelva a hacerlo en un momento mejor. Tiene que estar en muy buena forma para poder hacer esto, sobre todo al principio. Es importante ser sensible hacia la condición de su bebé.

Repita esta sesión básica diez veces, esperando cada vez a que localice la tarjeta Bit de inteligencia y repitiendo el nombre. Los besos y abrazos al final de cada sesión son importantes también, así que no los deje de lado.

Al final del primer día, retire temporalmente la tarjeta del «cuadrado» y elija otra imagen simple; por ejemplo, el «círculo», para el día siguiente. *Muéstrele una tarjeta nueva cada día durante una semana.* Al final de la semana vuelva a la tarjeta del «cuadrado» y repita el ciclo con las mismas siete tarjetas, una cada día.

Semanas 1–3

1. Cuadrado.
2. Círculo.
3. Triángulo.
4. Estrella.
5. Plátano.
6. Pie.
7. Mano.

Haga esto durante tres semanas. Esto significa que el bebé habrá visto la tarjeta del «cuadrado» en tres días diferentes, diez veces cada día o treinta veces en total. Ahora está preparado para avanzar y empezar a añadir tarjetas nuevas de contornos.

SEMANA 4

Semana 4

8. Taza.
9. Cuchara.
10. Pez.
11. Gato.
12. Árbol.
13. Elefante.
14. Ventana.

Elija una tarjeta antigua de la semana anterior (números del 1 al 7) y una tarjeta nueva (del 8 al 14). Ahora muestre ambas tarjetas en cada sesión durante un día. Repita este proceso cada día, mostrando un tarjeta antigua (1–7) diferente y una tarjeta nueva (8–14) cada día durante una semana.

SEMANA 5

Semana 5

15. Ojo.
16. Boca.
17. Mariposa.
18. Pájaro.
19. Flor.
20. Tijeras.
21. Araña.

Retire las tarjetas 1–7 utilizadas en las primeras cuatro semanas. Reemplace las tarjetas retiradas por siete tarjetas nuevas (15–21). Ahora cada sesión tiene dos tarjetas, una de la semana cuatro (8–14) y otra completamente nueva (15–21). Al final del día elija dos tarjetas diferentes para el día siguiente.

Al final de la quinta semana habrá realizado el ciclo de las 21 tarjetas básicas de contornos adecuadas para esta edad.

El propósito de esta cuidadosa progresión es proporcionar la frecuencia adecuada para que el bebé reconozca las tarjetas Bit de contornos antiguos e introduzca tarjetas de contornos nuevos combinadas con las que ya conoce.

Preste atención, por favor: Al principio asegúrese de que hay luz adicional dirigida a las tarjetas mientras se las presenta al bebé. Sin embargo, una vez que haya empezado y se sienta más seguro de lo que está haciendo, puede hacer una sesión en una habitación oscura en la que solo hay luz sobre la tarjeta «Bit». Eso ayudará a su bebé a localizar lo que le está mostrando.

Una variante de esta técnica consiste en encender y apagar la luz mientras le muestra una tarjeta «Bit», de manera que se cree un efecto de parpadeo. De esta manera atrae la atención y el interés del bebé por la tarjeta.

Se ha de tener cuidado al medir el tiempo de los intervalos de encendido y apagado. Si la luz se enciende y se apaga demasiado rápido, el bebé no puede encontrar la tarjeta antes de que la luz se apague, cosa que lo frustrará y molestará. Comience manteniendo la luz encendida durante al menos dos segundos y apagada un segundo. Por ensayo y error descubrirá cuáles son los tiempos y ritmos más adecuados para su bebé.

PROGRAMA AUDITIVO

Ahora pasaremos a dar al bebé la oportunidad de desarrollar una respuesta vital ante sonidos amenazantes. El desarrollo de las capacidades del estadio II le proporciona una respuesta vital adecuada. Por definición, este tipo de respuestas le ayudarían hipotéticamente a poner a salvo su propia vida si lo necesitara.

Después de su segunda evaluación se puede haber sorprendido al aprender que no tenía tal respuesta, o que su respuesta era poco definida. Ahora podemos proporcionar la estimulación que necesita para desarrollar esa respuesta, bien determinada y que puede ser un potencial «salvavidas».

Objetivo: Estimular, establecer, mejorar o reforzar el reflejo vital.

Propósito: Estimulación de la respuesta vital usando sonidos amenazantes.

Frecuencia: 5 veces al día.

Intensidad: El sonido de una bocina a una distancia de al menos tres metros del bebé.

Duración: 3 a 10 segundos.

Contenido: 1 a 3 estimulaciones.

Entorno: Una habitación silenciosa.

Materiales necesarios:
- Bocina.

Técnica: Ponga al bebé bocarriba en una posición cómoda donde pueda observar su cara fácilmente y él pueda ver la suya. Ahora aléjese al menos 3 metros del bebé y apriete el botón del espray de la bocina durante un segundo. Observe la respuesta de su bebé. Espere dos o tres segundos y hágala sonar otra vez durante un segundo. Observe de nuevo la respuesta del bebé. Vuelva a esperar dos o tres segundos y después haga sonar la bocina una vez más durante un segundo.

Preste atención, por favor: Como se mencionó en el capítulo anterior, puede que note que la respuesta de su bebé a la bocina mejora después de cada estimulación. Al principio, puede que el bebé no tenga ninguna respuesta hasta la última estimulación. Una vez más, insista. Esta respuesta se crea por el aumento de oportunidad de oír un sonido amenazador.

Cuando su bebé tenga una respuesta vital —que es el objetivo de esta parte del programa de estimulación sensorial—, cójalo en brazos para que sepa que está seguro y que se ha hecho cargo de esa amenaza. Igual que hizo cuando evaluó este estadio, dígale que oyó un sonido fuerte y que ahora está seguro.

También puede ocurrir que su bebé desarrolle rápidamente una respuesta vital a un sonido amenazador. Si llora mucho después del primer sonido de bocina, puede parar después de la primera estimulación. Siga haciendo una estimulación cinco veces al día durante tres días para asegurarse de que tiene una respuesta adecuada. Después ya no necesita hacerlo más. Ha adquirido la respuesta y está preparado para el siguiente estadio de estimulación.

PROGRAMA TÁCTIL

Ahora está preparado para diseñar un programa táctil que ayudará a su bebé a perfeccionar su sensación vital.

Objetivo: Estimular, establecer, mejorar o reforzar la sensación vital táctil.

Propósito: Proporcionar estímulos táctiles amenazadores.

Frecuencia: 12 veces al día en total.
(4 veces frío).
(4 veces caliente).
(4 veces presión).

Intensidad: 1. Frío
2. Caliente
3. Presión

Duración: 30 segundos.

Contenido: Un paquete de hielo, una toalla tibia y pellizcos de presión moderada en brazos, piernas, manos, pies y tronco del bebé.

Entorno: Ambiente suficientemente cálido que permita que el bebé esté desnudo.

Técnica: Coloque al bebé bocarriba en una posición cómoda en la cama o en el cambiador. El bebé debería estar desnudo para poder recorrer todo su cuerpo con los elementos productores de estímulos.

Materiales necesarios:

- Hielo.
- Toalla tibia.

Como se mencionó en el capítulo anterior sobre evaluación táctil, recomendamos utilizar solo la presión suficiente, o frío o calor, para provocar el retraimiento, pero no tanto que haga llorar al bebé.

Aprenderá cuál es la intensidad necesaria para producir la sensación vital de frío, calor o pellizcos moderados cuando haga la evaluación táctil.

Comience con la estimulación de frío. Como hizo en su evaluación, tome un pequeño trozo de hielo y toque al bebé en puntos diferentes por todo su cuerpo. Para producir estimulación de calor, coja un trapo de lavar y empápelo en agua caliente. Después, escúrralo y espere a que se enfríe a una temperatura que resulte incómoda pero no dañina. Roce al bebé con la toalla en puntos diferentes de su cuerpo y observe su respuesta. Para estimular con presión, haga uso de pellizcos moderados como cuando hizo la evaluación.

Cuando comience, es recomendable seguir un patrón establecido, una rutina para cubrir todas las partes del cuerpo y una secuencia determinada al hacerlo. Hable con el bebé mientras lo hace. Dígale: «¿Puedes sentir el hielo en tu mano?». Si no retira su mano, insista un poquito más. Puede que necesite el efecto acumulativo de varios segundos de estimulación para que el mensaje «frío» llegue. Cuando retire su mano un poquito, pare y diga: «Muy bien, has sentido el hielo, ¿verdad?». Ahora continúe con la otra mano y haga lo mismo. Después, vaya a los pies, brazos, piernas, abdomen, espalda y cuello, siempre diciéndole qué parte de su cuerpo está estimulando. Continúe así durante treinta segundos. En la siguiente sesión utilice la estimulación con calor y en la siguiente use la presión. Alterne entre frío, calor y presión a lo largo del día.

Podrá observar rápidamente grados variables de respuesta a medida que se mueva de una parte del cuerpo del bebé a otra. Estas respuestas le indicarán cuáles son las zonas sensibles al tacto vital y cuáles todavía están «apagadas». Haga hincapié en las áreas «apagadas» o inconsistentes y pase por alto aquéllas donde hay una respuesta correcta e inmediata.

Cuando todas las áreas responden adecuadamente, su bebé tiene una respuesta perfecta a la sensación vital. Puede parar esta parte del programa y empezar a prepararse para trabajar en el estadio III.

Por favor, recuerde que recomendamos suficiente frío, calor o presión para inducir retraimiento, pero no tanto como para hacer llorar al bebé.

ALGUNOS CONSEJOS PRÁCTICOS

Una forma fácil de organizar el programa de su bebé es tener una segunda bolsa de bebé en la que lleve todos los materiales del programa de estimulación sensorial. Puesto que le cambia constantemente los pañales al bebé a lo largo del día, es sencillo hacer dos o tres partes de su programa de estimulación sensorial en cada cambio de pañales. Esto les ha funcionado muy bien a muchas madres. ¡También hace que el cambio de pañal sea mucho más interesante para los dos!

PROGRAMA SENSORIAL PARA EL PERFIL ESTADIO II

Lista de control diario

Potenciación visual

Estimulación del reflejo de luz:
10 veces durante aproximadamente 60 segundos

☐ ☐ ☐ ☐ ☐ ☐ ☐ ☐ ☐ ☐

Tiempo total: 10 minutos

Estimulación de la percepción de contornos:
Tablero de cuadrados blancos y negros, durante las horas de vigilia ☐

Localización de una luz
10 veces al día durante 60 segundos

☐ ☐ ☐ ☐ ☐ ☐ ☐ ☐ ☐ ☐

Tiempo total: 10 minutos

Ver tarjetas de contornos Bit de inteligencia
10 veces al día durante periodos de entre 5 y 10 segundos

☐ ☐ ☐ ☐ ☐ ☐ ☐ ☐ ☐ ☐

Tiempo total: de 50 segundos a 1 minuto 40 segundos

Competencia auditiva

Estimulación de respuesta vital:
5 veces al día durante entre 3 y 10 segundos (de 1 a 3 estimulaciones)

☐ ☐ ☐ ☐ ☐

Tiempo total: de 15 a 50 segundos

Potenciación táctil

Estimulación de respuesta vital
12 veces al día durante 30 segundos

☐ ☐ ☐ ☐ ☐ ☐ ☐ ☐ ☐ ☐

Tiempo total: 6 minutos

Cambios que he notado hoy: ____________________

____

____

Fecha: ____________________

RESUMEN

Ahora tiene un programa claro que puede proporcionar a su bebé la estimulación que necesita para desarrollar respuestas vitales maduras y constantes en las áreas visuales, auditivas y táctiles.

Estas son respuestas que protegen la vida y que le serán de gran ayuda durante el resto de su vida. Cada una de estas respuestas le confiere una vía de comunicación con usted clara y eficaz en el caso de que se encuentre en peligro o piense que lo está. Con una respuesta rápida a su llamada aprende que usted está ahí cuando le necesita. Esta es una lección importante para él. Significa que es un bebé mucho más seguro y feliz. Y cuando el bebé está seguro y se siente feliz también lo están sus padres.

13

Ampliación del programa de oportunidad motora

La información debe entrar antes de que se pueda esperar que salga de nuevo.

El nivel de respuestas motoras de salida de un bebé depende totalmente del nivel de madurez de las vías sensoriales de entrada.

Por eso es tan importante proporcionar un entorno rico en estimulación sensorial si se quiere que el bebé desarrolle buenas respuestas motoras.

Esto puede parecer algo obvio, pero resulta sorprendente la frecuencia con la que esperamos que el bebé produzca respuestas motoras en casos en los que nunca ha recibido una estimulación sensorial adecuada, que le permitiría desarrollar tal respuesta.

Por tanto, el primero y más importante elemento de su desarrollo motor debe ser un buen programa sensorial. Se debe hacer de manera coherente, de forma que el niño desarrolle las vías sensoriales que le adviertan de cuándo está amenazado. Es evidente que no sentirá deseos de arrastrarse alejándose de la amenaza si no puede ver, oír o sentir esa amenaza.

El segundo paso en la expansión de su programa de capacitación motora es revisar cada una de las funciones reflejas del estadio I en el Perfil. De nuevo, a cada área que aún no alcance el nivel adecuado, se le debe proporcionar una nueva oportunidad para que sea perfecta en el menor tiempo posible.

En este estadio del desarrollo usted no disminuirá o eliminará ninguna de las oportunidades motoras básicas que comenzó cuando el bebé era un recién nacido. Él todavía necesita reforzar y mejorar esas respuestas motoras reflejas. Sin embargo, ahora podemos añadir otras oportunidades que le ayudarán más tarde a ascender al estadio II en el Perfil del Desarrollo.

EL PROGRAMA DE MOVILIDAD

Sigue siendo de gran importancia que su bebé pase el máximo tiempo posible en el suelo. De hecho, durante el primer año de vida ello resulta esencial.

Continúe dividiendo el tiempo que el niño pasa en el suelo en sesiones cortas, en las que debe animarle a moverse, y en sesiones largas, en las que pueda experimentar dentro de un entorno especialmente adaptado para que moverse le resulte fácil.

Cada día el bebé pesa más. Necesita ser más fuerte y estar más en forma para poder desplazar ese peso añadido. En este sentido, el tiempo no le ayuda. Está trabajando contrarreloj para conseguir la capacidad de arrastrarse —y arrastrarse bien— antes de que su cuerpo sea tan pesado que el movimiento hacia adelante le resulte casi imposible.

En este estadio del desarrollo hay una gran diferencia entre el bebé que ha estado en el suelo y el que ha permanecido arropado en la cuna sin la oportunidad de explorar y desarrollar su movilidad.

El bebé que ha estado bastante tiempo sobre el suelo es una pequeña dinamo que está explorando el mundo. Cada día se siente más capaz y seguro de sí mismo. Come y duerme bien. Es un ser feliz.

El otro bebé tiene una mayor probabilidad de ser gordo y ser perezoso. No puede llegar a las cosas que quiere porque ha estado envuelto o enjaulado, de un modo u otro. Cuando se da cuenta de ello, a menudo se rinde antes incluso de intentarlo. A medida que gana peso se le hace más difícil moverse. Duerme mucho porque suele estar aburrido. Es menos feliz porque no tiene mucho que hacer, mucho que ver, o porque no puede lograr lo que quiere. Su derecho natural a explorar y desarrollarse se ha visto frustrado.

Materiales necesarios:
- Pista de arrastre para bebés.

Parte I – Capacitación en la pista

Objetivo: Establecer, mejorar o reforzar la capacidad de arrastre.

Propósito: Proporcionar la máxima capacidad de para arrastrarse.

Frecuencia: Siempre que sea posible mientras está despierto.

Intensidad: Pista de arrastre plana para bebés.

Duración: Mínimo 4 horas al día.
Máximo 18 horas al día.

Contenido: Oportunidad de mejorar el arrastrarse en su pista y en cualquier otra zona que cumpla los mismos requisitos. Cada día el bebé debería aumentar su distancia total de arrastre aproximadamente 30 cm.

Entorno: El suelo debe ser seguro, estar limpio, suave, cálido, amortiguado y llano. El bebé debe llevar puesta una camiseta y un pañal, de forma que sus codos, rodillas y pies queden al descubierto.

Técnica: Ponga al bebé bocabajo en la pista, que debe estar situada en una zona de actividad en la casa. Conviene que la madre, el padre y los hermanos y hermanas, que pueden estar trabajando y jugando en una zona próxima, se acerquen ocasionalmente a animarle y felicitarle por sus esfuerzos. Deben darle abrazos y besos siempre que se arrastre fuera de la pista (ver Figura 13.1.).

Preste atención, por favor: A medida que su vista se vaya desarrollando, el niño empezará a sentirse atraído por objetos grandes que tienen un contorno bien visible y están bien iluminados. En este momento puede ser una buena idea colocar luces que parpadeen y brillen en su entorno.

Sin embargo, tenga cuidado de no crear un ambiente tan estimulante y entretenido que el niño no sienta la necesidad de salir de la pista.

Coloque objetos en el suelo, de forma que le creen la necesidad de moverse. Sitúelos de manera que pueda encontrar la luz o tocar la pelota roja grande o llegar donde está su hermano mayor solo si se mueve, no si permanece quieto y pasivo. Ello le creará la necesidad de explorar y es precisamente esa exploración la causa de su desarrollo. (ver Figura 13.2.).

Figura 13.1:
María baja su pista como una campeona y tiene una conversación con su abuela.

Hoy en día es excesiva la frecuencia con la que se tiende a colocar al bebé en un entorno en el que no tiene necesidad de hacer nada que no sea sentarse y permanecer ocioso. Es un gran entrenamiento para convertirse en un vegetal, pero no resulta muy divertido para alguien que tiene una curiosidad natural y que quiere moverse y aprender más sobre su entorno.

Parte II – Oportunidad en el suelo

Frecuencia: 15 veces al día.

Intensidad: Pista de arrastre para bebés plana, pasando después a un suelo de superficie suave.

Duración: 1 minuto.

Contenido: Oportunidad de que el bebé se arrastre por la pista o por cualquier otra zona que favorezca la movilidad.

Entorno: El suelo debe ser seguro, estar limpio, suave, cálido, amortiguado y plano. El bebé debe llevar puesta una camiseta y un pañal, de forma que sus codos, rodillas y pies queden al descubierto.

Técnica: Ponga al bebé bocabajo en su pista o en un suelo limpio, suave y cálido.

Preste atención, por favor: llegados a este punto, el objetivo a largo plazo es que el bebé se arrastre unos 50 metros en un día. Es importante hacer un seguimiento de las veces que se mueve por la pista cada día o de la distancia que recorre cuando está en el suelo. Anote en una hoja de registro, la distancia que el bebé recorre todos los días.

EL PROGRAMA DE COMPETENCIA LINGÜÍSTICA

El Programa de Competencia Lingüística para los estadios I–IV está resumido en el capítulo 14. Por favor, consulte ese capítulo.

EL PROGRAMA DE COMPETENCIA MANUAL

En este momento ha proporcionado al bebé muchas oportunidades de usar su reflejo de prensión. Ello ayudará a desarrollar su siguiente destreza manual, la capacidad de soltar un objeto, denominada soltar vital.

Materiales necesarios:

- Objetos pequeños.

En este punto el niño puede dejar caer objetos de sus manos, pero lo normal es que lo haga después de haberlos sostenido durante mucho tiempo. Realmente, en este caso no suelta el objeto, sino que lo deja caer por fatiga del reflejo de prensión. Eso no es una manifestación de la capacidad vital de soltar los objetos. El desarrollo de la capacidad vital de soltar es importante. Es una capacidad de las llamadas «salvavidas», ya que el bebé suelta algo que puede ser peligroso o amenace su vida. Si ha cogido algo que está muy caliente o está afilado, el niño necesita experimentar una comprensión táctil de la sensación vital y la capacidad manual de soltar instantáneamente.

Parte I – Capacidad de soltar vital

Objetivo: Establecer y mejorar la capacidad vital de soltar.

Propósito: Proporcionar la oportunidad al bebé de que agarre un objeto y desarrolle la capacidad de soltarlo.

Frecuencia: 10 veces al día.

Intensidad: Suave presión, después un breve y agudo pellizco.

Duración: 6 segundos.

Contenido: 2 oportunidades de agarrar y soltar un objeto (una para cada mano).

Entorno: Buscar una posición cómoda para usted y para el bebé.

Técnica: Coloque en la mano del bebé un objeto que él pueda agarrar. Cuando vea que lo tiene firmemente agarrado, diga: «Ahora, suéltalo», y suavemente pellizque la palma de la mano que está agarrando el objeto. Al principio es posible que el bebé sienta el pellizco y tienda a agarrar el objeto con más fuerza. Se trata de un bebé que está desarrollando buenas sensaciones vitales, pero que todavía no ha adquirido la capacidad vital de soltar. Insista con la técnica. Cuantas más oportunidades le ofrezca, más rápidamente desarrollará un reflejo vital adecuado.

Después de hacer esto en una mano, cambie a la otra y repita el proceso. Cuando el bebé suelte el objeto de inmediato o poco después del pellizco, dígale: «¡Muy bien, lo soltaste!».

Cuando el bebé pueda soltar el objeto de manera instantánea, interrumpa esta parte del programa manual. El bebé ya dispone de esta capacidad.

Preste atención, por favor: Durante la evaluación de este estadio descubrirá sin problemas cuál es la intensidad del pellizco más apropiada. Como siempre, de lo que se trata no es de enfadar al bebé, sino de proporcionarle la oportunidad de desarrollar una capacidad que lo proteja.

Parte II – Fortalecimiento del reflejo de prensión

Ahora el bebé está preparado para fortalecer su capacidad manual de agarre. El proceso a través del cual hace esto incrementará su desarrollo torácico. El crecimiento del pecho tiene dos grandes ventajas para el bebé: le proporciona una respiración mejor y le permite disponer de una mayor reserva de oxígeno. La mejora de la respiración será muy importante para el futuro desarrollo del lenguaje del bebé. Puesto que el oxígeno es el alimento esencial del que se nutre el cerebro, la mejora de la oxigenación potenciará todas sus funciones.

Materiales necesarios:

- Una barra de madera de 6 mm de diámetro y 60 cm de largo.

Frecuencia: 15 veces al día.

Intensidad: Incremento gradual de la presión hasta alcanzar la que se crea por el peso del bebé.

Duración: De 2 a 30 segundos.

Contenido: Oportunidad de agarrar los dedos de la madre o una barra.

Entorno: Este ejercicio debe realizarse en la cama o el suelo, con el bebé bocarriba.

Técnica: Haga que el bebé agarre sus dedos pulgares o índices como en el primer programa manual que se diseñó para crear un reflejo de prensión fuerte. Cuando haya agarrado bien sus dedos, levante las manos hasta que el bebé se quede sentado y después continúe levantándolo hasta que se ponga de pie. Si siente que su agarre pierde fuerza, tiéndalo con suavidad en la cama otra vez. Tenga el resto de los dedos preparados para sujetarlo en caso de que pierda el agarre por completo.

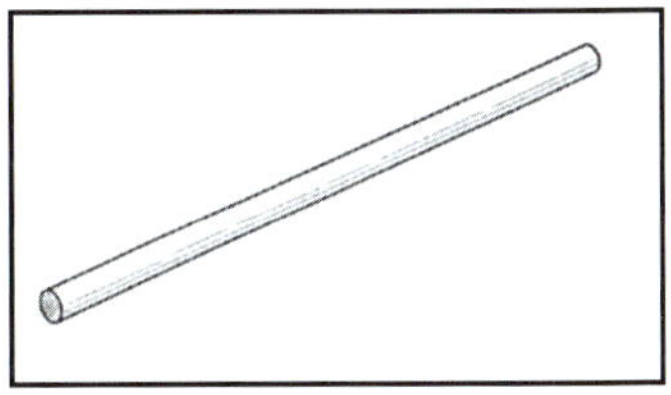

Figura 13.3. Ofrezca a su bebé la oportunidad de colgarse de una barra de 6 mm en este estadio.

Una vez que el bebé esté en posición vertical, sentirá que descansa parte de su peso sobre los pies. Entonces puede realmente levantarlo de la cama. El bebé, aunque sea por un momento, sostendrá él mismo todo su peso.

Antes de que se canse, échelo suavemente en la cama. Verá cómo se sujeta un poquito mejor cada vez (ver Figura 13.4). Cuando crea que la capacidad de sujetarse durante 10 ó15 segundos está lo suficientemente desarrollada en el niño, empiece a utilizar una barra, de unos 6 mm de diámetro. Haga uso del mismo procedimiento tanto si usa los dedos como la barra. Siga empleando los dedos en la mitad de las sesiones diarias. Si ve que el bebé lo hace mejor con los dedos, use solamente este procedimiento.

Preste atención, por favor: Al principio estas sesiones son muy cortas, pero a medida que la capacidad del bebé aumenta, las sesiones se van haciendo un poco más largas. Termine antes de que su bebé quiera parar, de manera que siempre disfrute haciendo esto con usted. Dígale que es un bebé maravilloso. Se trata de un gran logro. Si tiene alguna duda, pruebe usted a colgarse de una barra y verá cómo el respeto por las capacidades físicas de su bebé se verá más que reforzado.

Figura 13.4. María disfruta haciendo uso de su reflejo de prensión al colgarse de los dedos pulgares de su madre.

PROGRAMA MOTOR PARA EL PERFIL ESTADIO II

Lista de control diario

Oportunidad de la movilidad

Oportunidad de optimizar la capacidad de arrastre
Pista de arrastre plana. Todos el tiempo posible mientras el niño está despierto

☐ ☐ ☐ ☐ ☐ ☐ ☐ ☐ ☐ ☐
☐ ☐ ☐ ☐ ☐ ☐ ☐ ☐ ☐ ☐

Cada recuadro = 1 hora

Pista de arrastre plana y/o suelo blando
15 veces diarias durante 60 segundos

☐ ☐ ☐ ☐ ☐ ☐ ☐ ☐ ☐ ☐
☐ ☐ ☐ ☐ ☐

Tiempo total: 15 minutos

Competencia manual

Oportunidad de desarrollar la capacidad de soltar vital
10 veces al día durante 60 segundos

☐ ☐ ☐ ☐ ☐ ☐ ☐ ☐ ☐ ☐

Tiempo total: 1 minuto

Oportunidad de fortalecer el reflejo de prensión:
15 veces al día durante un tiempo de entre 2 y 30 segundos

☐ ☐ ☐ ☐ ☐ ☐ ☐ ☐ ☐ ☐
☐ ☐ ☐ ☐ ☐

Tiempo total: de 30 segundos a 7 minutos 30 segundos

Cambios que he notado hoy: ______________________________

____

____

Fecha: ______________________

14

El programa de desarrollo del lenguaje desde el nacimiento hasta los 12 meses

El bebé atraviesa estadios muy característicos en su desarrollo motor y manual. Estos estadios son muy fáciles de diferenciar y cada uno de ellos requiere una nueva serie de programas y técnicas. Estamos abordando el Perfil de Desarrollo de los Institutos estadio por estadio, de manera que cuando el bebé entre en una nueva etapa la madre disponga de la información que necesita sobre el nuevo programa que debe aplicar.

El área del lenguaje permite ajustarse en menor medida a este enfoque. La capacidad del lenguaje no requiere tanto una serie de programas y técnicas que vayan cambiando, como una adecuada comprensión del modo en el que se desarrolla el lenguaje en realidad. Por este motivo, lo mejor es analizar el desarrollo del lenguaje como un todo desde el nacimiento y los doce meses de edad. Ciertamente, deseamos crear el mejor de los entornos posibles para que el lenguaje del bebé se desarrolle de de el mismo momento del nacimiento.

El desarrollo del lenguaje depende de una respiración adecuada, regular y madura.

La primera prioridad es obtener una respiración adecuada, regular y madura. El programa inicial para el recién nacido se ocupa con detalle de este aspecto. A este respecto hay que puntualizar que el arrastre resulta esencial para el desarrollo del lenguaje en el estadio I. Ese programa tendrá un efecto esencial en la capacidad del bebé para producir sonidos y usarlos para comunicarse con su madre.

La segunda parte del desarrollo de la capacidad lingüística del bebé se centra en el programa de estimulación sensorial. Se trata de un plan que proporciona al bebé la estimulación y la capacitación necesarias para desarrollar y utilizar el llanto vital con el fin de llamar gritando a su madre y protegerse. Esta es, claramente, una parte muy importante del programa de lenguaje en su estadio II.

Aunque se trata de cuetiones fundamentales, hay otras cosas que la madre puede hacer para enriquecer el entorno lingüístico del bebé.

El propósito del presente capítulo es mostrar a los padres el modo en el que pueden crear el entorno lingüístico ideal para su bebé desde sus primeros días hasta que alcance el estadio IV y comience a hablar.

EL PROGRAMA DE DESARROLLO DEL LENGUAJE

Objetivo: Que el bebé utilice dos o más palabras de conversación de manera espontánea y significativa.

Propósito: Proporcionar abundantes oportunidades para que el bebé se comunique con su madre y sea comprendido.

Parte I – Escuchar

Aunque algunos adultos le hablan al bebé desde que es muy pequeño, muy pocos son los que lo *escuchan*. Existe una creencia general de que los bebés no tienen nada que decir y que pasarán meses, si no años, antes de que tengan algo que decir.

Esto, sencillamente, no es cierto.

Por fortuna, las madres hablan con sus bebés y los bebés hacen todo lo que pueden para responder.

Desde el momento en que nace un bebé, su mayor necesidad es la de comunicarse. Es algo que forma parte de la condición humana.

Lo primero que el bebé necesita comunicar es que está vivo. Muy poco después necesita comunicar que tiene hambre. A medida que se desarrolla su consciencia, cosa que sucede a gran velocidad, es posible que necesite comunicar que está asustado, feliz, molesto, incómodo, satisfecho o cansado.

El bebé está deseando comunicarse con su madre y utilizará todos los medios a su alcance para hacerlo.

Una de las necesidades más básicas del bebé, que a menudo querrá comunicar, es el deseo de estar en estrecho contacto con papá o mamá y asegurarse una y otra vez de que están ahí cuando los necesita.

Después de todo, el bebé está atrapado en su cuerpecito rechoncho que no le permite satisfacer sus propias necesidades. Debe comunicar esas necesidades o prescindir de ellas. Pero, como todas las madres saben, los bebés no tienen precisamente fama de renunciar a satisfacer sus deseos. Quieren lo que quieren y a la hora que lo quieren.

La idea de que el bebé recién nacido no tiene nada que decir es absurda. Está deseando comunicarse con su madre y utilizará todos los medios a su alcance para hacerlo, desde el momento de su nacimiento hasta el día en que tanto el padre como la madre comprendan perfectamente cada uno de sus deseos.

Lo más importante que una madre debe saber sobre el lenguaje de su bebé es lo siguiente:

Todos los sonidos son lenguaje.

Cada sonido que emite un bebé es lenguaje. Los sonidos que produce un recién nacido no son algo que parece lenguaje, *son* lenguaje. Estos sonidos no son *como* el español, *son* español. Se trata de un español de baja calidad (o de inglés, japonés o cualquiera que sea el idioma que se hable en la casa), pero *son* español.

Los sonidos que produce un recién nacido no son algo que *parece* lenguaje, *son* lenguaje.

Desde el punto de vista del bebé, la primera pregunta que se plantea es básica: «¿Hay alguien ahí escuchándome?».

El bebé envía mensajes para averiguar la respuesta a esta pregunta, «¿Hay alguien ahí?»

Si, como suele ser el caso, los adultos no están escuchando (porque nos han educado en la creencia de que los bebés no tienen nada que decir), no captamos el mensaje. Al bebé se le deja sin respuesta. Puesto que es decidido, descarta aquellas acciones que no funcionan y sigue buscando formas de comunicación. Si consigue captar nuestra atención, habrá triunfado.

Cuando sucede esto, la madre se sobresalta. Nadie la ha preparado para el hecho de que su hijo de dos meses esté intentando hablar con ella.

Con gran emoción y entusiasmo irá a su pediatra o a la vecina de al lado y le anunciará orgullosamente: «¡Mi bebé de dos meses está intentando hablar!».

Y entonces le dirán con tono protector y a modo de verdad irrefutable que los sonidos que su bebé emite son producto de los gases.

¿Gases?

En este momento nace la conspiración del silencio. La madre aprende a no decir que su pequeño bebé está intentando hablar, porque la gente piensa simplemente que está loca. Y de esta manera esta percepción, de valor incalculable, se convierte en algo que cada nueva madre debe descubrir y desenterrar como una joya guardada en una caja. La madre aprende también a esconder la joya de nuevo exactamente en el mismo lugar que la encontró.

Por desgracia, algunas madres nunca llegan a encontrar este tesoro y sus pequeños bebés pasan los primeros 12 meses de su vida intentando, en vano, hablar con ellas. Estos bebés están condenados a que les hablen sin tener la oportunidad de expresarse hasta que pueden hacer esos sonidos que nosotros los adultos reconocemos como «palabras».

Es una larga espera.

Todos los sonidos son lenguaje.

Cuando la madre conoce y comprende este hecho, tiene en sus manos la información más valiosa que necesita. A partir de aquí empezará a escuchar a su bebé y a saber qué le dice. Se mantienen en un permanente tira y afloja para descubrir qué es lo que funciona y lo que no funciona. En ningún área del desarrollo tiene lugar este proceso con más precisión que en la de la creación del lenguaje.

Analicemos el caso del pequeño Pedro. Cuando Pedro tenía cinco semanas, su madre le preguntaba: «Pedro, ¿tienes hambre?». Después de una breve pausa sacaba la lengua y hacía pequeños sonidos jadeantes pero audibles.

Incluso los bebés más pequeños son verdaderos genios de la relación causa–efecto.

Su aspecto y los sonidos que emitía eran algo parecido a los que haría un hombre que se está muriendo de sed en el desierto.

Uno se pregunta cómo un bebé de cinco semanas puede saber que esa es la representación clásica de un hombre muriendo de sed.

La respuesta es, por supuesto, que no lo sabe. Pero tiene hambre y, como tiene un aparato respiratorio muy inmaduro, no puede producir un sonido específico para mostrarnos lo que necesita y quiere. Así que opta por la segunda mejor opción: la pantomima.

Su respuesta es absolutamente coherente. Si se observa cómo la madre le da el pecho a Pedro y después le pregunta: «Pedro, ¿tienes hambre?», se le verá satisfecho y feliz.

Esto nos vuelve locos. Los adultos siempre queremos una respuesta. Pero los bebés son muy pragmáticos.

Cuando tienen una necesidad, responderán haciendo un sonido o una señal. Sin embargo, si sus necesidades se han visto satisfechas, simplemente nos lo comunicarán mostrándose contentos. Esta clara muestra de alegría es una respuesta.

Significa: «No, gracias. En este momento estoy bien».

Los adultos quieren a menudo una respuesta que sea un «sí» o un «no» claro. La muestra de alegría, que *equivale* a la respuesta negativa, no es lo bastante sólida para nosotros. A veces, cuando los adultos no comprenden este tipo de respuestas, creen que el «sí» claro que obtuvieron como respuesta no fue real sino imaginario, y prestan menos atención a aquello que el bebé está intentando comunicarles.

A la edad de nueve meses Pedro transmitía su necesidad de tomar el pecho diciendo: «Chis–chis, chis–chis», y su madre, naturalmente, se lo daba. Ahora podía hacer un sonido específico porque su respiración había madurado. Sin embargo, el mensaje era idéntico al que había estado enviando desde que tenía cinco semanas.

Resulta que Pedro era un jovencito aficionado a tomar pecho y, así, un día cuando tenía tres años, entró en la cocina donde su madre preparaba la cena y empezó a corear: «¡Quiero tomar pecho, quiero tomar pecho!». Su madre le señaló que todo el mundo tenía hambre y que al terminar de cenar, si quería tomar el pecho, se lo daría; pero que tendría que esperar hasta entonces. En ese momento empezó a emitir el mismo sonido que cuando era un bebé: «Chis–chis, chis–chis».

La madre se hizo la sorda ante esta petición. Su hija de ocho años se le acercó y señaló al pequeño Pedro, que estaba sentado en el medio del suelo de la cocina con la boca abierta y la lengua fuera emitiendo pequeños sonidos jadeantes. La niña le recordó a su madre que no había hecho eso desde que era muy pequeñito. La madre sonrió y le dijo: «Solo está volviendo a hacer lo que *siempre* le funcionaba.»

Cuando el bebé sepa que está escuchando, hará todo lo que esté en su mano para comunicarse tanto como pueda.

Es algo absolutamente cierto: el pequeño estaba haciendo de nuevo lo que siempre había funcionado.

Si la madre escucha y observa a su bebé, ella capta el mensaje y responde de alguna manera. El bebé está encantado. El recurso ha funcionado y él piensa: «Después de todo, hay vida inteligente en la Tierra». Así pues, volverá a usar la misma forma de comunicación, ya que la vez anterior funcionó.

Por tanto, el primer punto del programa para ayudar a su bebé a comunicarse se centra en el hecho de que *debe escucharle*. Es necesario estar atento para oír lo que el niño intenta decir. Comience este proceso en el mismo momento del *nacimiento*. Los sonidos que el pequeño emite irán cambiando cada día.

Cuando él sepa que le está escuchando, hará todo lo que esté en su mano para comunicarse tanto como pueda. Cuanto más lo haga, mejor lo hará. Cuanto mejor sea su respiración como consecuencia de arrastrarse y del aumento del tamaño del tórax, más fácil le resultará emitir sonidos.

Parte II – Mantener una conversación

Frecuencia: 10 veces al día.

Intensidad: Voz alta y clara.

Duración: Aproximadamente 60 segundos.

Contenido: Una pregunta y tiempo suficiente para la respuesta del bebé.

Entorno: Silencioso, sin distracciones.

Técnica: Una vez que la madre comprende que todos los sonidos son lenguaje, son muchas las maneras en las que puede ayudar a su bebé a utilizar los sonidos para comunicarse. Hay ciertas cosas que le pregunta una y otra vez a lo largo del día: «¿Cómo estás?», «¿Tienes hambre?», «¿Tienes sueño?», «¿Te has hecho pis?».

Hay también otras cosas que le dice al bebé continuamente: «Te quiero», «Mira los deditos», «Mira tu nariz».

Hay una serie de instrucciones simples que la madre da todos los días a su bebé: «Abre la boca», «Mira a papá», «Empuja eso con el pie».

Igualmente, hay ciertos saludos que el bebé escucha una y otra vez: «¡Buenos días!», «¡Hola!», «¡Adiós!».

Puesto que éstas son las palabras que el bebé escucha con más frecuencia, a menudo serán también las primeras cosas que comience a descodificar y a comprender. Pero incluso antes de que entienda estos mensajes en su totalidad intentará responder.

Hace varios años nos llamó una madre y, antes de que pudiéramos preguntar quién era, empezó a reproducir una cinta de casete. Se podía oír la voz de un bebé de muy corta edad, primero con unos sonidos y después con las palabras «Hola», «¿Cómo estás?» y «Te quiero».

La grabadora se detuvo y la madre se puso al teléfono: «Bien —preguntó ella—, «¿Lo han oído?».

Le dijimos las tres cosas que habíamos oído. Soltó un gran suspiro de alivio y dijo: «¡Ese es mi bebé y tiene once semanas!». Y a continuación colgó.

Sin duda, otra víctima de la conspiración de silencio.

Bien, y ¿cómo debemos interpretar este tipo de cosas?

¿Cuántas veces se supone que un bebé escucha las frases «Hola», «¿Cómo estás?» y «Te quiero» durante las primeras semanas de su vida? Probablemente más de mil.

Sea coherente y constante en la manera de hablar a su bebé.

¿Es en verdad sorprendente que quiera enviar un mensaje de respuesta? No necesitamos debatir sobre si comprende el significado completo de la palabra «Quiero». No se trata de eso. Escucha lenguaje y desea utilizar el lenguaje que escucha.

Es probable que al principio sea la musicalidad del lenguaje lo que le interesa, pero aprenderá muy rápidamente que las palabras y la música combinadas ejercen un poderoso efecto sobre su madre y su padre. En esta fase temprana es necesario ser coherente en la manera de hablar al bebé.

Cuando él escucha, sabe reconocer los saludos, preguntas, afirmaciones e instrucciones simples, repetidos siempre de la misma manera. Eso le ayuda a aprender las reglas de conversación, la primera de las cuales consiste en escuchar lo que la otra persona le está diciendo. Elimine el ruido y el caos dentro de la casa. Apague la radio, el CD y la televisión de manera que el bebé pueda oírlo. Hable en voz alta y clara y asegúrese de que está a la distancia adecuada para que le pueda escuchar con toda su atención.

Ahora añada un segundo ingrediente mágico. Cuando le termine de preguntar «¿Cómo estás?», deténgase, mire de manera entusiasta al bebé y espere. Espere diez, veinte, treinta segundos, quizá algo más. Cuanto más pequeño sea el bebé, más paciente deberá ser.

Es posible que al principio no obtenga respuesta, pero a medida que el bebé se dé cuenta de que no es una conversación en un solo sentido, sino una conversación *de verdad,* y de que tiene la oportunidad de participar, *lo hará.*

Por ejemplo, dígale: «¿Cómo estás?», y a continuación sonría y espere: el bebé empezará seguramente a mover los brazos. Se trata de un movimiento que realiza para activar su respiración y tener así capacidad para emitir un sonido. Entonces puede que su cuerpo se mueva un poquito y diga: «¡Ah!» o cualquier otro sonido que le salga.

Aún tiene poco control sobre el sonido en sí mismo. Simplemente está intentando conseguir una buena espiración y añadirle algo de sonido.

Escuche a su bebé y respóndale. Eso es lo que él quiere.

Cuando se produzca este sonido, cualquiera que sea, añada usted otro truco mágico. Diga: «¿De verdad? Me alegro». En otras palabras, responda a lo que él le acaba de decir. Alguien puede preguntar si se trata de una respuesta apropiada, puesto que no sabe lo que significa «¡Ah!».

Al principio no sabemos exactamente lo que el bebé quiere decir. De la misma manera que él está escuchando nuestros sonidos con significado para oír si estamos contentos o tristes, debemos escuchar sus propios sonidos. Atendiendo de manera adecuada, se puede llegar a ser un experto en distinguir si se trata de un «¡Ah!» de felicidad o un «¡Ah!» de irritación y casi siempre responderá adecuadamente. Incluso si se equivoca, ante los ojos del niño, estará acertando, porque *está escuchando y respondiendo y eso es lo que él quiere.*

Ahora, por primera vez, puede tener una conversación real. Dice algo y él le escucha atentamente. Después guarda silencio y escucha con atención y él dice algo. A continuación le responde y termina la conversación.

Esta es una conversación real.

El bebé aún no tiene dos meses y está a diez meses de emitir el primer sonido parecido a lo que los demás consideran «una palabra».

¡Qué alivio no tener que esperar tanto tiempo para tener una conversación con mamá cuando uno es tan listo y tiene tantos deseos de comunicarse como este diminuto individuo!

Ahora usted podrá preparar muchas pequeñas conversaciones a lo largo del día. Haga un ritual de cada una de ellas. Sostenga al pequeño en brazos de la misma manera, siéntese en la misma silla cómoda e incluso prepárele cada vez diciéndole: «¿Quieres hablar con mamá ahora?».

A medida que descubra que esta es la pista que conduce al comienzo de estas adorables conversaciones, se moverá y dará pataditas para mostrar lo contento que está.

Objetivo: Oportunidad de que el bebé mantenga una conversación con mamá.

Frecuencia: Al menos 10 veces al día.

Intensidad: Voz alta y clara.

Duración: De 1 a 2 minutos.

Contenido: Una pregunta que requiera una respuesta de una palabra.

Entorno: Una habitación en silencio con las mínimas distracciones. Siente al bebé en sus piernas, frente a usted.

Técnica: Pregunte, por ejemplo: «¿Tienes hambre?». Observe a su bebé cuidadosamente y escuche con atención. Espere a que su bebé responda. Tenga paciencia. Puede que tarde entre 30 y 60 segundos. Quédese en silencio cuando haya hecho la pregunta. No siga repitiendo la pregunta. Esto le dificultará la respuesta a su bebé. Cuando responda con algún sonido, respóndale.

Parte III – Crear sonidos concretos

Materiales necesarios:

- Una rima sencilla.

Una vez que la madre ha comenzado estas pequeñas conversaciones, a lo largo del día puede ascender un segundo escalón. Invente una rima corta y sencilla para su bebé. Escoja un buen momento y con gran entusiasmo recítele el pequeño poema. Como anteriormente, siéntele en sus piernas de frente a usted:

La primera rima del pequeño David fue:

«¡Hola! Dice mamá cuando viene.
¡Adiós! Dice mamá cuando se va».

Se trata de un planteamiento muy inteligente por parte de la madre, como veremos. Su madre repite la frase a lo largo del día. Después de varios días ella empieza a darle un papel en la rima pero de manera muy predecible. La recita siempre de la misma forma, pero cuando llega a las últimas palabras se detiene. No dice «Va». Esta va a ser la palabra del bebé, que tendrá la opción de decirla o no.

Ella espera y lo mira con entusiasmo, de la misma manera que lo hace durante sus conversaciones. Puesto que ya ha escuchado el poema muchas veces, sabe que el sonido «Va» queda al final y que falta. Quiere completarlo para su mamá. Empieza a mover los brazos, mueve su cuerpo. Bombea su respiración y, después de hacer esto durante 30 segundos más o menos, dice: «¡Ah!»

La madre está encantada.
El bebé está encantado.

El bebé sabe que el sonido «¡Ah!»» significa «Va» (solo que todavía no puede decirlo).

La madre sabe que el sonido que el bebé acaba de emitir significa «Va».

Pero lo más importante es que el bebé es consciente de que su mamá sabe que «¡Ah!» significa «Va».

Es vital para su bebé saber que usted sepa que le está *hablando.*

Y de este modo la madre y el bebé han descifrado juntos el código.

El bebé sabe que la madre sabe que está intentando hablar, pero que no siempre sale bien cuando él quiere que salga.

Este es un momento muy, muy importante, para la madre y para el bebé.

Muchas madres dicen que estos momentos robados, cuando lo permiten el ruido, el ajetreo y las tareas de cada día, son los más maravillosos que compartieron con sus pequeños.

Estas sesiones son al desarrollo del lenguaje lo que el amamantar a la nutrición.

Cuando el bebé puede completar las últimas palabras del poema con cualquier tipo de sonido, la madre continúa ofreciéndole nuevas oportunidades de participar.

Ahora ella recita la frase pero cuando llega al final se para y espera a que emita un sonido equivalente a la palabras «Va». Al principio puede que no lo haga, pero a medida que el proceso se vaya repitiendo se dará cuenta de que tiene otra palabra para él.

De nuevo emite un sonido, quizás el mismo «Ah», o tal vez otro completamente diferente.

La madre sigue recitando el mismo poema. Nota que cada día los sonidos que el bebé hace cambian. Ahora, en alguna ocasión, oye algo que suena parecido a «Va». En estos momentos el bebé está empezando a emitir sonidos específicos.

La madre de Yolanda eligió:

«El conejo no está aquí,
se ha marchado
esta mañana
a la hora de dormir».

Cuando tenía seis semanas, la madre de Yolanda le decía:

«El conejo no está ....».

Después de una pausa de cinco segundos Yolanda decía en voz bajita «¡Ih! «. La madre continuaba:

«Se ha marchado esta .....».

Y Yolanda decía «¡Aah!».
La madre terminaba:

«A la hora de ....».

Y Yolanda concluía con «¡Iih!».

Cuando el bebé completa la frase junto con usted experimenta la satisfacción de *participar* activamente, sin ser un mero espectador que escucha.

Podía emitir dos sonidos específicos antes de los dos meses de edad. Ello supone un logro maravilloso para un bebé. Así era más maravillosa la alegría que Yolanda y su madre sentían cada vez que recitaban su poema juntas.

A la edad de siete semanas el pequeño Manuel sabía «decir» la última palabra de cada línea de:

«Una dos y tres,
pluma, tintero y papel,
para escribir una carta
a mi querido Manuel,
para decirle que venga
para casarme con él».

Los sonidos eran primitivos pero cada uno de ellos era claramente un sonido *específico* para cada palabra en cuestión.

Y una vez más nadie propone que estos bebés tengan la más remota idea de lo que significa «escribir una carta», pero tampoco lo sabíamos ni usted ni yo la primera vez que, siendo niños, oímos una rima parecida a esta. El bebé experimenta el mismo placer básico y —más aún— la intensa satisfacción de poder *participar* en la «declamación» de la poesía.

La madre y el bebé crean juntos un lenguaje que utilizarán hasta que el bebé pueda producir los sonidos mucho más específicos que los adultos reconocemos como palabras.

Aquí tiene un programa sencillo que puede utilizar:

Objetivo: Que el bebé «diga» varias palabras de una frase corta con cualquier sonido coherente.

Frecuencia: 5 veces al día.

Intensidad: Voz alta y clara.

Duración: De 1 a 2 minutos.

Contenido: Recitar una vez una rima corta.

Entorno: Una habitación en silencio con las mínimas distracciones. Siente al bebé en sus piernas, frente a usted.

Materiales necesarios:

- Frase rimada corta.
- Grabadora.

Técnica: Lo mejor para empezar es escribir una frase sencilla solo para su bebé. De esta manera usted puede elegir las palabras que le son familiares, como los nombres de los miembros de su familia. Debería elegir palabras de una sílaba como «Soy» y «Voy» para las líneas finales. También es aconsejable que el pequeño poema tenga algunas líneas finales que rimen.

Memorice la frase y empiece a recitársela a su bebé. Haga esto solo en los mejores momentos del día, cuando el niño esté bien alimentado y descansado y usted se sienta llena de energía y entusiasmo. Recite la frase con emoción y con una voz que transmita sonidos cargados de significado. Haga esto cinco veces al día durante cinco días. Al sexto día el bebé está preparado para participar en el juego. Recítelo de la misma manera pero deténgase cuando llegue a la última palabra, sin pronunciarla. En su lugar, mire al bebé atentamente y espere.

A partir de este momento la última palabra de la frase será la de su bebé, que podrá pronunciarla o no; él elegirá. No vuelva a decir esta palabra, ya que esto rompería el acuerdo que está estableciendo con el pequeño. Una vez que omite una palabra, esta pertenece al bebé.

Recuerde que es muy importante esperar, ya que el niño podría tardar treinta segundos o más en ser capaz de responder. Poco a poco aprenderá cuánto tiempo necesita su bebé para producir un sonido.

Cuando él emite un sonido, se siente feliz. Abrácelo y béselo para que sepa que ha comprendido su mensaje. Si el bebé no ha producido ningún sonido después de un minuto, pregúntele: «¿Te ha gustado tu poesía?» Espere a ver si quiere contestar la pregunta y, acto seguido, dé la sesión por terminada.

Solo cuando el bebé emite un sonido cualquiera de manera adecuada en el lugar de la última palabra de la primera parte de la frase, se puede pasar a hacer lo mismo con la última palabra de la parte siguiente. Si el pequeño tiene solamente cinco o seis semanas, las dos últimas palabras de las dos partes de la frase serán suficientes. Verá cómo se esmera en activar su respiración cuando sepa que está a punto de empezar a recitar «su poesía».

Cuando vea que la poesía le resulta cada vez más familiar, ofrézcale una nueva. En el momento en que empiece a arrastrarse para moverse independientemente su respiración mejorará a pasos agigantados. Le conferirá más capacidad para comunicarse.

Cuando el bebé se arrastre para desplazarse, su respiración mejorará de manera espectacular.

En este momento empezará casi a interrumpirle mientras escucha la poesía o la frase. Quiere más palabras de las que le está dando. Siga la misma, pero dejando sin pronunciar tres o cuatro palabras en las frases nuevas. En el ejemplo siguiente los números indican la secuencia en la que se han de omitir las palabras:

«Tengo un gallo (2)
en la cocina (3)
que me dice (4)
la mentira (1)».

Cuando el bebé esté familiarizado con la cancioncilla, continúe con nuevos versos y eliminando palabras:

«Tengo un gallo (5)
en la cocina (2)
que me dice (4)
la mentira (6).
Tengo un gallo (3)
en el corral (7)
que me dice (4)
la verdad (1)».

Intente resaltar las palabras más fáciles. En las de dos o tres sílabas, ayúdele con las primeras. Así, por ejemplo, «que me dice la men–ti...».

De esta manera el bebé participa más activamente sin detenerse en las palabras más largas. Cualquier sonido que haga el bebé está bien. Recuerde que no espera palabras ahora. Le está ofreciendo la oportunidad de utilizar sus sonidos y que se hagan más específicos al hacer uso de ellos.

Haciéndolo así, usted y su bebé pueden crear un amplio repertorio de poemas. De vez en cuando lea un poema antiguo con el bebé. Verá que el bebé emite sonidos más específicos de los que emitía antes.

Preste atención, por favor: Es conveniente grabar alguna de las sesiones. Cuando las vea otra vez, puede subir el volumen y escuchar al

Figura 14.1. Escoger una carta al principio.

Figura 14.2. ¿Qué es lo próximo? Escoja una casilla.

Figura 14.3. Actividad diaria. Escoja una casilla.

bebé mejor que en el momento que lo hizo. No solo oirá cosas que no oyó al principio en absoluto, sino que notará que alguno de los sonidos son específicos. La voz de un bebé tiende a ser suave y difícil de oír, por lo que el valor de estas cintas puede ser incalculable. También se convertirán en uno de los recuerdos más preciados de la infancia temprana de su bebé.

Parte IV – Utilizar el panel de opciones

El nivel de comunicación mejorará dándole al bebé un panel de opciones.

Vivimos tiempos ciertamente insólitos. Una parte de la sociedad todavía piensa que los bebés presentan bajos niveles de comprensión, mientras que la otra parte ha descubierto que pueden aprender el lenguaje de signos desde muy pequeñitos. Lo cierto es que los bebés pueden aprender el lenguaje de signos, y ello les proporciona nuevas opciones a la hora de comunicarse. Si usted conoce el lenguaje de signos, debe ponerse sin tardanza a enseñárselo a su pequeño; lo aprenderá rápidamente. Si un miembro de su familia es sordo, supondrá una gran ventaja para él poderse comunicar con ese miembro de la familia. Sin embargo, si no conoce el lenguaje de los signos o nadie es sordo en su familia, le proponemos que utilice el valioso tiempo que pasa con su bebé para enseñarle a utilizar el panel de opciones en lugar del lenguaje de signos. De esta forma el niño dispondrá rápidamente de otra forma de comunicación y ello hará que usted y su hijo se sientan más unidos. El panel de opciones comenzará con un sencillo «sí» y «no», pero a medida que usted y su bebé adquieran experiencia y confianza es posible elaborar opciones más específicas y sofisticadas.

Objetivo: Saber lo que su bebé quiere y necesita.

Propósito: Favorecer que el bebé se comunique utilizando un sencillo panel de opciones.

Frecuencia: Al menos 10 veces al día.

Intensidad: Voz alta y clara.

Duración: Desde apenas unos segundos hasta treinta segundos o el tiempo que el bebé tarde en elegir una de las opciones.

Materiales necesarios:
- Panel de opciones (de 30 x 30 cm).

Contenido: Hágale una pregunta y sujete su brazo o mano ligeramente. Utilizando la mano de su bebé, señale las opciones «sí» y «no» a la vez que las dice en voz alta. A continuación haga retroceder suavemente su mano y relaje su brazo para que el bebé pueda señalar su respuesta. El pequeño presionará con más o menos fuerza hacia la respuesta que quiere dar.

Si no está segura de si el bebé ha señalado «sí» o «no», debe hacer retroceder su brazo a la posición de reposo y comenzar el proceso de nuevo, realizando otra vez la pregunta, señalando cada respuesta y dándole la oportunidad de elegir. Es posible que al principio necesite repetir la secuencia varias veces. Para él es necesario comprender cuál es la idea. Nunca guíe su mano hacia una respuesta. La respuesta debe salir de él o no salir. Tan sencillo como eso.

Intente no perderse ninguna señal de respuesta que su bebé le pueda dar. Sea paciente. Este proceso implica sensibilidad y habilidad. Al principio es fácil sentirse inseguro. Le sucede a todo el mundo. Pero si cree en la capacidad de su bebé, él le responderá. A veces usted se equivocará. Si tiene la sensación de haberse equivocado, o sencillamente se siente insegura, hágale otra pregunta para confirmar que la primera respuesta era la que el niño quería.

Dígale: «Yo veo "sí". ¿Es esa tu respuesta?». Los bebés son maravillosos. No esperan de nosotros la perfección, solo que lo *intentemos* y, cuando lo hacemos, son extraordinariamente pacientes y comprensivos.

Cuando se sienta cómoda utilizando el panel con las preguntas de respuesta «sí» y «no» puede añadir gradualmente otras opciones como «no sé» y «ninguna de estas respuestas». (Ver Figura 14.1.) Es posible que el bebé no responda porque no *tenga* una respuesta a la pregunta o la respuesta que quiere no está en ninguna de las opciones disponibles.

Hágale preguntas reales. No se trata de un juego; es una forma de establecer una auténtica comunicación. Tampoco es un examen para ver lo que el bebé sabe o no sabe. Haga preguntas sobre cosas que le *interesan*.

A medida que sienta que su bebé presiona con la mano hacia la respuesta de manera coherente, puede añadir nuevas opciones al panel (Ver Figuras 14.2 y 14.3).

Páselo bien. El pequeño panel de opciones de su bebé se convertirá en una herramienta de incalculable valor para aprender a conocerlo mejor.

Parte V – Asignación de significado a un sonido específico

Imaginemos la primera palabra que puede pronunciar un bebé nacido en España. Es casi seguro que será «mamá». Resulta ser un sonido muy específico de pronunciar. Cuando un bebé español dice «mamá» por primera vez la madre viene corriendo hacia él y se lo come a besos: «Sí, soy mamá», le dice encantada. Cada vez que el bebé repite el sonido «Mamá» sucede lo mismo. Esa noche le dice orgullosa a papá: «¡Hoy el niño me ha llamado *Mamá!*».

La verdad es que cuando un bebé dice *mamá* no tenemos la más remota idea de lo que quiere decir.

La verdad es que cuando un bebé dice *Mamá* no tenemos la más remota idea de lo que quiere decir con eso. Puede que signifique «madre», quizás quiera decir «manta» o «comida».

¿Quién sabe?

Supongamos que este bebé en particular quería decir «manta», pero que cada vez que dice *mamá* lo que consigue es que venga su madre, no la manta. En algún momento se dice a sí mismo: «Bueno, con esto no consigo la manta, pero, ya que parece que mi madre viene cada vez que lo pronuncio, creo que voy a usarlo para llamar a mi madre y ya encontraré otra manera de decir *manta*».

Si le preguntamos a una madre francesa: «¿Cuál es la primera palabra que un bebé dice en Francia?», ella contestará: «*Mamá,* ¡por supuesto!»

Y cuando le preguntamos: «Pero, ¿qué significa?», ella dirá: «¡Se refiere a mí!, significa madre».

Y, de nuevo, no tenemos la menor idea de lo que el pequeño bebé francés quiere decir cuando dice «Mamá» por primera vez, pero nuestra mamá francesa asume que se está refiriendo a ella, y el bebé aprende rápidamente el efecto que la palabra «Mamá» tiene en su madre.

Si vamos a Japón y le preguntamos a una madre japonesa: «¿Es *Mamá* la primera palabra que dicen los bebés japoneses?».

Cuando lo confirma, le preguntamos, «¿Y significa madre?».

Y su respuesta nos dejará ciertamente boquiabiertos cuando responda: «No, *Mamá* significa comida».

Ahora podemos proponer que cuando un bebé japonés dice *Mamá* por primera vez no tenemos la menor idea de lo que esto significa. Puede que quiera decir «madre» o «manta» o quizá «comida». Pero cada vez que el bebé japonés repite el sonido «Mamá» le dan o bien un biberón o pecho para mamar o una cuchara llena de comida. Aprende a gran velocidad a no decir «Mamá» a menos que tenga hambre.

Cuando hablamos de lenguaje, el bebé es el profesor y la madre la alumna.

Al asumir que su bebé quiere comida la madre demuestra que es un poquito menos egocéntrica que el resto de nosotros. Y también es probable que se encuentre más cerca de la verdad.

De este modo, la madre y el bebé crean la palabra «Mamá». Pero no nos dejemos confundir a la hora de saber quién está enseñando a quién. En este caso el profesor es el bebé y la madre la alumna.

El niño está observando qué es lo que funciona y lo que no en relación con su madre. Cuando ve que responde de forma satisfactoria, repite la acción que ha tenido éxito anteriormente. Cuando el sonido que emite no produce resultados, lo abandona.

Si articula sonidos y nadie le escucha o le responde, dejará de hacerlos o los hará con poca frecuencia.

RESUMEN

El bebé recién nacido pone en marcha el proceso de intentar comunicarse con su padre y con su madre en el momento de su nacimiento. Demostrará tener una gran decisión al hacerlo. Escuchar es la clave. En este capítulo hemos hablado de cinco formas eficaces de ayudar al bebé. Éstas se pueden y se deben desarrollar al mismo tiempo. Conviene recordar que una parte del programa de desarrollo del lenguaje no reemplaza a otra. Hay una serie de reglas sencillas y muy básicas que los padres pueden seguir para ayudar a su bebé en su esfuerzo por comunicarse.

Ante todo, recuerde: *Todos los sonidos son lenguaje.*

Seguir estas sencillas pautas le ayudará a crear un entorno reconfortante, seguro y equilibrado para el bebé. En él podrá aprender a utilizar sus sonidos para comunicarse con su madre y con su padre. Estas pautas se deberían usar también para crear un patrón que cada uno de los miembros de la casa debería seguir. Asegúrese de que hermanos, hermanas y abuelos comprenden el derecho que el niño tiene de ser escuchado y respetado.

Cuando un bebé puede comunicarse con su madre y su padre y sabe que ellos quieren hablar con él, es cuando puede utilizar toda su energía de forma alegre y positiva. No pasará más tiempo frustrado y molesto porque nadie le presta atención o no puede conseguir lo que quiere.

Esa frustración y ese malestar le hace mostrarse malhumorado y quizá llegue a la conclusión de que los adultos no son tan listos.

Esto sería una verdadera pena, porque los adultos tenemos una gran cantidad de cosas que enseñar a los bebés. Los cimientos de nuestra enseñanza parten del establecimiento de una comunicación respetuosa entre el bebé y la madre y el padre.

Esta comunicación no debería hacerse esperar hasta que el niño tenga cuatro o cinco años. Debería comenzar cuanto antes. Y cuando esto sucede, el amor y el respeto entre la madre, el padre y el bebé aflorarán.

Una comunicación respetuosa y eficaz entre el bebé y su familia es fundamental.

REGLAS DEL PROGRAMA DE DESARROLLO DEL LENGUAJE	
QUÉ HAER	QUÉ NO HACER
1. Escuche siempre al bebé.	1. No le hable al bebé «de manera infantil».
2. Dé la impresión de estar escuchando.	2. No ignore al bebé.
3. Muestre deseo de recibir una respuesta.	3. No le haga una pregunta sin dejar tiempo para que le responda.
4. Acepte el hecho de que el bebé decide si responde o no; él elige.	4. No responda descuidadamente.
5. Responda a lo que le diga.	5. No le imite ni se ría de los sonidos que hace.
6. Reciba con entusiasmo cada intento de hablar que haga el bebé.	6. No corrija su pronunciación.
7. Asigne significados a los sonidos específicos que el bebé hace de forma repetitiva.	7. No intente forzarle a responder.
8. Elija palabras reales cuando hable con el bebé.	

PROGRAMA SENSORIAL PARA EL PERFIL ESTADIO IV

Lista de control diario

PARTE I

Oportunidad de hablar y de que le escuchen sus padres:
La madre y el padre han de escuchar todos los sonidos que emite el bebé todo el tiempo que el bebé permanece despierto ☐

PARTE II

Oportunidad de mantener una conversación:
10 veces al día (mínimo) durante 60 segundos

☐ ☐ ☐ ☐ ☐ ☐ ☐ ☐ ☐ ☐

Tiempo total: 10 minutos

PARTE III

Crear sonidos específicos en una frase rimada
5 veces al día durante 1 ó 2 minutos

☐ ☐ ☐ ☐ ☐

Tiempo total: entre 5 y 10 minutos

PARTE IV

Utilizar el panel de opciones
Número de veces al día que he utilizado el panel de opciones: ____________
Respuestas interesantes hoy: ____________________________

____

PARTE V

Asignar significado a un sonido específico:
Sonidos específicos nuevos hoy: ____________________________

____

Cambios que he notado hoy: ____________________________

____

____

Fecha: ____________________

15

La tercera evaluación: apreciación del significado y respuesta

EL tercer nivel en el Perfil de Desarrollo de los Institutos es el estadio del *significado*. Hasta ahora el bebé ha estado tratando toda la información de entrada en un *estadio reflejo* o en un *estadio vital*.

En el nivel reflejo él reacciona automáticamente, sin intentar comprender lo que está sucediendo o por qué está sucediendo. En el vital responde de manera instantánea a la estimulación fuerte y la estimulación amenazadora, de nuevo sin sopesar las posibilidades.

El tiempo resulta de vital importancia en estos estadios, y la madre naturaleza ha dispuesto sabiamente que el bebé desarrolle las respuestas reflejas y vitales en primer lugar. Ello le proporciona una mayor probabilidad de supervivencia y de alcanzar los siguientes estadios funcionales, en los que comienza a sopesar y considerar aquello que ve, oye y siente.

Ahora él está entrando en el estadio de apreciación del significado del mundo que le rodea. Ya no tiene una simple reacción a la estimulación de manera refleja o vital, sino que empieza a apreciar algo del *significado* de su entorno visual, auditivo y táctil.

Al alcanzar este estadio, llega a un lugar que le parece mucho más interesante. En vez de preocuparse solo por la supervivencia y por las posibles amenazas para su vida, empieza a comprender realmente y a disfrutar de las cosas. Ese recién nacido tan serio se convierte en un bebé feliz.

Ahora que puede ver, oír y sentir con más facilidad, comienza a apreciar *lo que* ve, oye y siente. Mientras esto ocurre, vamos vislumbrando su personalidad por primera vez. Este es el momento en el que las madres y los padres empiezan a notar las diferencias y similitudes entre su bebé y su hermano o hermana mayor cuando tenían la misma edad. En el estadio reflejo y en el vital todos los bebés tienden a reaccionar de forma muy similar. Sin embargo, de ahora en adelante las preferencias del bebé sobre lo que le gusta y no le gusta se harán cada vez más evidentes.

Recuerde que las dos primeras evaluaciones las realizó cuando el bebé nació y, poco después, cuando inició el programa. La tercera evaluación ha de efectuarse a los dos tres o meses del nacimiento. Al igual que anteriormente, reevalúe el estadio I y el estadio II, que ya fueron analizados hace uno o dos meses. Es probable que se sorprenda al descubrir que las respuestas del bebé en los estadios I y II son ahora más intensas y adecuadas. Algunas de las áreas que tal vez fueron calificadas como «Funcionales» hace dos meses, ahora son «Perfectas».

El estadio III del Perfil de Desarrollo incluye todas las respuestas significativas que son parte de la evolución del bebé. Este estadio se muestra de color amarillo en el perfil.

Aún sigue siendo muy importante elegir los mejores momentos del día para evaluar a su bebé, de modo que se pueda hacer una idea clara de lo que puede hacer y de lo que no. Si elige para las evaluaciones momentos del día en los que el pequeño está cansado o descentrado, es posible que parezca que no hace bien algunas cosas, pero ello se debe a que no presta toda su atención. Hay una gran diferencia entre no *poder* algo y no *querer* hacerlo. Al elegir los mejores momentos del día, evitará este dilema.

COMPETENCIA VISUAL: ESTADIO III

Apreciación del detalle dentro de una configuración

En este estadio los padres necesitan evaluar la capacidad del bebé para apreciar detalles dentro del contorno de una imagen más grande.

Por ejemplo, los detalles de la cara de la madre dentro del perfil de su cara o de su cabeza son detalles que el bebé tiene la oportunidad de ver con frecuencia. Al principio solo percibe el contorno de la cabeza de la madre. Pero a medida que la oportunidad de ver a la madre aumenta, empieza a ver algunos detalles dentro de ese contorno.

La primera señal importante de cambio en su visión se da en el momento en el que el bebé empieza a responder a las expresiones faciales de su madre. No solo comienza a reconocer que se trata de la cara de su madre y que esta es diferente de todas las otras caras, sino que cuando su madre le sonríe él le devuelve la sonrisa.

Por tanto, la primera evaluación —la más natural— de su capacidad para reconocer detalles se centra en las reacciones que manifiesta cuando ve a su madre. Recuerde que para evaluar su respuesta es importante que la madre se aproxime al bebé sin utilizar la voz o sin tocarle, puesto que esto la ayudaría a identificarla.

La madre debe poner al bebé en una posición cómoda en la que pueda ver con claridad. Debe asegurarse de que su cara está bien iluminada de forma que el bebé pueda observar los detalles de su rostro.

Cuando la madre se aproxima al bebé, es importante que ponga su cara cerca de la del bebé. Él desarrollará la capacidad de ver detalles de cerca mucho antes que de lejos. La madre a de colocarse a una distancia de entre 20 y 30 cm al principio.

La madre debe dibujar una sonrisa amplia al bebé y esperar su respuesta. Recuerde, es importante esperar esa respuesta. No siempre ocurre de manera instantánea, en especial cuando el bebé está desarrollando alguna función nueva. Así pues, sea paciente y espere un poquito. Cuando el bebé responde a su sonrisa con una sonrisa sin tener ninguna referencia auditiva o táctil, es que está empezando a apreciar los detalles.

Esta capacidad no se manifestará de manera constante. Es probable que al día siguiente haga la misma evaluación y no consiga más que una respuesta mínima, o incluso nula. Sin embargo, cada día irá siendo más continua y regular.

Cuando su bebé sonría habitualmente como respuesta a su sonrisa o cuando reconozca de inmediato la diferencia entre usted y cualquier otra persona a una distancia aproximada de un metro, escriba «Perfecto» en rojo en el recuadro correspondiente al reconocimiento de detalles del Perfil. Trace una línea roja a lo largo del borde superior de este recuadro (ver Figura 15.1).

Si el bebé le reconoce o responde a su sonrisa solo en alguna ocasión, escriba «Funcional» en rojo en el recuadro y trace una línea a lo largo del borde superior (ver Figura 15.2).

Si el bebé no muestra respuesta alguna a la sonrisa, trace una línea roja en el borde superior del recuadro marcado en la evaluación anterior, para mostrar que aún permanece en el mismo estadio en su visión (ver Figura 15.3).

Figura 15.1. Apreciación perfecta del detalle.

Figura 15.2. Apreciación funcional del detalle.

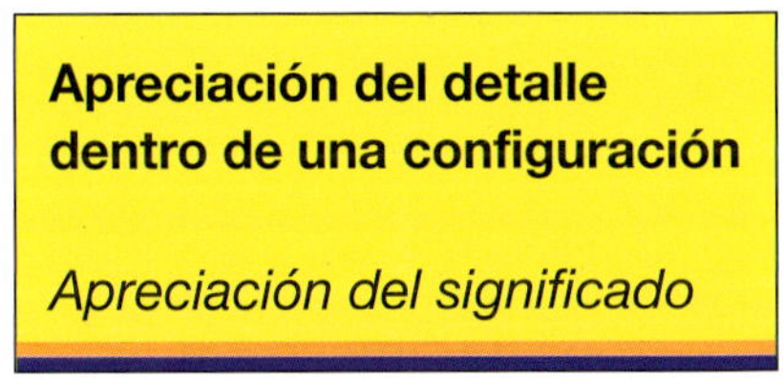

Figura 15.3. Apreciación cero del detalle.

COMPETENCIA AUDITIVA: ESTADIO III

Reconocimiento de sonidos dotados de significado

Ahora estamos preparados para evaluar en el niño la capacidad de diferenciar sonidos significativos. El bebé empezará a responder a los sonidos que existen en su entorno inmediato y que ha estado oyendo durante muchas semanas, aunque sin poder descifrar su significado hasta el momento. Ahora esos sonidos empezarán a tener cada vez más significado.

Sonidos significativos comunes en el entorno del bebé son el de los pasos en el pasillo o los ruidos de la actividad normal en la cocina cuando se está preparando la comida. Él escucha el sonido del agua que sale del grifo de la bañera o de la aspiradora, la batidora y otros sonidos propios de la casa. Pero el más importante de todos es el sonido de la voz de su madre. Ahora el bebé está atento al tono y significado de la voz de la madre.

Figura 15.4. Apreciación perfecta de sonidos dotados de significado.

Figura 15.5. Apreciación funcional de sonidos dotados de significado.

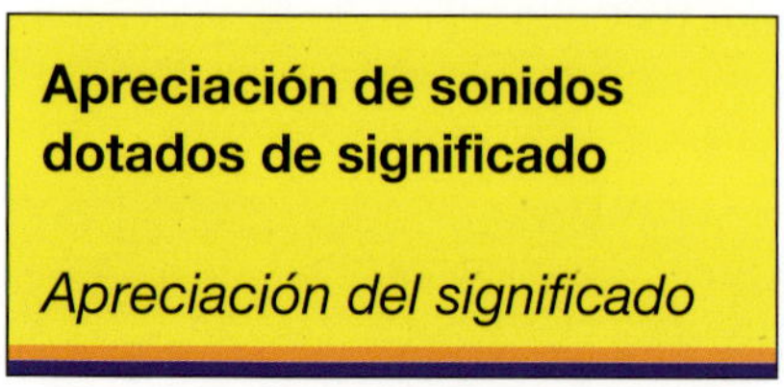

Figura 15.6. Apreciación cero de sonidos dotados de significado.

El bebé empieza a saber cuándo su madre está contenta o enfadada. Oye el tono de voz, la «música» —si no las palabras— que los miembros de la familia se están comunicando unos a otros.

Para la mayoría de las madres no es difícil evaluar este estadio en sus bebés. Cuando su bebé responde de manera regular a su tono de voz, lo cual equivale a decir cuando está enfadado y le puede calmar con su voz, está claro que reconoce los sonidos significativos.

Es posible que, cuando un miembro de la familia utilice un tono de voz de enfado o enojo, el bebé llore. Recuerde que esta es una clara señal de que reconoce el sonido significativo del enfado. A menudo el llanto de otro bebé, o el de su hermano o hermana mayor, le hará llorar porque lo que oye le enoja.

Cuando su bebé muestre alguna o todas estas respuestas de manera continuada, escriba «Perfecto» en rojo en el recuadro de reconocimiento de sonidos significativos del Perfil. Trace una línea roja a lo largo del borde superior de este recuadro (ver Figura 15.4).

Cuando su bebé muestre algunas o todas las respuestas anteriores de manera discontinua, escriba «Funcional» en rojo en el recuadro y trace una línea roja a lo largo del borde superior de este recuadro (ver Figura 15.5).

Si el bebé no muestra ninguna señal de reconocimiento de sonidos significativos, trace una línea roja a lo largo del borde superior del recuadro que marcó en su evaluación anterior, para mostrar que aún está en el mismo estadio en su escucha (ver Figura 15.6).

COMPETENCIA TÁCTIL: ESTADIO III

Apreciación de la sensación gnóstica (de reconocimiento)

A continuación podemos pasar a evaluar el estadio de percepción del significado en relación con el tacto. Necesitamos ver cómo percibe el bebé la sensación gnóstica. La palabra «gnóstica» procede de la raíz griega de conocimiento, «gnosis». Sensación gnóstica significa literalmente sensación de conocimiento o de significado. La sensación gnóstica es menos intensa que la sensación vital. En esta etapa el bebé comienza a conocer las sutiles diferencias que existen entre las sensaciones térmicas como lo cálido, lo templado o lo fresco. Estas sensaciones son agradables, en oposición a las sensaciones vitales de caliente y frío. El bebé se empieza a quejar si tiene el pañal mojado, algo que no es doloroso pero sí bastante desagradable y molesto. Para eso ha tenido que desarrollar una capacidad más sofisticada de diferenciación de sensaciones que la mera percepción vital de dolor cuando se pincha con un alfiler.

Figura 15.7. Apreciación perfecta de la sensación gnóstica.

Figura 15.8. Apreciación funcional de la sensación gnóstica.

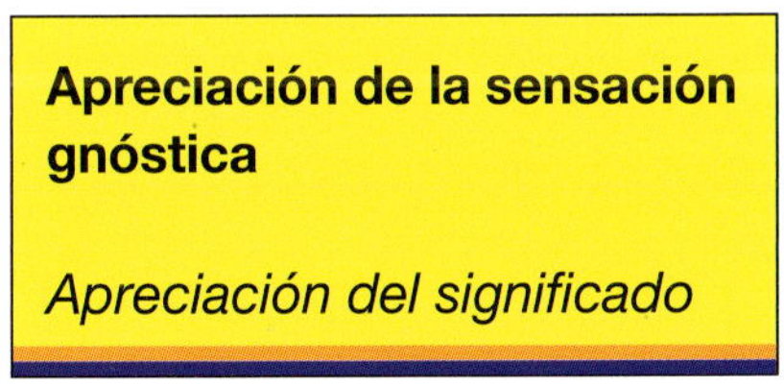

Figura 15.9. Apreciación cero de la sensación gnóstica.

Ahora el bebé busca esas sensaciones que le proporcionan placer y comodidad. Buscará que lo cojan en brazos, que lo mimen, que lo acaricien y lo besen, porque todas son cosas que le producen bienestar. No se cansará del buen rato que pasa cuando alguien le levanta la camiseta y le sopla ruidosamente con la boca en su barriguita, en la espalda, en la cara o en los brazos. Él responderá con placer a las cosquillas.

Cuando su bebé responda regularmente a algunas o a todas las sensaciones de reconocimiento de placer o molestia mencionadas anteriormente, escriba «Perfecto» en rojo en el recuadro de apreciación de la sensación gnóstica (de reconocimiento) del Perfil y trace una línea roja a lo largo del borde superior de este recuadro (ver Figura 15.7).

Si su bebé responde solo a veces a estas sensaciones, escriba «Funcional» en rojo en el recuadro y trace una línea roja a lo largo del borde superior del recuadro (ver Figura 15.8).

Si su bebé no presenta sensaciones de reconocimiento de placer o molestia, trace una línea roja a lo largo del borde superior del recuadro que marcó en su anterior evaluación, para mostrar que continúa en el mismo estadio en su desarrollo táctil (ver Figura 15.9).

COMPETENCIA EN LA MOVILIDAD: ESTADIO III

Gatear con patrón cruzado

En este estadio del desarrollo los padres han de observar la capacidad que tiene su bebé de gatear con patrón cruzado. Un bebé que se haya beneficiado de las ventajas que supone mantenerse en el suelo moviéndose libremente durante el mayor tiempo posible desde su nacimiento, y que haya recorrido una gran distancia arrastrándose todos los días, gateará mucho antes que un bebé al que pusieron bocarriba y arropado en la cuna desde que nació.

Sin embargo, los padres descubrirán que en la parte sensorial del Perfil es mucho más fácil avanzar que en la parte motora. A medida que examina a su bebé en las áreas sensoriales de los estadios I, II y III, es posible que se sorprenda con los progresos de su bebé en comparación con los niveles calculados para el bebé promedio.

Por ejemplo, un bebé que haya sido expuesto a un buen programa de estimulación visual desde que nació podrá observar detalles de manera regular *mucho* antes de los siete meses. Como ya hemos dicho, las respuestas motoras son más complejas y exigentes. El bebé necesitará oportunidades y experiencia para poder arrastrarse, gatear y caminar distintas de las que necesitaría para avanzar en las primeras etapas de la parte sensorial del Perfil.

Figura 15.10. Olivia gatea con patrón cruzado.

Gatear es la capacidad que supone desafiar la gravedad e incorporarse apoyado sobre manos y rodillas para moverse hacia adelante. El bebé necesitará practicar mucho el arrastre para la consecución de este logro gigantesco.

Al principio experimentará con la colocación de los brazos y las piernas en la posición cuadrúpeda. A continuación verá cuánto tiempo puede aguantar así. Después volverá al arrastre como medio de transporte.

Cuando el bebé se sienta seguro sujetándose sobre sus manos y rodillas, es probable que experimente un balanceo de atrás hacia delante. Cuando se sienta lo suficientemente seguro moverá una mano hacia adelante. Puede que se caiga y se dé con la barriguita en el suelo, o quizá intente probar suerte con esta nueva y emocionante forma de locomoción.

A medida que se haga más valiente y más capaz con sus manos y rodillas comenzará a utilizar tanto los brazos como los pies. Al principio no habrá patrón en su movimiento o quizá se siente sobre el trasero y salte como un conejo durante un rato. Es probable también que se mueva avanzando su brazo y su pierna derechos de forma simultánea y adelantando a la vez después el brazo y la pierna izquierdos. Esto es lo que se conoce como *patrón homolateral de movimiento*. Pero, a medida que adquiera experiencia, desarrollará un movimiento definido de patrón cruzado.

Este movimiento de patrón cruzado es el más complejo y le permite moverse rápidamente y con seguridad. En el gateo con patrón cruzado el brazo derecho y la pierna izquierda se mueven hacia adelante conjuntamente y después se adelantan el brazo izquierdo y la pierna derecha a la vez (ver Figura 15.10).

De la misma manera que el plano sensorial es más significativo en el estadio III, su movilidad también resulta más significativa. En el estadio II se arrastraba porque sí. No tenía necesariamente un propósito o destino.

Pero a medida que se levante para gatear, sus movimientos se dirigirán siempre a una meta. Cuando el bebé sale disparado sobre manos y rodillas, es que va a algún lugar. Quizá quiera un objeto al otro lado de la habitación o piense en algún destino importante.

Cuando su bebé pueda gatear hacia el otro lado de la habitación de forma regular con patrón cruzado, sin caerse o sin volver al arrastre de vez en cuando, escriba «Perfecto» en rojo en el recuadro de gateo del Perfil y trace una línea roja a lo largo del borde superior de este recuadro (ver Figura 15.11).

Si su bebé gatea, pero utilizando distintos patrones, escriba «Funcional» en rojo en el recuadro correspondiente y trace una línea roja a lo largo del borde superior de este recuadro (ver Figura 15.12).

Si su bebé salta como un conejito o todavía no puede moverse sobre sus manos y rodillas, trace una línea roja encima de la línea de la evaluación anterior para mostrar que todavía no ha alcanzado el estadio III (ver Figura 15.13).

Gateo sobre manos y rodillas, que culmina en gateo con patrón cruzado

Perfecto

Respuesta significativa

Figura 15.11. Gateo perfecto.

Gateo sobre manos y rodillas, que culmina en gateo con patrón cruzado

Funcional

Respuesta significativa

Figura 15.12. Gateo Funcional.

Gateo sobre manos y rodillas, que culmina en gateo con patrón cruzado

Respuesta significativa

Figura 15.13. Gateo cero.

COMPETENCIA LINGÜÍSTICA: ESTADIO III

La creación de sonidos significativos

Hay pocas áreas funcionales de un bebé en las que la madre se sienta más en armonía con su hijo que en la del lenguaje. Cuando la mamá sintoniza con los intentos de comunicarse de su bebé, esta área le resulta muy sencilla de evaluar. En realidad, ella valora los sonidos que el niño emite cada instante del día desde el momento de su nacimiento.

En esta fase los padres han de evaluar si el bebé produce sonidos con significado. Cuando el bebé alcanza este estadio de su desarrollo empieza a emitir sonidos que son más maduros que los que producía anteriormente. Aunque aún no sabe hablar, puede comunicar muchas cosas a su madre, basándose en los matices de los diferentes sonidos.

Las cosas que él quiere comunicar ahora van mucho más allá de sus necesidades básicas o de la necesidad de llamar a su madre cuando se siente amenazado.

Durante muchas semanas ha estado oyendo y descodificando sonidos significativos. Ya que su vía auditiva se desarrolla hacia el estadio significativo, él mismo comienza a crear sonidos que tienen significado. Por primera vez el pequeño aprende que puede utilizar estos sonidos para conseguir las cosas que necesita y las que quiere.

Las madres se convierten en grandes expertas en la descodificación de los sonidos que sus bebés emiten durante esta etapa. Ahora el pequeño puede decirle a su madre cuándo está triste o caprichoso, o cuándo tiene hambre. La madre se convierte en una experta en la comprensión de su bebé de tal calibre que sabe cuándo está fingiendo enfado o miedo. El bebé sabe que disparar la alarma le da una probabilidad mucho mayor de obtener un rápido servicio.

Creación de sonidos significativos
Perfecto
Respuesta significativa

Figura 15.14. Creación perfecta de sonidos significativos.

Creación de sonidos significativos
Funcional
Respuesta significativa

Figura 15.15. Creación funcional de sonidos significativos.

Este es ya un recurso muy refinado para este pequeño personaje que hace apenas dos meses solo tenía dos o tres formas básicas de llorar.

Cuando su bebé utilice de manera regular sonidos significativos para comunicar sus necesidades, deseos y estados de ánimo, escriba «Perfecto» en rojo en el recuadro de creación de sonidos significativos del Perfil y trace una línea roja a lo largo del borde superior de este recuadro (ver Figura 15.14).

Si su bebé utiliza varios sonidos significativos para comunicarse, pero de forma discontinua, escriba «Funcional» en rojo en el recuadro y trace una línea a lo largo del borde superior de este recuadro (ver Figura 15.15).

Si el bebé no emite todavía ningún sonido significativo, trace una línea a lo largo del borde superior del recuadro marcado en su última evaluación, para mostrar que aún no ha alcanzado el estadio III en lenguaje (ver Figura 15.16).

Creación de sonidos significativos

Respuesta significativa

Figura 15.16. Creación cero de sonidos significativos.

COMPETENCIA MANUAL: ESTADIO III

El agarre de prensión

Cuando los adultos alargamos brazo para agarrar un objeto, utilizamos toda la mano: el pulgar y los dedos envuelven ese objeto. Sin embargo, esta forma de actuar tiene su origen en el agarre de prensión. El bebé utiliza sus cuatro dedos presionados contra la palma de su mano, sin utilizar el pulgar en absoluto. En eso consiste el agarre de prensión.

A los padres les resulta fácil saber cuándo su bebé domina esta capacidad, porque, una vez que la adquiera, la utilizará constantemente. Casi con toda seguridad, cualquier cosa que agarre irá directamente a su boca. Puesto que estas cosas son a menudo peligrosas para el bebé, la madre y el padre han de habituarse a estar alerta desde el momento en que el pequeño empieza a hacer uso del agarre de prensión. En este estadio todavía no puede coger objetos pequeños, porque usa toda su mano como una forma de asimiento primitiva, pero eficaz.

Como las otras funciones del estadio III, la función del agarre de prensión está orientada hacia la consecución de objetivos concretos. Ahora el bebé coge cosas para inspeccionarlas visualmente con más detalle: para mirarlas, para ver si se comen, o si tienen olor o si hacen ruido. Cualquiera que sea la razón, ahora puede explorar su entorno al alargar el brazo y coger cosas.

Cuando el niño pueda agarrar objetos de manera adecuada y regular con ambas manos, escriba «Perfecto» en rojo en el recuadro de agarre de prensión del Perfil y trace una línea a lo largo del borde superior de este recuadro (ver Figura 15.17).

Si su hijo puede agarrar objetos solo con una mano o lo hace solamente en ocasiones, escriba «Funcional» en rojo en el recuadro correspondiente y trace una línea a lo largo del borde superior de este recuadro (ver Figura 15.18).

Agarre de prensión

Perfecto

Respuesta significativa

Figura 15.17. Agarre de prensión perfecto.

Agarre de prensión

Funcional

Respuesta significativa

Figura 15.18. Agarre de prensión funcional.

Agarre de prensión

Respuesta significativa

Figura 15.17.- Agarre de prensión cero.

Si el bebé todavía no puede coger un objeto con ninguna de sus manos tace una línea a lo largo del borde superior del estadio que alcanzó en su evaluación anterior, para mostrar que aún no ha alcanzado el estadio III en el Perfil (ver Figura 15.19).

RESUMEN

A medida que el bebé avanza hacia el estadio III y aumenta su reconocimiento del significado de la vista, oído y tacto, la madre y el padre podrán llegar a conocer mejor a su bebé. Su personalidad única comenzará a salir a la superficie. A medida que vaya adquiriendo nuevas habilidades motoras para moverse hacia algo que desea, para comunicar sus necesidades o para coger un objeto interesante, irá interviniendo también cada vez más como miembro activo de la familia.

16

El programa de estimulación sensorial para el estadio III

DESPUÉS de que haya completado la tercera evaluación de su bebé, podrá tener una idea clara de cuáles son las áreas del estadio I y II que ahora están en el nivel perfecto y cuáles se mantienen funcionales.

Recuerde una vez más que antes de dedicar su atención a la ampliación del programa actual e incluir estimulaciones nuevas y más complejas, lo mejor es reforzar el programa que está en curso. En función de la nueva evaluación, decida qué partes del programa actual pueden reducirse, o incluso eliminarse por completo.

Si su bebé está ahora en los niveles perfectos del estadio II, puede dejar de aplicar la estimulación en cualquiera de las áreas. Ello le permitirá dedicar más tiempo a la estimulación en el estadio III, que es la que su bebé necesita en este momento.

En cambio, en las áreas en las que el bebé se mantenga todavía en el nivel funcional deberá continuar la estimulación. Sin embargo, si una determinada área ha mejorado desde la segunda evaluación, es posible disminuir la frecuencia de la aplicación. En el caso de que las áreas que eran funcionales en la segunda evaluación no hayan cambiado de forma significativa, mantenga la frecuencia de estimulación al mismo nivel.

EL PROGRAMA DE ESTIMULACIÓN SENSORIAL

En el estadio II nuestro objetivo era crear para el bebé un mundo en blanco y negro, un mundo en el que no existieran tonos grises. Ello le ayudó a ver, oír y sentir. En este estadio de significación es posible que todavía necesite el refuerzo de ese entorno en blanco y negro, pero ya podemos añadir un poco de color y de emoción a su vida.

Lo haremos de forma gradual, de manera que sigamos enviándole el mensaje de que es fácil ver, es fácil oír y es fácil sentir. Su sistema nervioso central es aún inmaduro y bajará la guardia o desconectará su vista, su oído o su tacto si se requiere demasiado esfuerzo por su parte.

EL PROGRAMA VISUAL:

Detalles dentro de una configuración

En el estadio III el bebé necesita oportunidades de percibir detalles en el marco de una determinada configuración. En la evaluación de este estadio ya hemos hablado del detalle natural de los rasgos de la madre dentro del contorno de la forma su cara y su cabeza. El bebé podrá observar esto con total naturalidad muchas veces al día.

Ahora la madre debe realizar un esfuerzo añadido para cambiar la expresión de su cara, de manera que el bebé se sienta atraído por los detalles de su rostro y vaya aprendiendo que esos detalles varían y se modifican con los cambios del estado de ánimo de su madre.

Las madres que por naturaleza tienen rostros muy expresivos no necesitarán prestar demasiada atención a este punto, pero las que sean conscientes de no mostrar demasiada expresividad han de prestar atención a esta cuestión.

Su cara es la imagen visual más importante para su bebé y seguirá siéndolo durante mucho tiempo. Haga el mayor esfuerzo posible para que su semblante muestre con claridad entusiasmo, alegría, ternura y admiración. Si lo hace, no pasará mucho tiempo antes de que su bebé exteriorice esa misma alegría y ese entusiasmo.

Los tres programas visuales siguientes están diseñados para que las Partes I y II sirvan de puente entre el estadio II de la visión y el estadio III. Son muy fáciles de ver para el bebé y se puede empezar a aplicarlos inmediatamente después de terminar las 21 tarjetas Bit de contornos correspondientes al estadio II del programa visual. Este no debe haberse prolongado durante más de seis semanas.

La parte III de este sucesivo programa de visión se debe empezar cuando se haya observado que el bebé comienza, al menos de forma ocasional, a apreciar ciertos detalles.

Objetivo: Establecer, mejorar o reforzar la capacidad de apreciar los detalles en el marco de una determinada configuración.

Propósito: Estimular la apreciación del detalle dentro de una configuración.

Parte I – Detalle simple en un medio con contrastes

Frecuencia: En cualquier momento en el que el bebé esté despierto.

Intensidad: Figuras grandes y de colores intensos en un panel de cuadrados blancos y negros.

Duración: En cualquier momento en el que el bebé esté despierto.

Entorno: Utilizará la misma habitación bien iluminada que usó para el entorno de cuadrados blancos y negros. Escoja un papel de colores intensos o cartulina y córtelo en figuras simples (círculo, estrella, cuadrado, etc.). Utilice aquellas figuras que ya ha introducido como tarjetas Bit de contorno en su programa visual anterior, pero ahora haga cada figura de un color diferente. Las figuras deben ser de unos 15 cm de lado o algo más. Coloque estas figuras de colores en los cuadrados blancos y negros. Mantenga una buena iluminación sobre los paneles (ver Figura 16.1).

Materiales necesarios:
- Tablero ajedrezado en blanco y negro.
- 21 imágenes de colores.

Técnica: Al principio, coloque solamente dos o tres figuras, cada una en un cuadrado diferente del panel. Asegúrese de que las dispone en cua-

Figura 16.1
Tablero ajedrezado con formas distribuidas al azar.

drados que contrastan bien con el color de la figura (por ejemplo: rojo sobre blanco, amarillo sobre negro). Evite fijar las figuras de manera permanente en los cuadrados. Ello le permitirá moverlas y cambiarlas de lugar a diario. Después de varios días añada otra figura en otro color y después otra. Siga cambiando de patrón.

No tiene por qué haber una figura en cada cuadrado. Es importante que siga cambiando el patrón. A su bebé le fascinarán los colores y formas nuevas. Estará deseando ver su panel de cuadrados. Si cambia la disposición, seguirá mirándolo para ver la nueva colocación todos los días. Si los patrones son siempre iguales, se dará cuenta enseguida y el panel será como un papel de pared mantenido durante mucho tiempo: entrañable pero poco estimulante.

Este panel con las figuras de colores recién añadidas debe acompañar al pequeño allá donde vaya, de modo que tenga la oportunidad de ver estas figuras a menudo a lo largo del día (ver Figura 16.2).

Preste atención, por favor: Llegados a este punto, algo que también ayudará al bebé es añadir un toque de color a su pista de arrastre. Resulta particularmente útil poner una franja roja al final de la pista.

A medida que la visión del bebé mejore mirará a esa franja y sabrá que ese es el lugar por el que puede salir de la pista. La relación entre movilidad y visión es un elemento ancestral y de la máxima importancia. Estas pistas visuales le enseñan al bebé que se está desplazando a través del espacio, lo cual lo anima a moverse más. Y cuanto más se mueva, mejor será su visión.

Figura 16.2. Añadiendo figuras de colores al tablero y a la pista de arrastre se obtiene un entorno de intensa estimulación visual.

Parte III – Tarjetas Bit de inteligencia de detalle simple

Frecuencia: 10 veces al día.

Intensidad: Detalles de colores intensos en tarjetas de contorno negras de 30 x 30cm.

Duración: De 5 a 10 segundos.

Contenido: 3 tarjetas.

Entorno: Habitación bien iluminada con luz adicional iluminando las tarjetas Bit de inteligencia.

Técnica: Ya tenemos al menos 21 tarjetas Bit de contorno básico en blanco y negro del programa visual anterior. Ahora puede pintar detalles sencillos con temperas de colores en cada una de las tarjetas (ver Figura 16.3).

También conviene hacer otras tarjetas nuevas de contorno circular. En ellas se pueden pintar una serie de «caras»: una cara feliz, una de sorpresa, otra triste, otra soñolienta y otra de enfado sobre círculos negros (ver Figura 16.4).

Una tercera serie de tarjetas nuevas constará de cantidades variables de puntos. Para hacerlas, necesitará 12 piezas de cartulina negra de 30 x 30 cm. Cada una de ellas tendrá un número diferente de puntos blancos, de un diámetro de diámetro 4 ó 5 cm. Haga una serie de tarjetas del

Materiales necesarios:

- Pinturas de témpera.
- Pincel pequeño.
- 5 tarjetas Bit que representen expresiones del rostro.
- 12 cuadrados de cartulina (de 30 x 30 cm).
- 18 puntos etiquetas adhesivas blancas en forma de punto (de 4 o 5cm de diámetro).

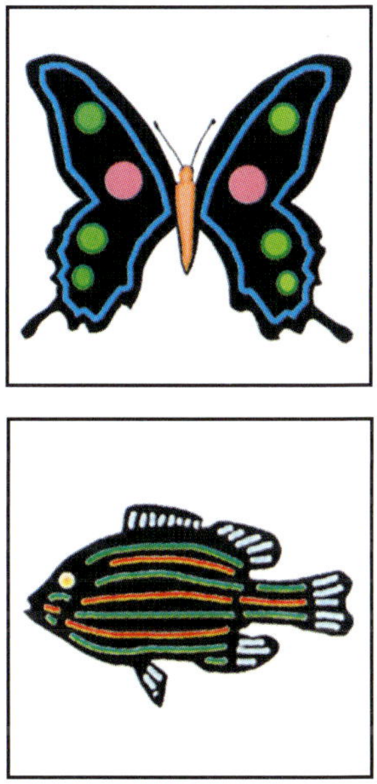

Figura 16.3. Tarjetas Bit de Inteligencia de contorno simple con detalles simples por encima.

Figura 16.4. Tarjetas Bit de detalle simple: feliz, triste, enfadado, soñoliento y sorprendido.

uno al doce. Los puntos se pueden pintar o también se puede recurrir a etiquetas adhesivas blancas. Los puntos en estas tarjetas no se deben colocar siguiendo un patrón determinado ni tocándose entre ellos. Tiene que haber suficiente espacio entre ellos, de modo que el bebé pueda ver el contorno de los puntos blancos sobre el fondo negro (ver Figura 16.5).

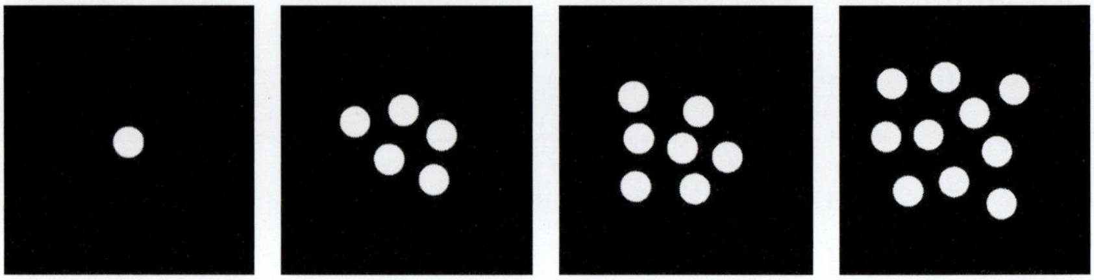

Figura 16.5
Tarjetas de puntos blancos sobre fondo negro: con 1, 5, 7 y 10 puntos.

En este momento tiene 19 tarjetas Bit, 5 tarjetas de caras y 12 tarjetas de puntos: 36 en total.

Elija dos tarjetas Bit con detalles sencillos que sean muy diferentes entre sí y una tarjeta de puntos. Comience con la tarjeta de un punto, ya que es la más sencilla de ver.

Cada día mostrará al bebé dos series y cada una de las series se mostrará cinco veces. Recuerde, un juego contiene: dos tarjetas Bit de Inteligencia de contorno con detalles simples (o caras) y una tarjeta de puntos (ver Figura 16.6).

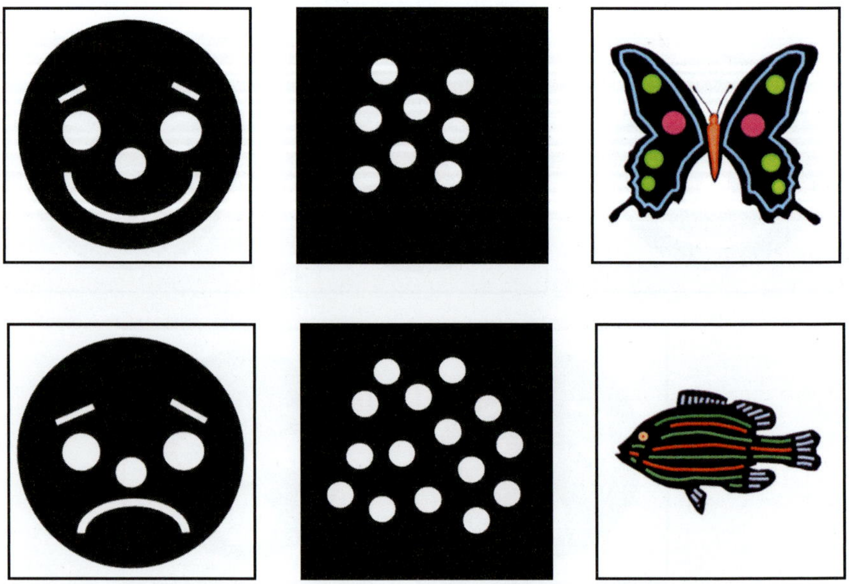

Figura 16.6.
Cada juego tiene dos tarjetas Bit de contorno y una tarjeta de puntos.

Elija seis tarjetas diferentes cada día. En seis días le habrá mostrado al bebé las 36 tarjetas. Ahora rótelas de nuevo durante los siguientes seis días, pero reorganice las tarjetas de manera que estén agrupadas de otra forma.

Los dos juegos seleccionados para cada día se pueden guardar junto con la bolsa de pañales del bebé. Cada vez que el bebé necesite un cambio de pañales, muéstrele uno de los juegos de tarjetas. De esta manera le será muy sencillo mostrárselas cinco veces al día.

Para enseñarle las tarjetas, coloque al bebé en la misma posición cómoda que ya ha utilizado para enseñarle las tarjetas Bit de contorno. Sostenga las tarjetas en posición vertical, mostrándolas de una en una a una distancia de 30 y 45 cm de la cara del bebé. Al enseñarle la tarjeta, diga el nombre de su contenido: «cuadrado», «cara feliz» o «uno».

Puesto que la visión del bebé es mejor ahora que antes, no tendrá que mantener la tarjeta tanto tiempo como en etapas anteriores. De hecho, verá que cada día su bebé reconoce la tarjeta, la mira y requiere otra nueva. Su capacidad para responder más rápida y fácilmente será consecuencia de la frecuencia con la que haya recibido la estimulación adecuada.

La capacidad del bebé para responder más fácilmente será consecuencia de la frecuencia con la que haya recibido la estimulación adecuada.

De este modo hace que sus vías visuales se desarrollen y, a medida que esto sucede, podrá apreciar que el tiempo de reacción es cada vez más rápido. La velocidad a la que le va mostrando las imágenes ha de ser también creciente.

Si no se adapta al ritmo creciente del tiempo de reacción de su bebé, es probable que él se moleste y se enfade. Si mantiene la imagen durante demasiado tiempo, puede aburrirlo. No obstante, no hay una medida precisa del tiempo que debe mantener la tarjeta en este nivel.

Observe a su bebé cuidadosamente, de modo que pueda saber cuál es el momento de aumentar la velocidad al mostrarle las tarjetas. Esta capacidad de observar y responder de forma adecuada, que puede apreciarse a diario, se convertirá en uno de los elementos más importantes en la relación educativa que mantiene con su hijo.

Cuando haya completado la rotación de las 36 tarjetas Bit con detalles sencillos, su bebé debería mostrar claros síntomas de que aprecia esos detalles. La capacidad se debe hacer más firme y regular cada día. Si no es así tras los 12 días que ha tardado en mostrarle las 36 tarjetas Bit, vuelva a comenzar la serie. Tan pronto como vea que su bebé percibe los detalles de su rostro, o el medio que lo rodea, deje de mostrar las tarjetas Bit y pase a la Parte III, en la que utilizará las cinco vías sensoriales que le permitirán avanzar en la observación de detalles en el marco de una configuración.

Parte III – El uso de las cinco vías

Disponemos de cinco vías de entrada al cerebro. Podemos ver, oír, sentir a través del tacto, oler y degustar. Hasta este punto hemos dado prioridad a la vista, el oído y el tacto, porque son las tres vías primarias esenciales para la función humana. Sin embargo, en este próximo peldaño del programa incluiremos el gusto y el tacto para reforzar el crecimiento de las vías sensoriales primarias.

Demos un fugaz repaso a los sentidos del gusto y al olfato. Al nacer, el bebé tiene las capacidades de oler y degustar. De hecho, estos son sus medios primarios de localización e identificación de la madre. Estos sentidos se hacen cada vez menos importantes a medida que las tres vías mayores se van desarrollando y se convierten en su medio primario de relación con el entorno.

Sin embargo, en los primeros meses de vida son esenciales para el bebé. Así pues, en esta fase podemos emplear sus sentidos del gusto y el olfato para ayudarle a desarrollar la vista, el oído y el tacto.

Fase uno: Tarjetas Bit de inteligencia y palabras

Frecuencia: 10 veces al día.

Intensidad: Imagen con colores vivos, con detalles y perfilada en blanco y negro.

Duración: 30 segundos.

Contenido: 1 referente para el sentido del gusto, 1 para el olfato, 1 para el tacto y 5 auditivos.
1 tarjeta Bit de inteligencia.

Entorno: Habitación iluminada, libre de ruidos y agitación, con buena iluminación sobre las tarjetas Bit cuando se muestren.

Materiales necesarios:
- 10 tarjetas Bit que representen frutas (30 x 30 cm).
- 10 palabras escritas (para leer) de 50 x 15 cm.
- 10 sabores de frutas.
- 10 olores de frutas.
- 10 frutas reales.
- 10 pequeños frascos.
- Bastoncillos de algodón.

Técnica: En esta fase tan importante se utilizarán las cinco vías, no solamente la visual, para asegurar que un mensaje simple y claro llega a su destino. Es una etapa muy sencilla y de gran importancia para el bebé.

Para ponerla en práctica, la madre necesita objetos que, además de caracterizarse por sus vivos colores y su aspecto atractivo, tengan también sabor, olor y, a ser posible, una textura que despierte el interés del bebé.

Lo mejor en esta fase es recurrir a las frutas. Elija diez frutas. Es preferible optar por las de mayor colorido, sabor y olor. A continuación obtenga una tarjeta Bit de cada fruta. Puede ser una fotografía clara y grande o una ilustración de gran calidad. O, si lo prefiere, puede hacer un conjunto de dibujos sencillos realizados por usted.

Cada imagen que seleccione o dibuje debe tener una línea negra gruesa perfilada alrededor de la imagen. Puede añadir este perfil muy fácilmente utilizando un rotulador negro. Recuerde que ello hace que el bebé vea mejor la tarjeta. Asegúrese de que todos los detalles dentro de la configuración de la fruta están bien señalados, haciendo uso del rotulador negro si es necesario para hacer que los detalles sean más fáciles de ver (ver Figura 16.7).

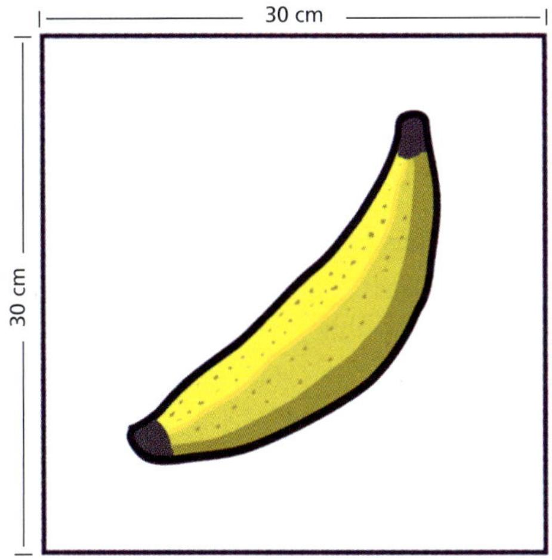

Figura 16.7.
Una sencilla tarjeta Bit de una fruta: el plátano.

A continuación prepare una tarjeta de lectura grande y clara para cada una de las frutas que ha elegido. Estas tarjetas deben fabricarse con cartulina blanca de 50 cm de largo y 15 cm de ancho. Para escribir en las tarjetas utilice un rotulador negro de punta ancha (de unos 12 mm). Así podrá trazar líneas del suficiente grosor que proporcionará la intensidad correcta. El tamaño de las letras debe ser de unos 13 cm de alto y 10 de ancho, y la distancia entre las letras puede ser de 1 cm. Las letras han de ser minúsculas (ver Figura 16.8).

También será necesario un pequeño frasco con tapa en el que depositar un poquito de plátano y unos bastoncillos de algodón. Esto se utilizará para mostrar al bebé el sabor y el olor del plátano. Finalmente, usaremos un plátano fresco y entero para enseñarle al bebé el aspecto que esta fruta tiene en realidad.

Figura 16.8.
Tarjeta de lectura: plátano.

La madre está preparada, pues, para enseñar a su bebé la idea «plátano» utilizando las vías visuales, auditivas, táctiles, gustativas y olfativas.

Quizá quiera colocar este juego de materiales en la bolsa del bebé para que pueda usarlos cada vez que le cambie el pañal. Coloque al bebé en una posición cómoda sobre su espalda o sujételo en sus brazos, lo que prefiera. Con un bastoncillo de algodón coja un trocito de plátano y colóquelo en la lengua de su bebé.

Ahora diga «plátano» en voz alta y clara. Después espere unos pocos segundos para que el bebé tenga tiempo de saborear el plátano. Puede que sonría o haga algún gesto con la cara. Por ejemplo, el limón, de sabor agrio e intenso, a menudo hará sonreír al bebé durante unos segundos y después, a medida que lo vaya saboreando, le hará arrugar la nariz. Las madres a menudo comentan que sus bebés continúan saboreando la fruta, cualquiera que ésta sea, incluso 15 ó 20 minutos después.

Después de que el bebé haya saboreado el plátano, utilice el mismo bastoncillo de algodón para acercarle otro trocito de plátano a su nariz. De nuevo diga, «plátano». Deje que lo huela durante un segundo. Ahora muéstrele la tarjeta Bit con la imagen del plátano. Diga «plátano» claramente. El paso siguiente consiste en mostrarle la tarjeta con la palabra «plátano», diciendo claramente «plátano» una vez más.

A continuación tome el plátano y muéstreselo, de forma que él pueda verlo mientras dice «plátano». Por fin, pásele los dedos por el plátano para que lo sienta por medio del tacto. Repita la palabra «plátano» por última vez. Haga esta operación 10 veces al día.

En esta ocasión la madre ha utilizado todos los medios posibles para enseñar a su bebé que hay una fruta larga, dulce, suave y amarilla que se llama plátano. El pequeño puede utilizar las cinco vías de entrada para recibir la misma información. El sabor, el olor, la percepción táctil y la imagen del plátano son ideas muy concretas.

Sin embargo, el sonido «plátano» y la palabra escrita en la tarjeta son abstracciones. De todos modos, si al bebé se le muestra esta información de esta manera —de forma clara y concreta—, comprenderá esas abstracciones. No solo aprenderá a gran velocidad que esa cosa larga, suave y dulce es lo que arbitrariamente llamamos plátano, sino que también aprenderá a reconocer la palabra escrita «plátano» sin la menor dificultad. Eso es leer.

De hecho, para el bebé la palabra escrita no es más difícil de percibir que el sonido «plátano». Aprenderá ambos con facilidad, cuando se repitan presentados de esta forma, que proporciona la intensidad adecuada en cuanto a volumen del sonido y tamaño de la tarjeta de lectura.

La intensidad aumentada es la clave para que el mensaje llegue al cerebro del bebé, un cerebro que se desarrolla a gran velocidad.

Elija una fruta diferente cada día. Tardará diez días en enseñar las diez frutas. Sin embargo, al final de esos diez días el bebé habrá tenido cien oportunidades de utilizar las cinco vías de entrada para empezar a ver, tocar, oler, saborear y oír el objeto y la correspondiente palabra que tiene ante sí. Si todo va bien, habrá experimentado un gran salto en su capacidad de apreciar, no solo los detalles dentro de una determinada configuración, sino también los sonidos dotados de significado, las palabras, las sensaciones de reconocimiento, los sabores y los olores.

Son muchos logros para 30 segundos, 10 veces al día, a lo largo de 10 días. Son 3.000 segundos en total, menos de una hora. Será un tiempo muy bien empleado en la vida de un bebé pequeñito, que está creciendo y desarrollándose cada minuto de cada día.

Cuando haya completado esta fase, el niño está preparado para el próximo paso: las tarjetas Bit de detalle sofisticado.

Fase dos: Tarjetas Bit de detalles complejos y palabras

Frecuencia: 3 veces al día por juego.

Intensidad: Fotografías, ilustraciones o imágenes, grandes y con colores intensos, que contengan detalles claros y precisos, montadas sobre cartulina blanca de 30 x 30 cm.

Duración: 10 segundos por sesión (se muestra 1 juego).

Contenido: 1 juego de 10 tarjetas Bit de inteligencia en una sesión (se usan 2 juegos al día).

Entorno: Habitación bien iluminada, con especial cuidado al proyectar buena luz sobre las tarjetas Bit cuando se muestran.

Técnica: Esta es una operación que puede resultar divertida para los adultos, por el tipo de materiales y de cosas que hay que manejar para prepararla. De alguna manera, tendrá la oportunidad de aprender algo nuevo junto con su hijo a lo largo del proceso.

En este momento debe buscar fotografías, dibujos o pinturas grandes y de gran claridad y precisión con información interesante. Son buenas opciones para empezar las flores, los insectos, los pájaros y los mamíferos. Estos objetos tienen formas interesantes y colores variados.

Deben ser fotografías y reproducciones artísticas de buena calidad. En las librerías pueden encontrarse muchas veces catálogos y calendarios atrasados, carteles o libros de segunda mano, que pueden ser buenas fuentes para la obtención de este tipo de imágenes.

Las imágenes deben ser grandes, con un diámetro mínimo de 15 cm. La fotografía o ilustración debe tener solamente una imagen, no un grupo de ellas (es decir, un solo plátano, una orquídea, un león, etc.). En este estadio es importante mantener la imagen visual simple.

El reto para el bebé será ver el detalle dentro de la configuración de la imagen simple.

Cada tarjeta de Bit debe estar claramente etiquetada por la parte de atrás con un nombre específico (por ejemplo: «mariquita», no «insecto»; ver Figura 16.9).

Antes de comenzar, lo mejor es encontrar al menos 15 objetos o más en cada categoría.

Elija dos categorías que contengan diez tarjetas cada una. Enseñe cada categoría tres veces al día durante diez días. Por ejemplo, muéstrele al bebé diez insectos y diez pájaros durante diez días y después retire esos dos juegos e introduzca diez mamíferos y diez flores.

Materiales necesarios:

- 20 imágenes para crear tarjetas Bit, ya sean fotografías o dibujos).
- 20 cuadrados blancos de cartulina (30 x 30).
- Rotulador negro de punta ancha (12 mm).
- Pegamento.

Una tarjeta Bit de inteligencia es:

- Precisa: tenga información precisa.
- Concreta: representa un solo objeto.
- Inequívoca: etiquetado con claridad.

Figura 16.9.
Una tarjeta Bit de inteligencia de detalle complejo y claro: la mariquita de dos puntos.

Primer juego de tarjetas Bit para el bebé:

Insectos

- Mariquita.
- Insecto palo.
- Libélula verde.
- Mosca común.
- Saltamontes.
- Hormiga.
- Termita.
- Cigarra.
- Mariposa.
- Abejorro.

Asegúrese de elegir horas del día en las que su bebé está despejado y presenta un grado de atención adecuado para que se le muestren las tarjetas. Quedará fascinado por el nuevo mundo de color, detalle y formas inusuales en el que le está introduciendo.

Mantenga ante él la tarjeta el tiempo suficiente como para que la vea en su totalidad y escuche lo que es, pero no tanto como para que se desinterese y mire a otra parte. Si cambia de tarjeta y le muestra la siguiente justamente antes de que desvíe la mirada, no correrá el riesgo de excederse.

En este momento el bebé puede ver detalles con facilidad y su capacidad para hacerlo mejora cada día. Las madres saben muy bien cuándo sus bebés aprecian los detalles de manera precisa y sin esfuerzo (consultar el Apéndice C para ver los materiales disponibles).

Preste atención, por favor: Cuando su bebé se encuentra en este estadio de su desarrollo, necesita mucho más que ver contornos y detalles simples. Así pues, retire el panel de cuadrados blancos y negros. Ya ha cumplido su papel. Guárdelo para que lo usen otros bebés cuando lleguen.

EL PROGRAMA AUDITIVO

Para ayudar a que sus bebés desarrollen la capacidad de reconocer sonidos significativos, los padres deberían utilizar sonidos dotados de significado siempre que se encuentren con el niño o a su alrededor.

Objetivo: Establecer, mejorar o reforzar el reconocimiento de sonidos significativos.

Propósito: Proporcionar una abundante cantidad de sonidos significativos en el entorno.

Parte I – Conversación

Frecuencia: Siempre que sea posible mientras está despierto.

Intensidad: Voz alta y clara.

Duración: Siempre que sea posible mientras está despierto.

Contenido: Conversación diaria.

Entorno: Habitación silenciosa, sin ruidos innecesarios.

Técnica: Es fácil para la madre dotar de gran expresión a su voz cuando habla con el bebé. El pequeño estará escuchando muy atentamente para oír «la música» o el tono de voz que se está usando. Si la madre es propensa a hablar con tono monocorde o con poca expresividad o si habla muy poco con el bebé, este no tendrá la oportunidad que necesita para desarrollar el reconocimiento de sonidos significativos.

Preste atención, por favor: Todos aquellos que vivan con el bebé deben intentar hablarle en voz alta y clara y utilizando una voz llena de expresión y entusiasmo. Ello crea un ambiente en el que siempre hay algo interesante que escuchar y a lo que atender. Sin estos estímulos, es probable que el bebé pierda atención, al percibir pocas cosas interesantes sucediendo a su alrededor.

También es muy importante eliminar los ruidos en la medida de lo posible cuando se le esté hablando al bebé. En algunas casas, la radio y la televisión están siempre encendidas, aunque nadie les esté prestando atención. Estos ruidos de fondo le crean un verdadero caos auditivo al bebé. Hacen que su trabajo sea infinitamente más difícil, ya que se ve obligado a diferenciar los sonidos significativos y descodificar las palabras que oye por encima del ruido de la música, los anuncios, los tiros, las bocinas de los automóviles, los timbres, las canciones, la risa, el llanto, los gritos y toda la variedad de ruidos que salen de la televisión y la radio.

Le podemos hacer la vida mucho más fácil desconectando todo los ruidos ajenos mientras está despierto. Esto disminuirá tremendamente el caos auditivo.

Parte II – Sonidos del entorno

Frecuencia: 10 veces al día.

Intensidad: Sonidos altos y claros.

Duración: 5 segundos.

Contenido: Una buena variedad de sonidos de la casa además de otros sonidos interesantes: campanas, platillos, bocinas, cinta o CD de efectos sonoros.

Entorno: Un lugar silencioso.

Técnica: De la misma manera que consiguió diferentes tarjetas de sabores, olores y detalle, ahora deberá dedicarse a coleccionar sonidos.

Los sonidos de la casa se producen de manera natural. El agua del grifo de la bañera es un sonido que el bebé oye todos los días. Asegúrese de decirle siempre: «Ese es el sonido del agua».

Cuando alguien cierra la puerta o da un portazo, dígaselo también. Cuando el automóvil se acerca a la casa o un camión hace vibrar los cris-

Materiales necesarios:

- Cazuelas.
- Cazos.
- Campanillas.
- Platillos.
- Xilófono.
- Triángulo.
- Efectos sonoros.

tales de las ventanas, dígale: «Eso era un camión». La aspiradora, la batidora, la segadora, los ruidosos juguetes de los hermanos mayores... Todos estos sonidos están presentes de manera natural en su entorno habitual.

Lo que la madre necesita hacer es identificar cada sonido cuando ocurre y etiquetarlo con una palabra para que el bebé empiece a comprender el sonido.

Al principio el bebé oirá los sonidos si son lo suficientemente altos, pero le será muy difícil localizarlos. Eso resulta desconcertante para él. La madre puede fomentar su capacidad de localización al señalarle su origen en el momento que ocurre (por ejemplo: «Eso era un perro ladrando *en la calle*»).

Además de estos sonidos que suceden de manera natural a lo largo del día, prepare una serie de objetos e instrumentos que le permitan producir sonidos interesantes. Recuerde, es útil guardar estas cosas en el lugar en el que cambia al bebé. Así, cada vez que le ponga un pañal limpio podrá tener esas fuentes de sonidos a mano.

Coloque al bebé bocarriba en una posición cómoda de forma que le esté mirando. Coja los platillos y diga en voz alta y clara: «Platillos». Después, hágalos sonar. Repita esto una vez más y diga: «Platillos».

Utilice un sonido diez veces al día. Al día siguiente, reemplace este sonido por otro nuevo.

Podrá comprobar que hay decenas de sonidos interesantes que puede hacer simplemente con los objetos que hay por la casa.

Cuando haya agotado las existencias caseras, puede comprar algún instrumento musical sencillo como un xilófono. Con él puede mostrarle al bebé el sonido de las notas musicales. Toque la nota do y dígale al bebé «do». Cada día que use el xilófono enseñe al bebé una nota nueva.

También puede utilizar grabaciones de efectos sonoros. Estas grabaciones contienen una gran variedad de sonidos, desde el emocionante sonido de una locomotora a los sonidos salvajes de los animales exóticos, con toda una amplia gama intermedia.

Continúe añadiendo sonidos nuevos mientras el bebé muestre interés y atención.

Parte III – Palabras

Cuando realice un programa de estimulación adecuado en el estadio III, deberá utilizar la vía auditiva como parte de él. Las tres partes del programa visual que se esbozan al comienzo de este capítulo incluyen el uso de la vía auditiva para decirle al bebé qué es cada imagen. Esto se hace con voz alta y clara y de forma repetida. Es una de las partes más importantes del programa auditivo y le permite al bebé reconocer mejor los sonidos dotados de significado.

Las palabras son los sonidos significativos más importantes que su bebé jamás oirá. Esas palabras las escucha desde el momento en el que nace. Sin embargo, a través del programa visual descrito anteriormente, oirá las palabras asociadas con información visual. De esta manera podrá descodificar mejor las palabras y comprender lo que significan.

Así pues, la parte III de este programa auditivo está incluida en las partes II y III del programa Visual.

EL PROGRAMA TÁCTIL

Una de las cosas más agradables de ser padre de un recién nacido es lo divertido que resulta jugar con el bebé. Buena parte de esos ratos la ocupan acciones que proporcionan al bebé una oportunidad excelente para desarrollar la apreciación de la sensación gnóstica.

Objetivo: Establecer, mejorar y reforzar el reconocimiento de la sensación gnóstica.

Propósito: Proporcionar estimulación abundante de sensación gnóstica.

Parte I – Cosquillas y masaje

Frecuencia: 5 veces al día.

Intensidad: Tocar al bebé, con grados variables de intensidad.

Duración: 60 segundos.

Contenido: Toque ligero con la punta de los dedos, toque ligero con la uña y frotamiento suave.

Entorno: Entorno con una temperatura suficientemente cálida como para que el bebé esté desnudo o lleve solamente un pañal.

Técnica: Justo después de administrarle los polvos de talco y antes de ponerle el pañal limpio, tómese un minuto para hacerle al pequeño unas buenas cosquillas, frotarle todo el cuerpo o darle masaje. Una sesión puede consistir en hacerle cosquillas suavemente por todo su cuerpo. Mientras lo esté haciendo, dígale: «Te estoy haciendo cosquillas».

La siguiente vez que le cambie el pañal cambie también el tipo de sensación de reconocimiento que esté estimulando.

Acaríciele todo el cuerpo. En la siguiente sesión, Déle un suave masaje. Otras buenas sensaciones de reconocimiento táctil son las que proporcionan un ligero contacto con las uñas o pasar una toalla, suave o también un poco áspera, por todo el cuerpo del bebé.

Al hacer esto, es posible que descubra que algunas partes del cuerpo del niño son más sensibles al tacto que otras. Si hay zonas en la que dan la sensación de ser «demasiado sensibles» o «demasiado pasivas», présteles la mayor atención. Verá cómo se «afinarán» y cómo la apreciación de la sensación gnóstica se hace cada vez más concreta.

Cuando tenga la certeza de que la respuesta de su bebé a esa sensación es adecuada, comience la parte II.

Preste atención, por favor: estas sesiones suponen un momento perfecto para enseñarle a su bebé todas las partes de su cuerpo. Cuando empiece, diga, «Este es tu brazo» y «Esta es tu pierna» mientras los toca o masajea. Después de varias semanas lo puede hacer de manera más especifica y compleja diciéndole, «Este es tu brazo derecho», «Esta es tu pierna izquierda», «Este es tu hombro», etc.

Parte II – Contraste de sensaciones gnósticas (de reconocimiento)

Frecuencia: 10 veces al día.

Intensidad: Texturas suaves y ásperas.

Duración: 60 segundos.

Contenido: Varias texturas diferentes, emparejadas.

Entorno: Habitación con una temperatura adecuada para que el bebé esté desnudo o lleve solamente un pañal.

Materiales necesarios:

Texturas de contraste

- Cepillo de pelo duro.
- Cepillo para bebés.
- Papel de lija suave.
- Un trozo de terciopelo.
- Estropajo no abrasivo.
- Un pedazo de seda.
- Una toalla áspera.
- Una toalla suave.

Técnica: La madre necesita disponer de tantos contrastes de texturas como le sea posible. Algunas parejas de elementos de contraste son, por ejemplo, una toalla suave y una áspera, un cepillo para el pelo normal y uno para el pelo del bebé, un estropajo no abrasivo y un pedazo de terciopelo, una jabonera de plástico y un trozo de gomaespuma, un pedazo de arpillera y un retal de seda.

Estos contrastes de texturas ayudan al bebé a diferenciar dos sensaciones muy distintas. Se obtienen así mejores resultados que empleando texturas similares.

Los elementos destinados a experimentar con el contraste de texturas también se pueden guardar en la bolsa del bebé. Recordemos de nuevo que después de cambiar el pañal a su bebé y antes de volverlo a vestir, puede coger un cepillo del pelo y frotar ligeramente con él sus brazos, manos, piernas y pies, abdomen y espalda y hombros y cabeza. Mientras lo hace, manténgalo atento a la acción. Dígale: «¿Sientes el cepillo en la mano?»

Mientras estimula cada parte de su cuerpo, cuéntele lo que está haciendo. Tardará aproximadamente 30 segundos en hacer esto. Después, coja la textura de contraste, en este caso el cepillo de bebé, y haga lo mismo con él.

Utilice este mismo par de texturas diez veces en un día. Después retire esas texturas e introduzca un par nuevo al día siguiente. Si dispone de diez pares de texturas, puede irlas cambiando y empezar de nuevo después de diez días. A medida que avance con este programa verá con sus propios ojos cómo la percepción de la sensación gnóstica por parte de su bebé va cambiando y madurando.

Es posible que al principio no exteriorice sensaciones diferentes entre la del cepillo duro y la del más suave. Pero, a medida que continúe haciéndolo, se mostrará más sensible a estas sensaciones. Empezará a reconocer la diferencia entre los dos.

Puede que arrugue la nariz cuando sienta el cepillo duro. Si hace esto, frótelo con más suavidad. Lo que está haciendo no pretende estimular una sensación vital, sino una sensación de reconocimiento, en este caso del tacto ligero.

Lo verá retorcerse de placer cuando sienta el cepillo de bebé sobre su piel. Puede que incluso empiece a quejarse o a poner objeciones a un objeto que tenga una textura más dura que la de su cepillo. Cuando lo haga, retire del programa las texturas más duras. Ya conoce el mensaje y sabe diferenciar al instante el contraste de texturas. Misión cumplida.

Preste atención, por favor: Debe tener cuidado al elegir los materiales y texturas. En ningún caso deben ser perjudiciales para la piel del bebé. Hay muchas texturas ásperas y duras que no son dañinas, estas son las que se han de usar.

RESUMEN

Recordamos, una vez más, que resulta muy útil elaborar una lista de control diario. En el curso de este programa sensorial, esta lista de control irá cambiando y evolucionando a medida que el bebé adquiera nuevas capacidades y experimente avances hacia estadios más complejos de sus habilidades.

Las listas de control diario pueden plantearse como se expone en los siguientes modelos:

PROGRAMA SENSORIAL PARA EL ESTADIO III DEL PERFIL

Lista de control inicial

Competencia visual

Proporcionar detalles simples:
Panel de cuadrados blancos y negros con figuras de colores — Todo el día ☐

Tarjetas Bit de inteligencia para detalles simples
10 veces al día entre 5 y 10 segundos

☐ ☐ ☐ ☐ ☐ ☐ ☐ ☐ ☐ ☐

Tiempo total: de 50 segundos a 1 minuto 40 segundos

Competencia auditiva

Proporcionar sonidos dotados de significado
Conversación animada, vibrante y expresiva – Todo el día

Sonidos del entorno
10 veces al día durante 5 segundos

☐

Eliminación de los ruidos de fondo ____________________

____

Tiempo total: 50 segundos

Competencia táctil

Crear sensación gnóstica (de reconocimiento al tacto):
Cosquillas y masaje
5 veces al día durante 60 segundos

☐ ☐ ☐ ☐ ☐

Tiempo total: 5 minutos

Cambios que he notado hoy: ____________________

____

____

Fecha: ____________________

PROGRAMA SENSORIAL PARA EL ESTADIO III DEL PERFIL

Lista de control intermedia

Utilizar las cinco vías sensoriales: 10 veces al día durante 30 segundos

Gusto: ☐ ☐ ☐ ☐ ☐ ☐ ☐ ☐ ☐ ☐

Olfato: ☐ ☐ ☐ ☐ ☐ ☐ ☐ ☐ ☐ ☐

Tacto: ☐ ☐ ☐ ☐ ☐ ☐ ☐ ☐ ☐ ☐

Vista: ☐ ☐ ☐ ☐ ☐ ☐ ☐ ☐ ☐ ☐

Tarjeta Bit de inteligencia ☐ ☐ ☐ ☐ ☐ ☐ ☐ ☐ ☐ ☐

Tarjeta de palabra ☐ ☐ ☐ ☐ ☐ ☐ ☐ ☐ ☐ ☐

Tiempo total: 5 minutos

Competencia auditiva

Conversación alta y clara ____________________

Eliminación de los ruidos de fondo ____________________

Sonidos del entorno

10 veces al día durante 5 segundos

☐ ☐ ☐ ☐ ☐ ☐ ☐ ☐ ☐ ☐

Tiempo total: 50 segundos

Competencia táctil

Cosquillas y masaje

5 veces al día durante 60 segundos

☐ ☐ ☐ ☐ ☐

Tiempo total: 5 minutos

Cambios que he notado hoy: ____________________

Fecha: ____________________

PROGRAMA SENSORIAL PARA EL ESTADIO III DEL PERFIL

Lista de control avanzada

Competencia visual

Proporcionar detalles complejos:
Tarjetas Bit de inteligencia con detalles:
3 veces al día durante 10 segundos (2 juegos)

Juego 1 ☐ ☐ ☐ Juego 2 ☐ ☐ ☐

Tiempo total: 1 minuto

Competencia auditiva

Conversación (voz alta y clara) ______________________________

____

Eliminación de los ruidos de fondo ______________________________

____

Sonidos del entorno:
10 veces al día durante 5 segundos

☐ ☐ ☐ ☐ ☐ ☐ ☐ ☐ ☐ ☐

Tiempo total: 50 segundos

Competencia táctil

Proporcionar sensación gnóstica (de reconocimiento al tacto):
Cosquillas y masaje
5 veces al día durante 60 segundos

☐ ☐ ☐ ☐ ☐

Contraste de sensaciones de reconocimiento
10 veces al día durante 60 segundos

☐ ☐ ☐ ☐ ☐ ☐ ☐ ☐ ☐ ☐

Tiempo total: 10 minutos

Cambios que he notado hoy: ______________________________

____

____

Fecha: ______________

Preste atención, por favor: La lista de control anterior también debe incluir las partes restantes del programa sensorial para los estados vitales y de reflejo del Perfil.

Además, las listas de control que vaya creando a medida que el programa avance pueden ser diferentes de las que le mostramos, ya que su bebé puede desarrollarse más rápido en unas áreas que en otras.

Por ejemplo, puede darse el caso de que empiece la segunda parte de su programa táctil (contraste de sensaciones gnósticas) cuando esté utilizando la lista intermedia, si su bebé se encuentra preparado para ello.

Llegado a este punto, ya dispone de todas las herramientas necesarias para ayudar a su bebé a conseguir un reconocimiento pleno del detalle dentro de una configuración, de los sonidos dotados de significado y de los estímulos táctiles.

A lo largo del proceso es posible recurrir también al gusto y al olfato para que el avance sea más rápido. Se ha iniciado, pues, un intenso programa de introducción al bebé a su lenguaje primario a través del uso de las vías sensoriales visuales, auditivas y táctiles.

Lo que era un mundo oscuro, caótico y difícil para el bebé hace tan solo dos o tres meses, se ha convertido en un mundo colorista, rico en sonidos que expresan felicidad y emoción, y de sensaciones maravillosas con sabores y olores nuevos y estimulantes.

Ahora el bebé se encuentra preparado para poner a prueba estas percepciones recién descubiertas y empezar a utilizarlas para ir dejando su huella en el mundo.

Ya está preparado para recopilar toda esa información sensorial y darle un buen uso a través de su movilidad, su lenguaje y su destreza manual.

Todo esto le ha facilitado el descubrimiento de un mundo grande y maravilloso que explorar, y seguro que no querrá perder un solo minuto para empezar a hacerlo. Estará pidiendo a gritos comenzar a moverse en el pleno sentido de la palabra.

17

El programa de oportunidad motora para el estadio III

EL bebé está comenzando a tener una idea cada clara del mundo que lo rodea. Su capacidad para diferenciar los detalles, oír sonidos significativos y percibir sensaciones táctiles ha madurado y se ha hecho más completa. Ahora tiene razones más poderosas para moverse, para crear sonidos y para alargar sus manos y utilizarlas. Ciertamente, está preparado para ampliar de manera espectacular sus metas y sus objetivos.

Cuando el bebé vea que hay personas cerca de él, se desplazará hacia el otro lado de la habitación para unirse a ellas. Comprende los sonidos a su alrededor y puede producir los suyos propios como respuesta. Su vista y su reconocimiento del contacto con los objetos han mejorado tanto que ahora se muestra deseoso de alargar la mano y agarrar cosas.

Estas capacidades motoras se desarrollan mucho más rápidamente cuando al bebé se le proporciona un programa adecuado de estimulación sensorial, que consolide y refuerce esas capacidades y le proporcione nuevas oportunidades de movimiento, creación de sonidos y uso de sus manos.

EL PROGRAMA DE MOVILIDAD

La capacidad de levantarse sobre manos y rodillas desafiando de este modo la gravedad por primera vez es una de las hazañas físicas más extraordinarias que el pequeño bebé jamás logrará. Esta capacidad se convertirá poco a poco en movimiento de gateo con un patrón cruzado perfecto.

La habilidad del bebé para alcanzar esta forma avanzada de movilidad dependerá casi en su totalidad de la distancia que haya recorrido arrastrándose y de las oportunidades que haya tenido de desarrollar el sentido del equilibrio. Hasta este momento, el objetivo a largo plazo del programa de movilidad del bebé se ha centrado en el objetivo de que se llegara a arrastrar aproximadamente 50 metros al día Sin embargo, la mayoría de los niños se elevan apoyados sobre manos y rodillas antes de haber alcanzado los 30 metros de arrastre diario. Si el bebé sobrepasa los 30 metros de arrastre al día y aún no levanta su cuerpo para apoyarse en manos y pies, se debe continuar favoreciendo la posibilidad de que pase el mayor tiempo posible en el suelo. También se debe continuar con las actividades diarias de fomento del equilibrio, para que el bebé consiga recorrer la distancia de arrastre de 50 metros todos los días. Si la madre continúa animándole de esta manera, pronto lo verá dominar la fuerza de gravedad por primera vez y colocarse en posición de «cuatro patas».

Objetivo: Establecer, mejorar o reforzar la capacidad de gateo sobre manos y rodillas, con el fin de que culmine en un patrón cruzado de avance.

Propósito: Proporcionar al bebé el mayor número posible de oportunidades de que se coloque en posición cuadrúpeda y se desplace apoyado sobre manos y rodillas.

Parte I – Gateo

Frecuencia: Cuantas más sesiones, mejor (aproximadamente de 20 a 30).

Intensidad: Unos pocos centímetros, que se incrementa a un metro y más tarde a muchos metros.

Duración: Sesiones muy breves que gradualmente se alargan a medida que la distancia aumenta. Un mínimo de 4 horas al día en el suelo.

Materiales necesarios:
- Alfombra de pelo corto.
- Espacio abierto.
- Escaleras. Convenientemente protegidas.

Contenido: El bebé es colocado en un entorno ideal de gateo y animado a hacer fuerza con los brazos para estirarlos. Una vez que pueda hacerlo, se le anima a moverse hacia delante.

Entorno: Para agilizar la evolución del bebé en el gateo es importante empezar a cambiar la superficie del suelo en el que se le coloca.

Por evolución, comience a colocar al bebé en una superficie cada vez más rugosa. Cuando comience a gatear, retire los objetos inestables que pudieran caer sobre él en caso de que los agarrara. Es también el momento de proteger las escaleras para que el bebé no se caiga.

Las habitaciones con pocos muebles y mucho espacio abierto son las mejores.

Técnica: Al principio coloque al bebé en una alfombra con poco pelo. Puede gatear sobre ella, pero el rozamiento es mucho mayor que en una superficie suave. Como resultado de ello, comenzará a cargar más peso en sus brazos y piernas y menos en su barriga, que se arrastra sobre la superficie rugosa. Cuando pueda arrastrarse con facilidad en esta superficie, colóquelo sobre una alfombra un poquito más gruesa.

De nuevo, el bebé moverá la carga del peso un poco a sus brazos y piernas para hacer el arrastre más sencillo en esta alfombra. Si en algún momento de este proceso la superficie nueva le resulta demasiado complicada para desplazarse y se desanima y deja de moverse, o se mueve menos, póngale de inmediato sobre la superficie anterior en la que se desplazaba con buenos resultados. Pruebe una superficie nueva en una semana más o menos.

Finalmente, coloque al bebé en una alfombra de gran grosor. A estas alturas el bebé empezará a incorporarse y mecerse hacia atrás y adelante o de derecha a izquierda.

A veces se caerá, pero la alfombra amortiguará la caída. Seguirá experimentando y cada día se mantendrá elevado un poco más de tiempo. Es posible que un bebé que haya pasado el mayor tiempo posible en el suelo, y que haya desarrollado un programa de equilibrio adecuado, esté sujetándose sobre sus cuatro extremidades y preparándose para gatear a las 11 o las 12 semanas de vida.

Objetivo a largo plazo:

- 400 metros diarios.

Una vez que empiece, hará del gateo prácticamente su único medio de transporte. Ya se puede gradar la pista infantil de arrastre. No volverá a ella. El arrastre se convertirá en algo del pasado a medida que vaya descubriendo esta nueva forma de movilidad, mucho más eficaz y emocionante.

Su objetivo a largo plazo será el de gatear unos 400 metros al día. Se trata en realidad de una distancia modesta. Sabemos que algunos bebés criados en el suelo han llegado a gatear cuatro veces más en un solo día.

Preste atención, por favor: Recuerde que es importante anotar en un registro sencillo la distancia que el niño gatea cada día. No es tan difícil como parece. Una vez que mida las distancias básicas de las habitaciones y pasillos que componen el entorno del bebé, puede llevar la cuenta de las veces que el bebé ha recorrido el pasillo o ha cruzado la habitación. Al final del día tendrá una buena aproximación de la distancia de gateo del bebé.

Parte III – Actividades de equilibrio

Frecuencia: 2 veces al día para cada actividad.

Intensidad: Comience despacio e incremente gradualmente la velocidad a medida que el bebé se adapte a ello.

Materiales necesarios:
• Collar de protección para el cuello del bebé.

Duración: 15 segundos para cada actividad; aproximadamente 1 ó 2 meses para llegar a 60 segundos para cada actividad.

Contenido: 10 actividades en cada sesión.

Entorno: Un lugar seguro con pocos muebles. El suelo debe estar despejado de juguetes u otros objetos. Donde mejor se lleva a cabo este programa es sobre una colchoneta de gimnasia, si es posible.

El bebé debe llevar una ropa que no restrinja sus movimientos y llevar en todo momento el cuello protegido con un collar de protección. Puede doblar una toalla y colocársela —sin apretar— alrededor del cuello. Debe ajustarlo como un jersey de cuello vuelto y que mantenga su cuello en una posición estable. También puede hacer un pequeño collar que se le ajuste (ver Figura 17.1). Es fácil de hacer y más fácil aun de usar que una toalla. *Hay un dibujo explicativo de cómo hacer un collar de protección en el apéndice del libro.*

Cuando sujete al niño para estas actividades, agárrelo siempre por los tobillos o muñecas desnudas, nunca por los calcetines u otra prenda de vestir que se deslice y haga que se le escurra el bebé.

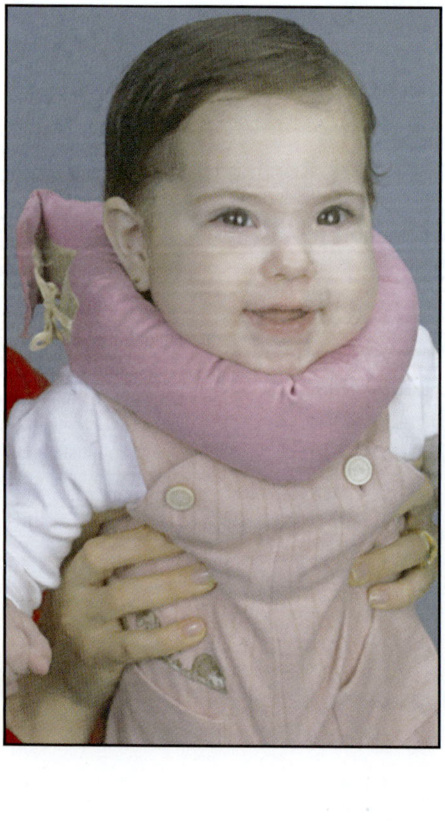

Figura 17.1. María lleva un collar de protección para todas sus actividades de equilibrio.

Técnica: Realice las siguientes actividades dos veces al día. Cuídese de comenzar cada actividad lenta y suavemente. Con estas actividades ayudará al bebé a desarrollar las áreas de equilibrio de su cerebro. De entrada, el movimiento será lento ahora, pero más tarde podrá ser ligeramente más rápido e intenso. Como en todo lo que hace con su bebé, interrumpa los ejercicios antes de que el bebé quiera terminar.

1. *Giros horizontales en posición de decúbito prono:* Coloque al bebé con la barriga sobre su hombro y dé vueltas. Después deténgase y dé vueltas en la otra dirección. Tenga cuidado de no marearse y perder el equilibrio (ver Figura 17.2).
2. *Giros horizontales en el lado izquierdo:* Este es el mismo giro, pero poniendo al bebé apoyado sobre su lado izquierdo sobre su hombro derecho. Y, de nuevo, dé vueltas en una dirección y después en la otra.
3. *Rotación horizontal sobre el lado derecho:* Ponga al bebé sobre su lado derecho en su hombro izquierdo y dé vueltas en una dirección y después en la otra.

Figura 17.2.
María hace giros horizontales en posición de decúbito prono.

Figura 17.3.
María hace rotación horizontal en posición de decúbito prono.

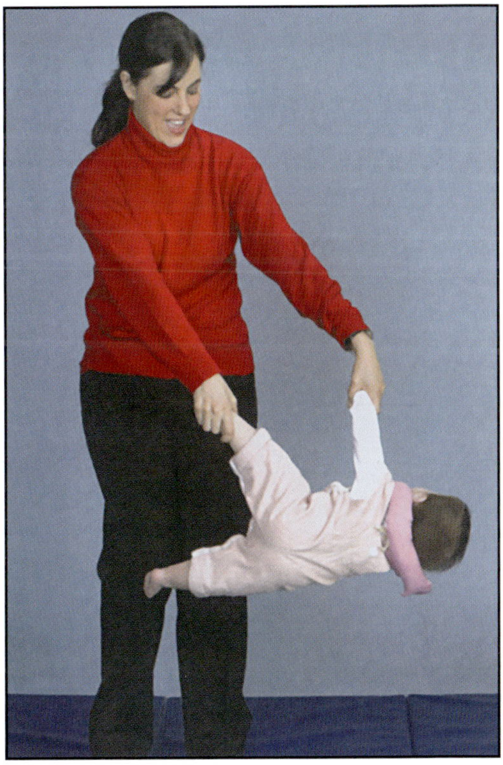

4. *Mecerse en posición de decúbito supino:* Sujete al bebé por las muñecas con la cara levantada mientras su esposo le sujeta los tobillos. Juntos levanten al bebé y mézanlo suavemente de un lado a otro.
5. *Rotación horizontal:* Agarre la muñeca izquierda de su bebé con su mano izquierda y el tobillo izquierdo con su mano derecha. El bebé está de cara a usted. Ahora levántelo suavemente y dé vueltas con él en la dirección de las agujas del reloj. Después, detenga el movimiento y repítalo en dirección contraria (ver Figura 17.3).
6. *Rotación horizontal en posición de decúbito supino:* Sujete la muñeca izquierda del bebé con su mano derecha y el tobillo izquierdo con su mano izquierda, de forma que la barriga del pequeño quede hacia arriba. Dé vueltas suavemente en la dirección de las agujas del reloj. Después pare y haga lo mismo en dirección contraria.
7. *Rotación horizontal, con la cabeza hacia dentro, en posición de decúbito prono:* Sujete al bebé por las manos y muñecas con su cara vuelta hacia usted. Dé vueltas suavemente con el bebé con los brazos estirados. Pare y haga el mismo movimiento dirección contraria (ver Figura 17.4).

NOTA IMPORTANTE: No invierta la posición del bebé sujetándolo con la cabeza vuelta hacia afuera. Podría ser peligroso.

8. *Balanceo horizontal:* Coloque al bebé bocarriba en el suelo. Agarre su muñeca y su tobillo derechos mientras su esposo sostiene la muñeca y el tobillo izquierdos. Balanceen al bebé de manera conjunta hacia una posición alta de la cabeza y después de vuelta a una posición baja, como en el columpio de un parque (ver Figura 17.5).
9. *Aceleración (arriba y abajo):* Con el bebé frente a usted, sosténgalo por debajo de las axilas. Después, láncelo con suavidad al aire hacia arriba y recójalo. Les encanta hacerlo y a los bebés que se lo hagan (ver Figura 17.6).

Preste atención, por favor: Los padres deben aumentar *de forma gradual* la altura a la que lanzan a su bebé. A los bebés les encanta cuando se hace adecuadamente. Esta actividad se debe hacer con mucho cuidado. Cuando el bebé pese más, debe ser el padre, quien se encargue de ella, puesto que la fuerza de la parte superior de su cuerpo suele ser mayor y tendrá más confianza al hacerlo.

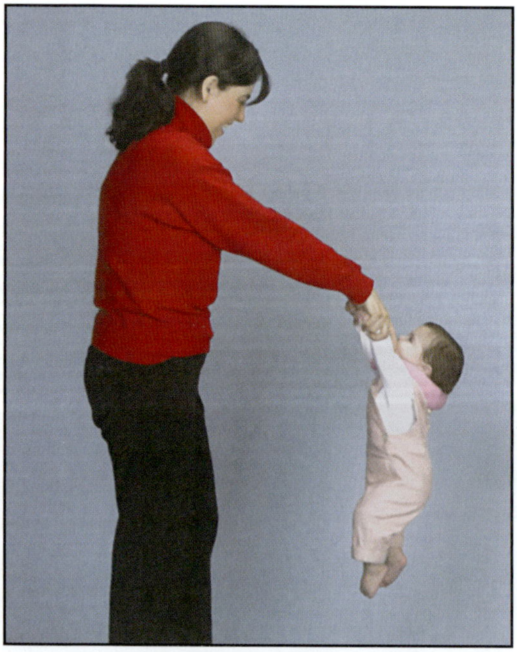

Figura 17.4. María se está preparando para hacer una rotación horizontal, con la cabeza hacia dentro, en posición de decúbito prono.

Figura 17.5. María disfruta del balanceo.

Figura 17.6. El juego preferido de María: los lanzamientos de su padre.

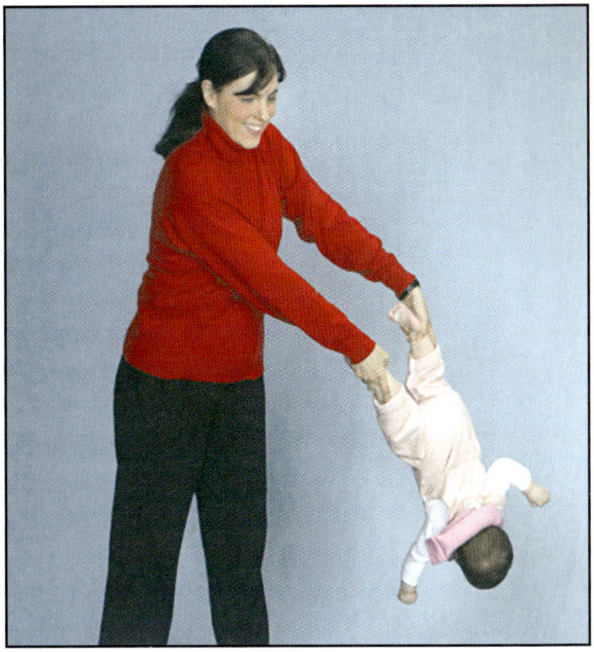

Figura 17.7. La madre practica con María el balanceo vertical cabeza abajo.

10. *Balanceo vertical con la cabeza hacia abajo:* Coloque al bebé boca arriba en su colchoneta o sobre una alfombra gruesa en el suelo. Situado de pie a la altura de la cabeza del bebé, agáchese y agarre al bebé firmemente por los tobillos. El bebé debe estar ahora frente a sus piernas. Ahora balancee suavemente de lado a lado al niño como si fuera un péndulo (ver Figura 17.7).
 NOTA IMPORTANTE: Cuando vaya a poner al bebé en el suelo, tenga cuidado de ponerlo sobre su espalda, no sobre su barriga. Esto protege su cuello de una posible lesión.

RESUMEN

Al principio, la madre y el padre le dedican solamente tres minutos dos veces al día a este programa. A medida que el bebé se desarrolla y madura, se van aumentando gradualmente estas actividades hasta llegar a los 10 minutos dos veces al día.

Mamá y papá se sorprenderán de ver lo que 20 minutos ejercicios de mejora de la percepción del equilibrio y del efecto de la gravedad suponen, en lo que se refiere a la capacidad del bebé de manejar su propio cuerpo.

En situaciones en las que antes se tambaleaba, con una sensación permanente de peligro, ahora se siente cada vez más seguro de sí mismo.

EL PROGRAMA DE COMPETENCIA MANUAL

En este estadio el bebé puede agarrar un objeto y soltarlo cuando lo desee. El paso siguiente consiste en alargar el brazo y coger los objetos que tiene a su alrededor. Este programa le ayudará a establecer su capacidad para asir los objetos utilizando cuatro dedos juntos y, un tiempo después, el dedo pulgar.

Podemos ayudarle a que haga esto con el mejor de los rendimientos y la menor frustración posible.

Objetivo: Establecer, mejorar y reforzar su capacidad de alargar el brazo y coger objetos mediante agarre de prensión.

Propósito: Proporcionar el mayor número posible de oportunidades para coger objetos utilizando agarre de prensión.

Parte I – Agarre de prensión

Frecuencia: 10 veces al día.

Intensidad: Objetos pequeños que pueda coger fácilmente.

Materiales necesarios:

- Objetos pequeños.
- Pequeñas porciones de alimentos.

Duración: 60 segundos.

Contenido: De 1 a 3 objetos por sesión.

Entorno: En el suelo en posición de decúbito prono o sentado en la trona.

Técnica: Comience por recopilar una colección de objetos diferentes. Encuentre cosas de colores intensos, del tamaño correcto para la manita del bebé, que no sean tóxicas, abrasivas y sí sean interesantes para él. El objeto puede tener una forma o sonido que le atraiga.

Coloque objetos de uno en uno frente a su bebé y déle la oportunidad de alargar el brazo y agarrarlos. El bebé demostrará gran decisión y paciencia, aunque al principio la tarea sea difícil para él. Haga lo posible por encontrar objetos que aseguren el resultado satisfactorio de este ejercicio.

Una vez que el bebé haya tenido éxito agarrando el primer objeto, anímelo y apláudalo para que sepa que se le ha valorado el esfuerzo. Asegúrese de usar el mismo objeto durante algún tiempo, a fin de que pueda continuar mejorando.

Cuando haya llegado a dominar la técnica con ese objeto, y antes de que se canse de él, ofrézcale otro y, después, un tercero.

A medida que mejore en el agarre y recogida de estos objetos relativamente grandes, ofrézcale objetos cada vez más pequeños. Sin embargo, estos objetos deben ser comestibles y apropiados para él desde el punto de vista nutricional, porque de ahora en adelante se llevará todo a la boca. Solo debe usar objetos pequeños no comestibles cuando esté cerca de él, y pueda evitar que se trague ese tipo de objetos.

A partir de un determinado momento se verá con claridad que no es necesario continuar con estas sesiones. Sabrá que es el momento de interrumpirlas cuando vea que el bebé coge sin problemas todo lo que tiene a la vista.

Un punto importante a resaltar sobre la forma correcta de actuar: Cuando el bebé ya haya hecho el esfuerzo de agarrar algún objeto, es natural que quiera disponer de algún tiempo para observarlo. Por favor, no se lo quite de las manos.

Es algo que los adultos hacen con frecuencia y a lo que se oponen frontalmente los bebés. Haga todo lo que pueda para convencer a su bebé de que lo suelte de manera voluntaria. Ofrézcale un segundo objeto que lo reemplace o, simplemente, pregúntele: «¿Puedes soltar la pelota en mi mano?».

Preste atención, por favor: Llegado este momento debe examinar con atención el entorno del bebé y retirar todos aquellos objetos que puedan ser perjudiciales, poniéndolos fuera de su alcance. En cambio, debe colocar diversos objetos interesantes y completamente seguros cerca de él.

Crear un entorno seguro no significa hacer de la casa un territorio estéril vacío de cosas de las que el bebé pueda aprender.

AVISO:

- No utilice alimentos que puedan ahogar al niño.
- Vigile al niño con atención.
- Mantenga todos los objetos pequeños fuera del alcance del bebé a no ser que le esté vigilando de cerca.

Parte II – Uso de la barra

La razón de enseñar a un bebé a ser capaz de agarrarse a una barra y, al cabo de un tiempo, de aguantar su propio peso, es prepararle para la braquiación.

La braquiación es el proceso a través del cual se desarrolla la capacidad de moverse de una barra a la siguiente balanceando el cuerpo en una escalera de braquiación. Esta actividad, que resulta muy fácil para un niño pequeño, es extremadamente difícil para un adulto. Se trata de una capacidad de gran valor, porque ayuda al niño a desarrollar el tórax y a respirar con más profundidad, regularidad y madurez. Una respiración madura le proporciona al bebé una mayor resistencia a las infecciones de las vías respiratorias superiores y esa resistencia, en consecuencia, hace que el niño sea más sano, mejorando su estado físico general.

La braquiación también proporciona al bebé una magnífica oportunidad de mejorar su visión. Hablaremos de esto más extensamente en un capítulo posterior.

Frecuencia: 15 veces al día.

Intensidad: Del agarre sin aguantar su peso hasta el agarre soportándolo por completo.

Duración: De 20 a 30 segundos.

Contenido: Oportunidad de agarrarse de la barra y colgarse de ella.

Materiales necesarios:

- Barra de 12 a 20 mm de diámetro en el marco de una puerta (colóquela unos 15 cm por encima de la altura que alcanza el niño con las sus manos extendidas hacia arriba).

Entorno: Coloque una barra en el marco de la puerta unos 15 cm por encima de la altura del bebé con los brazos extendidos hacia arriba. Asegúrese por todos los medios de que la barra es segura y puede aguantar el peso del bebé. Asegúrese también de que la zona debajo de la barra es segura, poniendo una colchoneta o una alfombra o moqueta gruesa. Compruebe que la zona alrededor de la barra no tiene bordes puntiagudos o esquinas en las que el bebé se pueda golpear si se resbala de la barra.

Técnica: Sujete con firmeza al bebé por las caderas y levántelo hacia la barra, de forma que pueda agarrarla con facilidad. Cuando empiece a agarrarla, comience a bajar su cuerpo un poquito hasta que sus brazos estén rectos. Siga sujetándolo firmemente. A medida que el bebé gane seguridad haciendo esto, comience a columpiarlo de atrás hacia delante con suavidad. De esta manera tan sencilla se acostumbrará al movimiento suave de balanceo que tiene lugar mientras se realiza la braquiación.

Disminuya cada día la intensidad de la sujeción, de forma que el bebé soporte su peso un poco más. Muy poco a poco, el niño aguantará más peso, hasta soportarlo fácilmente por completo. Cuando lo hagas, se sentirá orgulloso de sí mismo. De hecho, en cada sesión querrá estar colgado más tiempo que en la anterior.

Otro procedimiento: Puede usar una cuchara grande de madera para potenciar la prensión del bebé. Con el pequeño apoyado sobre su espalda, acérquesela para que la agarre y a continuación tire hacia arriba de forma que él pueda aguantar su propio peso.

A veces quizá tenga que retirar sus manos de la barra cuando ha estado colgado durante demasiado tiempo. Siempre es mejor quedarse corto que pasarse en el desarrollo de estas actividades.

Preste atención, por favor: Cuando el bebé se pueda colgar de manera independiente durante 30 segundos, estará preparado para abandonar la barra colgante y pasar a la verdadera escalera de braquiación, de la que hablaremos en el programa manual del estadio IV.

RESUMEN

Para mantener la organización y proceder a un seguimiento de lo que sucede en el programa de oportunidad, continúe elaborando listas de control que le harán la vida más fácil. La siguiente lista de control resume el programa que el bebé probablemente necesita en este momento.

PROGRAMA MOTOR PARA EL ESTADIO III DEL PERFIL

Lista de control diario

Movilidad

Oportunidades de gateo
20 veces al día durante 3 minutos

☐ ☐ ☐ ☐ ☐ ☐ ☐ ☐ ☐ ☐
☐ ☐ ☐ ☐ ☐ ☐ ☐ ☐ ☐ ☐

Tiempo total de suelo al día: ________ Distancia diaria total: ______________

Objetivo a largo plazo: 400 metros

Cambios que he notado hoy: ______________________________________

____

Competencia manual

Oportunidad de utilizar el agarre de prensión:
Agarrar objetos – 10 veces al día durante 60 segundos

☐ ☐ ☐ ☐ ☐ ☐ ☐ ☐ ☐ ☐

Tiempo total: 10 minutos

Uso de la barra - 15 veces al día durante entre 20 y 30 segundos

☐ ☐ ☐ ☐ ☐ ☐ ☐ ☐ ☐ ☐
☐ ☐ ☐ ☐ ☐

Tiempo total: de 5 minutos a 7 minutos 30 segundos

Cambios que he notado hoy: ______________________________________

____

____

Fecha: ____________________________

PROGRAMA MOTOR PARA EL ESTADIO III DEL PERFIL

Lista de control diario

Actividades de equilibrio

Oportunidad para moverse por el espacio de diferentes maneras.
Atención: las 10 actividades se hacen en una sesión.
2 sesiones diarias, en las que cada actividad se realiza durante 15 segundos, incrementándose progresivamente su tiempo hasta los 60 segundos.

Tiempo total: 2 minutos 30 segundos, incrementándose hasta los 10 minutos.

1. Giros horizontales en posición de decúbito prono ☐ ☐
2. Giros horizontales en el lado izquierdo ☐ ☐
3. Rotación horizontal sobre el lado derecho ☐ ☐
4. Mecerse en posición de decúbito supino ☐ ☐
5. Rotación horizontal en posición de decúbito prono ☐ ☐
6. Rotación horizontal en posición de decúbito supino ☐ ☐
7. Rotación horizontal con la cabeza hacia dentro ☐ ☐
8. Balanceo horizontal ☐ ☐
9. Aceleración arriba y abajo ☐ ☐
10. Balanceo vertical con la cabeza hacia abajo ☐ ☐

Cambios que he notado hoy: ______________________________

____

____

Fecha: ____________________

Ahora el bebé no solo tiene la capacidad sensorial de reconocer y disfrutar del mundo que lo rodea, sino que está firmemente encaminado a conseguir las respuestas motoras significativas más importantes que necesita.

Todavía nos aguardan muchos retos. Acaba de introducirse en el mundo del significado y aprenderá que hay mil niveles de significación en casi todo. Será una lección para toda la vida, no solo un estadio que completa en los primeros meses de vida.

Lo importante, sin embargo, es que ahora cuenta con el equipo necesario para el viaje que lo conducirá a todos esos descubrimientos maravillosos. Y, claro, tendrá que añadir su experiencia, y esa experiencia le hará crecer en sabiduría. Ahora está preparado para sumergirse en las capacidades que lo llevarán a convertirse en un ser humano plenamente cualificado y capaz.

18

La cuarta evaluación

QUIZÁ las evaluaciones más importantes sean aquellas que la madre va realizando durante su actividad diaria mientras cuida a su bebé. Ella se convierte en una experta en las cosas que hace bien y en aquellas que aún suponen un reto para él.

El bebé irá cambiando cada minuto del día. Cuando experimente un gran cambio, la madre debe anotarlo en sus listas diarias de control o en un simple diario de su crecimiento y desarrollo. Cada nuevo estadio en el Perfil supone un salto cualitativo de gran magnitud y, cuando el pequeño logre una nueva capacidad, a menudo necesitará muchos meses para fortalecerla y perfeccionarla.

A veces los padres esperan que un bebé ascienda a un nuevo estadio del Perfil en seis áreas simultáneamente.

Eso casi nunca es así.

En primer lugar, la mayoría de los bebés no nacen con una condición neurológica perfecta. De hecho, muy pocos bebés son neurológicamente perfectos al nacer o durante los primeros 12 meses de su vida.

Cada bebé tiene sus puntos fuertes y sus puntos débiles. Recuerde, el propósito del Perfil de Desarrollo de los Institutos es saber qué áreas son las más sólidas, para que los padres puedan reforzarlas, y cuáles necesitan de estimulación adicional o de nuevas oportunidades para desarrollarse plenamente.

Las evaluaciones que hemos expuesto hasta el momento son importantes en este proceso. No obstante, igual importancia tienen las observaciones diarias de la madre y el padre a medida que van viendo cómo responde el bebé a su programa y a las exigencias de la vida diaria.

Si cuentan con una percepción clara del Perfil de Desarrollo, los padres sabrán exactamente lo que han de buscar y podrán evaluar el significado de acontecimientos que, de otra forma, les hubieran pasado desapercibidos.

Por eso es tan importante una comprensión adecuada del Perfil de Desarrollo. Cuando los padres tienen esa imagen global, se convierten en los mejores observadores, en los mejores educadores y entrenadores para el desarrollo de sus hijos.

El estadio IV del lado sensorial del Perfil del Desarrollo constituye el umbral de la comprensión humana madura: percepción de la profundidad, capacidad de audición y descodificación del lenguaje humano abstracto, y comprensión táctil de la tercera dimensión.

En el lado motor del Perfil de Desarrollo reside la expresión humana de estas capacidades: permanecer de pie en posición erecta y caminar, utilizar palabras para comunicarnos y oponer el dedo pulgar al índice para asir pequeños objetos.

Si evaluara a su bebé nada más nacer y comenzara un programa poco tiempo después, el momento de efectuar la cuarta evaluación se situaría entre los cinco y los seis meses.

Como en su evaluación anterior, puede que se sorprenda de ver que las respuestas del bebé de los estadios inferiores son más sólidas y coherentes. Algunas áreas que quizá señaló como «funcionales» hace dos meses sean ahora perfectas.

El estadio IV del Perfil de Desarrollo de los Institutos incluye algunos de los puntos de referencia más importantes en el crecimiento y el desarrollo de su bebé. Este estadio se muestra de color verde en el Perfil.

Es el primer estadio en el que todas las nuevas funciones que adquiere el bebé se deben al desarrollo de la corteza.

La corteza cerebral humana es única en el reino animal. Cada día que el bebé crezca y se desarrolle se aprovechará de esta corteza única para lograr hazañas a las que ninguna otra criatura puede aspirar.

La madre debe recordar que a medida que su bebé madura se siente más seguro de lo que quiere y lo que no quiere. Por tanto, debe continuar eligiendo los mejores momentos del día para evaluar al bebé de manera que obtenga una idea clara de lo que puede hacer y lo que no.

COMPETENCIA VISUAL: ESTADIO IV

Convergencia

La convergencia visual es la capacidad de usar los dos ojos conjuntamente y que da como resultado la percepción simple de la profundidad. Si observan con atención, los padres podrán percibir el desarrollo de la convergencia visual en su bebé.

Cuando un niño nace, no tiene la más mínima capacidad de usar los dos ojos de manera conjunta. Ello puede resultar bastante desconcertante, ya que la madre y el padre miran a su bebé a los ojos mientras lo tienen en brazos y a menudo resulta obvio que sus ojos van en direcciones diferentes.

No es posible que el bebé desarrolle la capacidad de convergencia visual hasta que pueda percibir los detalles en el marco de una configuración determinada. Cuando puede ver los detalles sin esfuerzo, ya está dotado de la capacidad de enfocar algo y mirarlo. Comienza a hacerlo exclusivamente en puntos cercanos, a una distancia comprendida entre los 60 y los 90 cm. A medida que mejora su capacidad de percibir detalles también lo hace su rango de su visión. Pronto puede ver a una distancia de 1,20 m, después de 1,50 m, y así sucesivamente, hasta que un día distinga a su madre dentro de un grupo de personas a 10 m de distancia.

En verdad, desde el momento en que comienza a percibir detalles, su necesidad de convergencia visual se va haciendo cada vez más patente. Y, más aun, la naturaleza le impondrá otras exigencias que harán que esa convergencia se vaya desarrollando.

La exigencia básica para la mejora de la visión, y en especial de la convergencia, nacerá de la propia necesidad de moverse. El desarrollo visual y la movilidad se encuentran inevitablemente unidos. A medida que el bebé ve mejor, su deseo de moverse aumenta, y a medida que se va moviendo más deprisa necesita tener una visión mucho más rápida y de mayor precisión. Es así de simple.

Desde el momento en el que empieza a arrastrarse, su visión debe, hasta cierto punto, comenzar a converger. En esta fase no tiene que usarla, excepto en breves y puntuales instantes, pero debe comenzar a recurrir a ella. La razón es muy sencilla. A medida que comienza a moverse de forma independiente con su barriguita en el suelo, descubre, para su sorpresa, que hay cosas con las que se topa.

Al principio se da contra las cosas con asiduidad. Esto sucede porque no está mirando adónde va. Recuerde que en este estadio temprano él se mueve porque sí. Su movimiento no está dirigido hacia ningún objetivo. Cuando choca con las cosas, recibe un mensaje: «Mira por dónde vas».

Comienza a poner su visión a funcionar y, lo que es más importante, a unir esos dos ojos erráticos para juntarlos y tener una idea aproximada de la distancia a la que un objeto puede estar. Es un concepto muy primitivo, ya que apenas constituye un primer atisbo de lo será la percepción de la profundidad. Pero es un comienzo.

Cada vez que se arrastra tiene nuevas oportunidades de poner su visión a funcionar y de juntar la visión de sus ojos. Si la madre observa a su bebé cuando se está arrastrando por la habitación a toda velocidad, verá que su cara tiene un aspecto muy distinto del que tiene en cualquier otro momento. Ese gesto de determinación muestra que su visión está funcionando en esos momentos.

Más tarde, cuando sea capaz de dominar la fuerza de gravedad e incorporarse sobre manos y pies, tendrá un problema adicional. No solo deberá calcular la distancia entre él y la pata de la silla en el comedor, también tendrá que tener en cuenta la distancia entre su cabeza y el suelo, ya que son muchas las probabilidades de que golpee contra él.

Observe al bebé que está comenzando a gatear. A menudo irá derecho al suelo, porque todavía no tiene la suficiente percepción de la profundidad como para medir la distancia que hay entre su cabeza y el suelo. Cuando se da un golpe, indudablemente se pregunta por qué el suelo ha subido hasta él y le ha golpeado la cara.

En cualquier caso, la naturaleza es una profesora muy severa en estas circunstancias. Cuando el bebé comete un error de cálculo o no hace uso de su visión, paga un pequeño precio consistente en chocarse contra algo y golpearse la cabeza.

Una vez que el bebé comience a usar el gateo como medio de transporte, se verá obligado a usar esa convergencia rudimentaria más a menudo. En esta fase les resultan más evidentes a la madre y al padre los momentos en los que el pequeño está utilizando ambos ojos.

Llegado a este punto, los padres pueden notar que, ocasionalmente, un ojo se desvía hacia dentro o hacia fuera. Esto les sucede casi a todos los bebés en algún momento. Lo normal es que les ocurra cuando están muy cansados o enfermos, y especialmente si tienen fiebre.

La razón es que la capacidad de convergencia visual es muy sensible a los cambios en la condición neurológica del bebé. Las áreas visuales del cerebro son muy extensas y, en consecuencia, tienen grandes demandas de oxígeno.

Cuando estas demandas se vean satisfechas de manera adecuada, la visión del bebé será buena. No obstante, incluso una leve supresión de la función del sistema nervioso central, debida a la fatiga o a una enfermedad afectará a la visión del bebé en mayor medida que a cualquier otra función. En estos casos la madre o el padre pueden observar que el bebé presenta un ligero «estrabismo» ligero a moderado en los dos ojos. Cuando un ojo tiende a alejarse de la nariz se dice que hay «estrabismo divergente» y cuando se acerca a la nariz el proceso se llama «estrabismo convergente». Es un fenómeno muy común en los bebés.

No es la consecuencia de ningún problema visual. Se trata de algo que afecta exclusivamente a la función del cerebro.

De manera ocasional, un bebé puede tener uno o los dos ojos fijos constantemente en estrabismo convergente o divergente. Ello se debe a una lesión cerebral. No puede ni debe ser tratado como una lesión del ojo. La cirugía del ojo o de los músculos oculares no corregirá esta situación. A menudo, cuando se practica este tipo de cirugía, el ojo vuelve a su posición fija meses después y se tiene que repetir la misma operación una y otra vez.

Se trata de una circunstancia realmente trágica, porque el problema no está en el ojo. El desvío ocular es solo el síntoma. El problema no se resolverá operando el síntoma. El problema se resolverá solamente aplicando un tratamiento centrado en tratar el problema, que está en el cerebro.

Cuando los padres comprenden el proceso a través del cual el bebé desarrolla una convergencia adecuada, pueden tomar medidas eficaces para darle al bebé la estimulación correcta y la oportunidad de resolver estos problemas, así como prevenir estos problemas en muchos casos.

La mejor manera de evaluar al bebé en el estadio IV es observar su vida diaria. ¿Utiliza sus dos ojos a la vez o parece que lo hace? ¿Se golpea contra los muebles con frecuencia? Cuando se presentan situaciones en las que hay una pendiente, como al bajar un escalón, ¿se para y continúa con cuidado o no nota el escalón en absoluto? Cuando se le pone de pie encima de una mesa, ¿se agarra inmediatamente a usted en el momento en el que se cuenta que está en alto y que, por tanto, existe peligro o parece que se lanzaría sin mayor preocupación, por no percibir aún la distancia desde la que caería?

¿Con qué frecuencia percibe las imágenes pequeñas de los objetos representados en un libro o las palabras y símbolos impresos en un juguete? Los padres a menudo se sorprenden de que sus bebés se fijen en estos objetos o letreros pequeños. Para hacerlo, tienen necesariamente que presentar algo de convergencia en distancias cortas.

Cuando observa los ojos de su bebé, ¿están rectos siempre que le mira o uno de ellos está ligeramente vuelto hacia dentro o hacia fuera? Esta situación es variable: a veces es el ojo derecho y a veces el izquierdo. Es algo común.

Los padres están acostumbrados a mirar a su bebé, por lo que resulta útil empezar a mirar a los ojos de otros bebés y a los de los adultos, para fijarse en los niveles adecuados o inadecuados de convergencia. Cuando se evalúa en el Perfil la visión de personas adultas, el inconveniente más habitual es la falta de convergencia perfecta. Se dan muchos casos en los que los ojos de los adultos no convergen del todo o solo lo hacen a veces.

Convergencia de la visión que da como resultado la percepción simple de la profundidad.

Perfecta

Compresión inicial humana

Figura 18.1. Convergencia de la visión perfecta.

Convergencia de la visión que da como resultado la percepción simple de la profundidad

Funcional

Compresión inicial humana

Figura 18.2. Convergencia de la visión funcional.

Convergencia de la visión que da como resultado la percepción simple de la profundidad

Compresión inicial humana

Figura 18.3. Convergencia de la visión cero.

Esto no solamente afecta a su capacidad de tener buena percepción de la profundidad, sino que puede tener consecuencias en la capacidad de leer y escribir de manera fácil y eficaz.

La convergencia simple es la base de la convergencia compleja. Esta última es un requisito fundamental para que un niño pueda ver las palabras en cualquier tipo de libro o reproducir las suyas propias en tamaño reducido cuando escriba.

Este es un estadio muy importante, y a él volveremos cuando tratemos el tema de la movilidad.

Cuando haya observado que el bebé utiliza ambos ojos a la vez de manera adecuada y haya quedado demostrado que posee percepción simple de la profundidad, escriba «Perfecto» en rojo en el recuadro de convergencia del Perfil y trace una línea roja a lo largo del borde superior de este recuadro (ver Figura 18.1).

Si el bebé demuestra tener cierta percepción de la profundidad, pero no de forma coherente y continua, o si uno de sus ojos, o ambos, se desvían de vez en cuando hacia dentro o hacia fuera, escriba «Funcional» en rojo en el recuadro de convergencia del Perfil y trace una línea roja a lo largo del borde superior de este recuadro (ver Figura 18.2).

Si el bebé tiene estrabismo fijo, convergente o divergente, o si demuestra tener poca o ninguna percepción de la profundidad, trace una línea roja a lo largo del borde superior del recuadro en el que estaba en su evaluación anterior, para consignar que aún está en el mismo estadio de visión (ver Figura 18.3).

COMPETENCIA AUDITIVA: ESTADIO IV

Comprensión de dos palabras del lenguaje hablado

Los padres tienen la gran oportunidad de hacerle la vida mucho más fácil a su bebé en el estadio IV de la columna auditiva, que corresponde a la capacidad de comprender dos palabras de lenguaje hablado.

Recuerde que el marco temporal en el Perfil de Desarrollo muestra cómo son las cosas para el bebé promedio. El propósito de este libro es el de animar a los padres a crear un mundo mejor para el recién nacido, de manera que en sus primeros 12 meses de vida tenga la oportunidad de cambiar ese marco temporal y aproximarlo al punto en el que debe estar.

Si los padres han estado desarrollando un programa visual, auditivo y táctil de manera coherente, el bebé debería haber empezado hace tiempo a comprender dos palabras de lenguaje.

Considere solamente lo que ha enseñado al bebé: figuras, caras, cantidades simples, frutas, animales y flores. Además, está la estimulación constante de la conversación de la madre con el bebé. «¿Tienes hambre?», le pregunta. «¿Estás mojado?» / «¿Estás cansado?» / «Mamá te quiere» / «Eres bueno» / «¿Dónde está papá?» / «Aquí está tu camiseta roja».

Es muy probable que comprenda bastantes más de dos palabras. Lo que le falta son los medios para *demostrar* lo que comprende. El bebé hará todo lo posible para hacernos ver lo que comprende. Cuando la madre le pregunta: «¿Tienes hambre?», a veces moverá los labios como respuesta. Es una clara demostración de comprensión de la palabra «hambre».

Algunas veces, cuando la madre le haga la misma pregunta, el bebé dará un grito corto y lastimero. Esto no es solo un «¡Sí!», sino un «¡¡Vamos, deprisa, que me estoy muriendo de hambre!!». En otras ocasiones, cuando no tenga hambre, simplemente tendrá un aspecto plácido. Recuerde, esta es una respuesta apropiada a la pregunta de su madre. Está claro que la entiende.

Transmitir con claridad sus pensamientos y sentimientos es un gran reto para el bebé. Sabe mucho más de lo que nos puede mostrar. La consecuencia es que la mayoría de los adultos le subestiman tremendamente.

Solo con que el único resultado que consiguiera este libro fuera que cada padre y madre que lo leyeran se dieran cuenta de que su bebé mantiene unos niveles de comprensión altísimos, el esfuerzo habrá merecido la pena. Sobre esta base, los retos a los que se enfrenta el bebé disminuirán de forma sustancial. El mundo de los niños y el de los padres serán más felices y productivos.

Cuando la madre sabe que su bebé comprende con toda seguridad al menos dos palabras de lenguaje hablado de manera coherente, debe escribir «Perfecto» en rojo en el recuadro de comprensión de dos palabras del lenguaje hablado en el Perfil y trazar una línea roja a lo largo del borde superior del recuadro (ver Figura 18.4).

Esta es una de esas áreas del Perfil en la que no hay nivel «Funcional». Un bebé tiene esta capacidad o no la tiene. Si su hijo todavía no comprende al menos dos palabras de lenguaje hablado, trace una línea roja a lo largo del borde superior donde estaba en su última evaluación para mostrar que todavía se encuentra en ese estadio en su desarrollo auditivo. (ver Figura 18.5).

Comprensión de dos palabras de lenguaje hablado

Perfecto

Comprensión del significado

Figura 18.4. Comprensión perfecta de dos palabras.

Comprensión de dos palabras de lenguaje hablado

Comprensión del significado

Figura 18.5. Comprensión cero de dos palabras.

COMPETENCIA TÁCTIL: ESTADIO IV

Percepción de la tercera dimensión en objetos que parecen planos

En ocasiones, los padres piensan que en el estadio IV el tacto puede ser difícil de evaluar. Lo que la madre quiere ver llegados a este nivel es si el bebé percibe la tercera dimensión de los objetos que parecen planos.

Esto no es tan difícil como parece. En el estadio III el bebé comenzará a alargar la mano y a agarrar objetos y, con ello, comprenderá y asumirá la percepción de la tercera dimensión.

Al principio le llamarán la atención las cosas que destaquen en su entorno, pero, a medida que vaya conquistando el acceso a los objetos más evidentes, se sentirá atraído por otros más sutiles.

De vez en cuando, por casualidad, encontrará algo que no sabía que estaba ahí, porque el objeto parecía plano.

Esto es toda una revelación.

A menudo, una cadena lisa que cuelga alrededor del cuello de la madre le puede interesar, pero solo cuando cuelga y se mueve. Pronto se fijará en la cadena, incluso cuando no se mueva, en la blusa o el jersey de la madre. Al principio su visión es la que está haciendo todo el trabajo, pero después empieza a utilizar el tacto para encontrar esos objetos escondidos que parecen planos pero tienen una tercera dimensión.

Percepción táctil de la tercera dimensión en objetos que parecen planos

Perfecto

Expresión humana inicial

Figura 18.6. Percepción táctil perfecta.

Percepción táctil de la tercera dimensión en objetos que parecen planos

Expresión humana inicial

Figura 18.7. Percepción táctil cero.

Percibirá con el tacto las monedas caídas en el suelo donde está gateando. Cogerá papel colocado encima de la mesa. Estas son señales claras de que ahora comprende la tercera dimensión en objetos que parecen planos.

Cuando la madre observe que el bebé percibe de manera adecuada la tercera dimensión en objetos que parecen planos, deberá consignar «Perfecto» en rojo en este recuadro del Perfil y trazar una línea roja a lo largo del borde superior (ver Figura 18.6).

Esta es otra de las funciones que el bebé tiene o no tiene. No hay nivel «funcional» en este estadio. Si el bebé todavía no demuestra comprensión de la tercera dimensión en objetos que parecen planos, trace una línea roja en el borde superior del recuadro donde estaba en su última evaluación, para mostrar que todavía está en ese estadio en su desarrollo táctil (ver Figura 18.7).

MOVILIDAD: ESTADIO IV

Caminar utilizando los brazos como principal elemento de equilibrio

Probablemente no haya ningún estadio en el Perfil de Desarrollo al que los padres den más importancia que a la increíble hazaña que supone ponerse de pie y caminar usando los brazos como elemento de equilibrio.

El bebé mantiene una historia de amor con el hecho de «ponerse de pie». Es el objetivo supremo casi desde el primer momento en que se da cuenta que semejante posición existe. Comenzará a experimentar y jugar con esta posición, incluso mientras está en el periodo de arrastre. Entrenará a sus padres para que lo incorporen sobre sus pies. Brincará y chillará en esta posición, lo que, por supuesto, tendrá como efecto animar a sus padres a hacerlo una y otra vez.

Cuando comienza a gatear, adquiere la capacidad de impulsarse a sí mismo hacia arriba. Por eso es tan importante retirar objetos inestables del entorno de gateo del bebé; de lo contrario, se los tirará por encima.

El primer y más difícil reto que debe superar no es el de caminar, sino el de ponerse de pie. En cierto modo se trata de algo muchísimo más difícil que caminar.

Nadie sabe esto mejor que el bebé. A los adultos nos gusta «poner a caminar» al niño, pero él sabe que esto no es caminar de verdad. Es un adulto que le mueve para que parezca que camina. Sin embargo, con frecuencia los adultos subestimamos la importancia que tiene el hecho de ponerse de pie. Tendemos a pensar que caminar es principalmente la capacidad de coordinar el movimiento de las piernas y los pies. En cambio, caminar es el resultado de la consecución de la capacidad para equilibrarse lo suficiente como para mantenerse en pie.

Siempre que la madre o el padre sostienen al bebé cuando está de pie, él no está usando su sentido del equilibrio. Son los mecanismos de equilibrio de los padres los que actúan, no los del niño.

Esto puede resultar adecuado para un bebé de dos meses que aún se arrastra, pero cuando un bebé gatea se le debe permitir hacer esos experimentos *de manera independiente,* en la medida de lo posible.

Cualquier evaluación de la movilidad del bebé en este estadio debe realizarse basándose en que lo puede hacer *sin que lo sujeten o incluso sin que lo toquen.*

Cuando el bebé pueda ponerse de pie y caminar hasta el otro lado de la habitación utilizando los brazos como

Caminar utilizando los brazos como elemento principal de equilibrio

Perfecto

Expresión humana inicial

Figura 18.8. Marcha perfecta.

Caminar utilizando los brazos como elemento principal de equilibrio

Expresión humana inicial

Figura 18.9. Marcha cero.

elemento principal de equilibrio (a la altura de los hombros o por encima), escriba «Perfecto» en rojo en este recuadro del Perfil y trace una línea roja a lo largo de su borde superior (ver Figura 18.8). Como en casos anteriores, en este estado no hay nivel «Funcional» en este estadio, así que mantenga al bebé en el estadio III en la columna de movilidad del Perfil hasta que pueda ponerse de pie y caminar al otro lado de la habitación utilizando sus brazos para mantener el equilibrio (ver Figura 18.9).

COMPETENCIA LINGÜÍSTICA: ESTADIO IV

Utilizar dos palabras de manera espontánea y significativa

Así como los padres se emocionan más cuando el bebé da su primer paso, a las madres les suele impresionar más su primera palabra. Sería difícil decidir cuál es más importante.

En este estadio los padres solo necesitan decidir en qué momento utiliza el bebé dos palabras de lenguaje hablado de manera espontánea y significativa. Estas dos palabras no tienen por qué ser palabras perfectas que todo el mundo comprenda. De hecho, casi con toda seguridad no lo serán. Sus primeras palabras serán más bien sonidos específicos que la madre comprenderá y que el niño usa de manera coherente para comunicar determinadas ideas.

Dos palabras utilizadas de manera espontánea y significativa

Perfecto

Expresión humana inicial

Figura 18.10. Dos palabras de lenguaje hablado.

Si el bebé dice «baba» de manera coherente y siempre significa «quiero tomar el pecho», entonces «baba» funciona como «tomar el pecho» en el lenguaje del bebé.

La madre y el niño desarrollarán conjuntamente su propio medio de comunicación hasta que el bebé pueda pronunciar lo que los adultos llamamos palabras perfectas. El bebé no tendrá esta capacidad durante muchos meses.

Cuando emita dos sonidos específicos que use de manera coherente y significativa, escriba «Perfecto» en rojo en este recuadro del Perfil y trace una línea roja a lo largo de su borde superior (ver Figura 18.10).

Dos palabras utilizadas de manera espontánea y significativa

Expresión humana inicial

Figura 18.11. Ninguna palabra de lenguaje hablado.

Tampoco en este estadio hay nivel «Funcional». Si el bebé todavía no tiene dos sonidos que use con coherencia, trace una línea roja a lo largo del borde superior del estadio III en lenguaje, para mostrar que el bebé continúa en esta fase de su desarrollo del lenguaje (ver Figura 18.11).

COMPETENCIA MANUAL: ESTADIO IV

Uso de la oposición cortical en cada mano

En el momento que los padres están preparados para evaluar la habilidad de oposición cortical de su bebé, es probable que este lleve desarrollando esta capacidad desde hace tiempo. Por oposición cortical se entiende la capacidad de oponer el dedo pulgar al dedo índice para agarrar algo. Se llama «cortical» por la sencilla razón de que es una función de la corteza cerebral humana.

Cuando el bebé se convierte en un experto en coger objetos, tiende a intentar coger objetos cada vez más pequeños.

Su visión cada vez es mejor y le encantan las cosas pequeñas. Suele empezar por las migas que deja después de comer. A menudo localizará una minúscula pelusa en la alfombra a tres metros de distancia y volará a cogerla antes de que su madre lo pueda detener.

En algún momento intenta coger algo que simplemente no se puede coger utilizando agarre de prensión. Ello le desconcierta, pero no se rinde. Utilizará todos los medios a su alcance para poder asir ese objeto.

Aprenderá por ensayo y error que si deja de intentar agarrar con toda su mano y, en su lugar, usa el dedo pulgar y el índice colocados en oposición, puede tener éxito.

Llegado a este punto, la mayoría de los bebés desarrollan esta capacidad en una mano primero. Solo cuando la hayan perfeccionado en una mano se pondrán a trabajar para conseguir lo mismo con la otra.

La mejor forma de evaluar esta capacidad es poner delante del bebé objetos pequeños y lisos que no puede coger usando su agarre de prensión. Por ejemplo, pequeñas cuentas o abalorios y fichas de plástico.

Prepárese para aplaudir sus esfuerzos, pero asegúrese de que las cuentas y las fichas *no terminan en su boca.*

Cuando el bebé pueda alargar su brazo y coger objetos con ambas manos de manera adecuada usando el pulgar y el índice en oposición, escriba «Perfecto» en rojo en este recuadro del Perfil y trace una línea roja a lo largo de su borde superior de este recuadro (ver Figura 18.12).

Figura 18.12. Oposición cortical perfecta.

Si el bebé usa los dedos pulgar e índice en oposición de manera no continua, escriba «Funcional» en rojo en el recuadro correspondiente y trace una línea roja a lo largo de su borde superior (ver Figura 18.13).

Figura 18.13. Oposición cortical funcional.

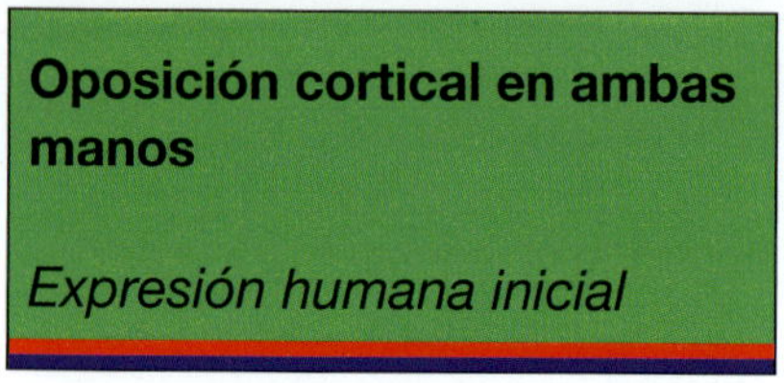

Figura 18.14. Oposición cortical cero.

Si el bebé no puede coger un objeto todavía utilizando oposición cortical, trace una línea roja en el borde superior del estadio III para mostrar que este es aún su nivel de competencia manual (ver Figura 18.14).

Ahora la madre y el padre tienen una idea muy clara sobre qué han de buscar en el siguiente nivel del desarrollo de su bebé. Contando ya con una adecuada comprensión de cómo evaluar el estadio IV en el Perfil de Desarrollo, ha llegado el momento de considerar las formas más adecuadas de estimulación sensorial en el estadio IV, y de proyectar el entorno ideal que ayude al bebé a utilizar esa información sensorial para caminar, hablar y usar las manos.

Estamos, pues, preparados para el programa final, el cual ayudará al bebé alcanzar el estadio IV.

19

El programa de estimulación sensorial para el estadio IV

A medida que el bebé se va haciendo más maduro y más capaz, cada área de función tiene una mayor influencia sobre las otras. Los padres tendrán cada vez más evidencias de que, al mejorar un área en el Perfil, mejorarán en cierta medida todas las demás, al proporcionar nuevas estimulaciones y oportunidades de desarrollo.

Llegados a este nivel resulta imposible referirse de forma aislada a una sola columna del Perfil, ya que las vías están completamente interrelacionadas en todo momento.

Esta es la gran virtud de la planificación natural que los padres tienen el gran privilegio de observar todos los días en su pequeño. El Perfil de Desarrollo permite a la madre y al padre comprender este proceso creativo, al igual que les confiere la posibilidad de participar de forma activa en vez de mantenerse como meros espectadores en el crecimiento y desarrollo de su bebé.

EL PROGRAMA DE ESTIMULACIÓN SENSORIAL

La madre y el padre ya han construido unos cimientos sólidos para el futuro, al haber realizado un excelente programa sensorial y motor para los estadios I, II y III. Cada nuevo programa es más apasionante y dinámico que el anterior, a medida que el bebé se va haciendo más diestro y más consciente.

En este nivel los programas visuales y auditivos contendrán información más compleja. El bebé está preparado y ansioso. La madre tiene que tener presente el deseo de mostrar también ese deseo y entusiasmo cuando esté enseñando al bebé. Esto no es un trabajo: se trata de pura diversión. Para el bebé aprender es jugar. Abordará las cosas que está a punto de aprender con un espíritu de juego. Esta alegría natural, innata en todos los niños, debería ser contagiosa. La madre debe enseñar todo con ese mismo espíritu. Si algo no resulta divertido, no lo haga. La mañana es el mejor momento para este tipo de programa. Llévelo a cabo mientras usted y su bebé estén disfrutando, pero ni un segundo más.

ESTIMULACIÓN VISUAL

El programa visual en el estadio IV incluirá partes que son visuales por naturaleza y también elementos de movilidad, puesto que la capacidad de movimiento y desplazamiento tiene un profundo efecto en el desarrollo de la convergencia visual del bebé y en la percepción simple de la profundidad.

Las partes I y II del programa visual en el estadio IV harán hincapié en la capacidad de convergencia de la visión del bebé sobre distancias cortas. Por su parte, el programa de movilidad para el estadio IV proporcionará oportunidades de desarrollo de la convergencia, lejana y cercana.

La madre debe comprender que se trata del primer programa intelectual de su bebé. Aquí es donde la visión y la movilidad empiezan a alimentar de manera evidente el potencial humano, único y absolutamente apasionante, del bebé.

El programa visual proporciona abundantes oportunidades de mejorar la convergencia visual cercana. A medida que utilice sus ojos conjuntamente su convergencia se asentará más cada día que pasa. Y según se vaya avanzando en este terreno, el propósito principal del programa se irá orientando hacia el desarrollo y la expansión intelectual del niño.

Objetivo: Establecer, mejorar o reforzar la capacidad de convergencia de la visión que resulta de la percepción simple de la profundidad.

Propósito: Estimular la capacidad del bebé de converger su visión, dando como resultado la percepción simple de la profundidad.

Parte I – Tarjetas Bit de inteligencia con detalles complejos

Frecuencia: 3 veces al día cada juego.

Intensidad: Pinturas, ilustraciones o fotografías grandes, de colores intensos y con detalles claros y precisos, montadas sobre cartulina blanca de 30 x 30 cm.

Duración: 5 segundos cada juego.

Materiales necesarios:

- 5 juegos de tarjetas Bit de inteligencia.

Contenido: 1 juego de 5 tarjetas por sesión, 5 juegos de 5 tarjetas en un día (25 tarjetas en total).

Entorno: Iluminación normal, con el menor número posible de elementos de distracción sonora.

Técnica: Puesto que este programa comenzó en el estadio III y lo ha estado llevando a la práctica de manera continuada y coherente, habrá descubierto ya que el mayor problema es mantener el suministro de materiales nuevos para el bebé. Tiene un apetito voraz de información nueva.

A medida que su visión y su comprensión mejoren, se pueden crear nuevas categorías.

Llegados a este punto, debe cambiar la forma en la que se le muestra la información. Cada día le enseñará cinco juegos (o categorías) de cinco tarjetas cada uno (25 tarjetas diarias en total). Después de cinco días añada una nueva tarjeta a cada categoría y retire una de las viejas. Continúe haciendo lo mismo de ese día en adelante. El bebé verá cinco tarjetas nuevas. Cada tarjeta se mostrará tres veces al día durante cinco días y después se retirará.

Cuando añada una tarjeta nueva, escriba la fecha con un lápiz en la parte de atrás. De esa manera sabrá cuáles son las tarjetas a retirar cada día. Archive sus tarjetas retiradas porque las utilizará de nuevo en el futuro. Cuando agote una categoría, retire simplemente las cinco últimas tarjetas al mismo tiempo y reemplácelas por una categoría nueva.

Continúe buscando pinturas, fotografías y dibujos grandes, claros y precisos, con información interesante. Son categorías recomendables las

Figura 19.1. A María le encantan las tarjetas Bit.

reproducciones de grandes obras maestras de la pintura (Picasso y Van Gogh son los favoritos de los bebés), o de personas destacadas como compositores, inventores o exploradores. Es también aconsejable continuar añadiendo nuevas imágenes a las categorías de pájaros, insectos, mamíferos y flores que ya haya comenzado. Estas categorías seguirán resultando de interés durante mucho tiempo.

Como en etapas anteriores, las imágenes han de ser grandes, de al menos 15 cm de ancho. La fotografía o la ilustración debe contener tener una sola imagen, no un grupo de imágenes.

Intente encontrar al menos 20 imágenes o más para cada categoría.

Puesto que las sesiones son cortas, es fácil encontrar unos pocos segundos aquí y allá durante el día para mostrarle al niño las tarjetas. Es de vital importancia que solo muestre las tarjetas cuando usted y el bebé se encuentren en el mejor momento. No todos los días son maravillosos para la madre y el bebé. En los días buenos será sencillo encontrar momentos felices para mostrar las tarjetas. En un mal día no se las muestre en absoluto.

Deben interrumpir las sesiones *antes de que el bebé quiera parar,* se le hayan mostrado las cinco tarjetas o no.

Este es un buen programa *inicial.* A los bebés les encantan las tarjetas Bit. Si usted y su bebé lo desean, pueden aumentar a 10 categorías o incluso 20 al día, siempre que se actúe de forma alegre y relajada.

Ahora el bebé posee una excelente capacidad de apreciar detalles al instante, así que es esencial que le enseñe las tarjetas con rapidez. Los adultos casi siempre subestiman la velocidad a la que aprenden los bebés. Esto afecta, no solo a la velocidad a la que introducen materiales, sino también a la cadencia con la que se le muestran las imágenes al bebé. El pequeño aprenderá a un ritmo asombroso. Ahora está preparado para abordar un programa ampliado de conocimiento enciclopédico. Si desea aprender mucho más sobre este tipo de programas, le recomendamos encarecidamente los siguientes libros: *Cómo multiplicar la inteligencia de su bebé, Cómo enseñar conocimientos enciclopédicos a su bebé* y *Cómo enseñar matemáticas a su bebé.*

Preste atención, por favor: La preparación del material le llevará sin duda una cantidad de tiempo considerable. Algunas madres prefieren preparar unas pocas tarjetas todos los días. De esta forma, poco a poco, van creando una biblioteca de tarjetas Bit para el futuro. Otras madres se reservan un espacio de tiempo una vez a la semana y hacen toda la organización y preparación de material en ese momento. En algunas familias es el padre quien se encarga de la preparación del material. A veces es la responsabilidad perfecta para hermanos o hermanas mayores. Después de todo, también se merecen formar parte del programa del bebé.

Parte II – Palabras de lectura

Frecuencia: 3 veces al día cada juego.

Intensidad: Palabras compuestas de letras rojas de 13cm de alto sobre tarjetas de cartulina blanca de 50 cm. de largo y 15 cm de ancho.

Duración: 5 segundos cada juego.

Contenido: 1 juego de 5 palabras por sesión.
5 juegos diarios.

Entorno: Iluminación normal, con el menor número posible de elementos de distracción sonora.

Materiales necesarios:

- 25 tarjetas de cartulina de 50 x 15 cm.
- Rotulador rojo de punta ancha.

Técnica: Al bebé ya se le ha introducido en el ámbito de las palabras de lectura simple en el programa de ver, oír, saborear y oler la fruta. En esta fase debe elaborar una lista de todas las palabras familiares que utiliza constantemente con el bebé: las comidas, los nombres de miembros de la familia y objetos comunes de la casa. Estos comprenderán sus primeros cinco juegos de palabras de lectura. Su propio nombre y «mamá» y «papá» deben estar en lo más alto de la lista. Prepare una tarjeta grande y clara para cada una de las palabras familiares que elija. Escriba las palabras con letras gruesas, minúsculas y de color rojo, haciendo uso de las mayúsculas cuando se necesiten para los nombres propios (ver Figura 19.2). El color rojo es atractivo y a los bebés les gusta.

Figura 19.2. Muestra de tarjeta de lectura con una palabra grande en color rojo.

Puesto que ya ha elegido palabras que le son familiares al bebé, ya no necesita preocuparse de mostrarle el objeto real al tiempo que le enseña la palabra ni que el padre del pequeño aparezca en la habitación cada vez que le muestra la tarjeta con la palabra «papá». El bebé asociará las ideas por sí mismo a gran velocidad.

Para que pueda sujetar las palabras de lectura y mostrarlas fácilmente, escriba la palabra en la esquina superior izquierda por la parte de atrás de la tarjeta. Anote, en la esquina superior izquierda, el día en que se introdujo esta palabra (ver Figura 19.3).

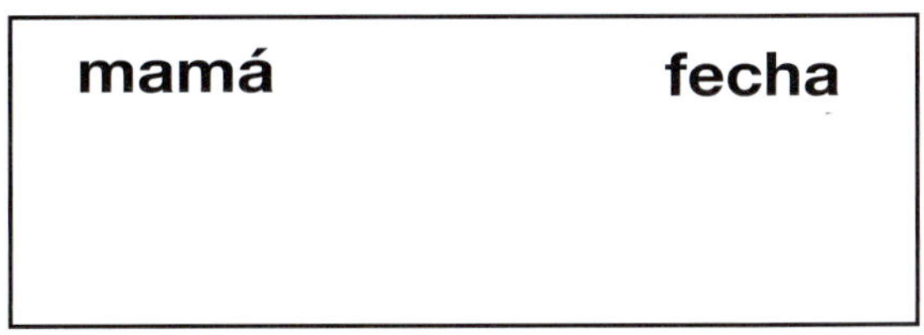

Figura 19.3. Muestra de tarjeta de lectura con el nombre de la tarjeta y la fecha por detrás.

Cuando vaya a mostrarle un juego al bebé, tome la tarjeta que está en la parte de atrás del juego (la que tiene «mamá «escrito por detrás), póngala al frente del juego de palabras y diga «mamá». Después, haga lo mismo con la siguiente tarjeta que queda detrás en el conjunto.

Juego 1	Juego 2	Juego 3	Juego 4	Juego 5
mamá	silla	cepillo	cereales	elefante
papá	mesa	triciclo	leche	ballena
Olivia	bañera	manta	manzana	rinoceronte
María	frigorífico	zapatos	pan	jirafa
Andrés	sofá	pijama	pera	araña

Figura 19.4. Juegos de tarjetas de lectura de miembros de la familia, objetos de la casa, comida y animales.

De esta manera no tendrá que mirar la palabra en el frente antes de enseñársela al bebé. Esto lo distraería y sería perjudicial para la sesión de aprendizaje (ver Figura 19.5).

Enseñe los cinco juegos de cinco palabras durante cinco días. El sexto día retire una tarjeta de lectura de cada juego y ponga una nueva en su lugar. Haga esto cada día de ahora en adelante. Recuerde, debe escribir la fecha en la parte de atrás de la tarjeta nueva cuando la introduce para que sepa cuándo debe retirarla. Tenga esto en cuenta, por favor: el bebé ya está preparado para un programa completo de lectura. Para que comprenda plenamente el proceso de lectura, le recomendamos el libro *Cómo enseñar a leer a su bebé*.

Figura 19.5. Leer palabras es lo que más le gusta a María en estos momentos.

Las primeras tarjetas Bit y el primer programa inicial de lectura le proporcionarán al bebé una excelente oportunidad de utilizar la convergencia visual cercana. También deberá practicar las partes del programa de movilidad que más adelante desarrollarán la convergencia visual y la percepción de la profundidad.

La capacidad de convergencia visual cercana y lejana evoluciona hasta convertirse en capacidad de percepción de la profundidad, facultad de la máxima importancia a lo largo de toda la vida.

PROGRAMA AUDITIVO

Ya hemos comenzado a llevar a cabo el proceso que dotará al niño de la capacidad de comprender dos palabras de lenguaje hablado. De hecho, la mayoría de las madres empiezan a hablarle al bebé durante el embarazo.

Cuando el bebé tiene varios meses de edad, es natural para la madre y para el padre conducirlo por la casa señalando y nombrando todo tipo de cosas: «pared», «lámpara», «nevera», «silla», etc. Es recomendable hacer lo mismo en la calle.

Esta introducción al entorno en el que vive el bebé es muy importante. En este estadio de su desarrollo el pequeño necesita saber el nombre de todo. Empezará a señalar a las cosas para que le digan cómo se llaman. Es posible que señale al mismo objeto repetidamente, aun después de haberle dicho que es, por ejemplo, una «radio». No hace esto para molestarnos o porque no sea inteligente, sino para oír la palabra «radio» varias veces para grabársela de manera permanente. Cuando escucha una palabra con la frecuencia suficiente, su capacidad para recuperar esa información almacenada queda asegurada.

También le está proporcionando al niño un vocabulario enriquecido con su programa visual de tarjetas Bit y palabras de lectura. A medida que estos programas se amplíen, también lo hará su comprensión auditiva.

El bebé necesita asimismo comprender la noción de tiempo. Los adultos tendemos a creer que el tiempo es un abstracción absoluta y, en consecuencia, algo muy difícil de comprender para el bebé. Sin embargo, si le hablamos del tiempo en términos coherentes, el bebé se familiarizará con el concepto a gran velocidad.

Es más que aconsejable utilizar referentes temporales para orientar a su bebé sobre lo que va a suceder. Es bueno que la madre haga uso de «ahora», «más tarde», «antes», y «después», casi en todas las indicaciones que le haga al pequeño a lo largo del día.

Utilice referentes temporales para orientar al bebé:

- «Ahora».
- «Ahora no».
- «Antes».
- «Después».
- «Más tarde».

Al principio pequeño no tiene noción de lo que pueden significar estas palabras. Sin embargo, según las vaya oyendo, y a medida que las acciones etiquetadas con «ahora» se produzcan de inmediato y las señaladas con «ahora no» no sucedan enseguida, el bebé comenzará a sacar conclusiones y a descodificar estos dos mensajes.

Incluso los intervalos concretos específicos de tiempo no son inaccesibles al bebé. Por ejemplo: «Te voy a cambiar el pañal, voy a tardar un minuto».

El cambio de pañal entonces dura un minuto. Al bebé le han proporcionado una definición concreta de un minuto. Puesto que esto es algo que sucede con mucha frecuencia, el bebé acabará por comprenderlo.

Después de un tiempo observará que, cuando cambia el pañal al bebé, se mostrará tranquilo durante un minuto, pero, si se entretiene o interrumpe la acción, se pondrá impaciente después de transcurrido un minuto. Ha aprendido a aceptar que su ajetreado horario se interrumpe durante un minuto. Ese minuto es el acuerdo suscrito con él y si lo violamos, protesta.

En este momento él ya ha desarrollado la capacidad de comprender el paso del tiempo y las etiquetas que ponemos a los intervalos específicos de tiempo.

Además de orientar al bebé en lo que está haciendo y en cómo lo hace, tenga siempre cuidado de decirle cuándo sale de casa y cuándo volverá.

Tenga especial cuidado en hacerle saber que se va a marchar cada vez que salga de casa.

Transmítale el mensaje siempre de la misma forma, de manera que el bebé se dé cuenta de que se trata de «la ceremonia de irse de casa». Cójalo en brazos y póngalo a la altura de su rostro. A continuación dígale «Mamá se va y va a volver en dos horas. Papá estará aquí contigo. Sé bueno con papá».

Siempre:
Diga a su bebé cuándo va a salir de casa y cuándo volverá.

Después salga, y asegúrese de volver en dos horas.

Por supuesto que el bebé no tiene al principio la más remota idea de lo que ocupan dos horas. Pero a medida que ambos padres hagan esto de forma continua, sincera y precisa, él lo aprenderá.

Muchos padres nos han contado a lo largo de los años lo fácil que les resultó a sus bebés aprender a escucharlos, a comprenderlos y, lo más importante, a creerlos, porque siempre informaron al niño de manera correcta de todo lo que sucedía.

Si a la madre se le olvida decirle al bebé que se marcha, es posible que él se enfade y esté malhumorado durante todo el tiempo en el que la madre está fuera. También se dan casos en los que el pequeño llora al volver su madre, para demostrarle que está molesto porque se haya marchado sin avisarle.

Algunas veces una madre se marcha de la casa sin decírselo a su bebé intencionadamente. Las madres actúan así para evitar los gritos y el enfado que causa el hecho de despedirse de él.

Cuando el bebé se dé cuenta de que la madre está lejos de él, gritará y llorará en un vano intento de llamar a su madre para que vuelva. Será difícil, por no decir imposible, consolarlo.

Ciertamente, esto no es justo para el bebé. Como suele suceder en relación con los niños, cuando los adultos creemos haber tomado un atajo lo que en realidad hemos hecho es tomar un desvío que se tarda mucho en recorrer.

No hay atajos posibles en la conducta honesta y en la buena comunicación con el niño. Este proceso comienza inmediatamente después del nacimiento, no cuando un niño tiene trece años. Los pequeños aprenden muy pronto que pueden confiar —o no— en sus padres.

El bebé necesita saber qué sucede, cuándo sucede y quién estará con él en cada momento.

Los padres han de usar su mejor lenguaje y el vocabulario más preciso posible cuando hablen con el bebé. Cada día su comprensión crece a pasos agigantados. La noción de «hablar como un niño pequeño» es, por naturaleza, una falta de respeto hacia la capacidad intelectual del bebé. El niño tiene todo el derecho del mundo a escuchar su lengua nativa pronunciada correctamente sin degradar, de forma que no tenga que *desaprenderla* después. Los padres deben proporcionar al bebé un lenguaje oral adecuado.

Si su bebé ve un perro y muestra interés por él, dígale: «Es un perro». O mejor: «Es un San Bernardo». No le ofrezca nunca la expresión complaciente: «¡Mira, un guau, guau!» El bebé no solo puede hacerse cargo de una descripción específica y clara, es que la prefiere.

Use palabras reales: No hable «como un niño pequeño».

Una vez que le haya proporcionado al bebé los nombres de todo aquello que conforma su mundo, puede empezar a enriquecer ese mundo con palabras más descriptivas. Por ejemplo, cuando sepa que las verduras que se está tomando son guisantes, le puede decir que son «guisantes verdes». Y después diga: «Son unos guisantes verdes deliciosos». De esta manera se plantea el objetivo de aumentar la sofisticación del lenguaje que usa con el bebé.

Este es el programa auditivo más importante que los padres jamás podrán llevar a cabo para su bebé. El lenguaje que ellos utilicen será el que él emplee después.

Será su tarjeta de visita durante toda su vida.

Nos guste o no, no hay nada en la vida por lo que los seres humanos se juzguen unos a otros más rápidamente que por el lenguaje que utilizan.

COMPETENCIA TÁCTIL

El bebé es ahora quien mejor puede autoprogramarse en todo lo relacionado con estimulación táctil, porque simplemente no puede estarse quieto con las manos. No se trata tanto aquí de cómo proporcionarle la suficiente estimulación, como de asegurarnos de que está seguro y de que no se traga los pequeños objetos esparcidos por la casa.

En este estadio se debe poner a su alcance una amplia variedad de objetos que pueda tocar y coger, especialmente aquellos que le ayuden a desarrollar la capacidad de percepción de objetos que parecen planos pero tienen una tercera dimensión.

REGLAS PARA UNA ENSEÑANZA EFICAZ

1. Enseñe a su bebé pensando que ello constituye una magnífica actividad y un privilegio para usted y para él.
2. Háblele con claridad, en voz alta y con entusiasmo.
3. Relájese y disfrute.
4. Confíe en su bebé con su actitud, sus modales y sus actos.
5. Proporcione información nueva constantemente.
6. No aburra a su bebé con materiales viejos una y otra vez.
7. Sea organizada y resuelta en sus enseñanzas.
8. Haga que todo se vea fácilmente.
9. Elimine las distracciones visuales, auditivas y táctiles cuando le esté enseñando cosas al niño.
10. Enseñe a su bebé solo en momentos en los que está contento, descansado y bien alimentado.
11. Interrumpa las enseñanzas siempre antes de que el bebé quiera parar.
12. Confíe en que su bebé sabe las cosas que le ha enseñado.
13. Póngase del lado de su bebé; apueste por él.
14. Siéntase dispuesta a cambiar su propuesta. Haga que cada día sea nuevo y emocionante.
15. No examine a su bebé.

PROGRAMA SENSORIAL PARA EL ESTADIO IV DEL PERFIL

Lista de control diario

Competencia visual

Proporcionar detalles complejos:

Tarjetas Bit de Inteligencia para la percepción de detalles
5 juegos: cada uno 3 veces diarias durante 5 segundos

☐ ☐ ☐ ☐ ☐ ☐
☐ ☐ ☐ ☐ ☐ ☐
☐ ☐ ☐

Palabras de lectura

5 juegos: cada uno 3 veces diarias durante 5 segundos

☐ ☐ ☐ ☐ ☐ ☐
☐ ☐ ☐ ☐ ☐ ☐
☐ ☐ ☐

Tiempo total necesario: 2 minutos 30 segundos

Cambios que he notado hoy: ______________________________

____

____

Fecha: ____________________

RESUMEN

El programa de estimulación sensorial resulta ahora más sencillo, en el sentido de que, desde el punto de vista técnico, son menos las cosas por hacer. Verá que las capacidades que en los estadios I, II y III tal vez se mantenía en niveles funcionales ahora se están convirtiendo en perfectas.

Ahora podemos pasar a crear un entorno intelectualmente estimulante con tarjetas Bit de inteligencia y con el programa de lectura. La lista de control resume lo que el programa de su bebé puede ser en estos momentos.

Ya que su necesidad de estimulación sensorial básica disminuye, el bebé necesita una gran cantidad de tiempo para desarrollar su movilidad, su lenguaje y su competencia manual. Ahora le ofrecerá menos tiempo de actividad sensorial y mucho más tiempo de actividad motora.

El bebé llevará la pauta en esto. Si tiene ocasión, pasará muchas horas desarrollando, reforzando y expandiendo sus capacidades motoras.

Y, en este momento, surge una pregunta importante: ¿Lo animaremos o haremos todo lo posible para intentan frenarlo? Es mucho más fácil ayudarle que intentar derrotar su incontenible deseo de aprender. Así pues, a continuación examinaremos con detalle cómo la madre, el padre y el bebé conjuntamente se pueden convertir en uno de los mejores equipos de aprendizaje del mundo.

20

El programa de oportunidad motora para el estadio IV

CUANDO un bebé llega al estadio en el que está claramente preparado para caminar y hablar, y parece que podría abrir una caja fuerte con sus propias manos, es posible que los padres se pregunten porqué deben animar a su bebé a hacer estas cosas. Él se muestra decidido a hacer cualquiera de las tres sin que le prestemos especial atención.

Un niño sano se desarrolla tan rápidamente que podría parecer que los padres que han puesto unos cimientos neurológicos adecuados para el bebé en los estadios I, II, y III, pueden ahora relajarse y acomodarse.

Sin embargo, la madre naturaleza tiene otros planes.

Cuando el bebé es capaz y coherente con las premisas del estadio III y, consecuentemente, está preparado para avanzar hacia el estadio IV, solo ha llegado al «final del principio» de su movilidad, lenguaje y desarrollo manual.

Necesita a la madre y al padre tanto como siempre, pero ahora de una forma muy distinta. Requiere grandes oportunidades de desarrollo, aunque deben estar dentro de un ambiente controlado donde se encuentre seguro en todo momento.

Muy pocos bebés tienen este tipo de oportunidades actualmente. Cuando los bebés alcanzan este estadio, quedan restringidos, por lo general, no solo en su movilidad, sino en el uso del lenguaje y en el desarrollo de su destreza manual.

Pasan horas y horas en parques a los que se llama «de juego» o estrictamente confinados en «andadores» en los que no pueden andar y en «cochecitos de paseo» en los que no pueden pasear, o en mochilas y asientos infantiles de automóvil.

Preste atención, por favor: Los asientos infantiles de automóvil son esenciales para la seguridad del bebé. Es la cantidad de tiempo que está «confinado» en la sillita de automóvil y no la naturaleza protectora de la sillita lo que causa preocupación en este caso. Estos entornos limitan de manera notable la movilidad del bebé; para eso es para lo que están diseñados. También limitan las oportunidades de desarrollo del lenguaje del bebé y su capacidad para explorar el mundo manualmente.

Todas estas restricciones se basan en la idea moderna de que el bebé se debe adaptar a las necesidades del mundo adulto. Debe, de alguna manera, adaptarse pasivamente a nuestras necesidades, porque así lo demanda nuestra forma de vida.

Pero el bebé no puede ni se debe adaptar a nuestro mundo.

El nuestro es un mundo en el que el lema es: «Ve en coche, no camines», y él en cambio está desesperado por caminar.

Nuestro mundo dice: «Calla, estás interrumpiendo», y él está desesperado por hablar. Nuestro mundo le ordena: «No toques eso, lo vas a romper», y él debe tocarlo para aprender más sobre él.

En resumen, tiene una agenda muy ocupada. Antes de la puesta del sol cada día se plantea un imperativo de movilidad que le dice: «Hoy tengo que andar un kilómetro y medio hoy y dar volteretas en el sofá rodando 400 veces». Tiene un imperativo de lenguaje que le exhorta: «Debo aprender una palabra por cada cosa que vea». Tiene un imperativo sensorial y manual que le manda: «Debo tocar, probar, oler y coger con mi mano todas las cosas al menos una vez».

Este imperativo se encuentra muy amenazado en un mundo que, en gran medida, no tiene tiempo para los bebés. Cuanto más tiempo inviertan el padre y la madre en el bebé durante esta fase crítica de su desarrollo, más feliz será y más rápido y mejor aprenderá y se desarrollará.

Después de más de medio siglo viendo cómo crecen nuestros bebés, estamos convencidos de que aquello en lo que el bebé se convierta cuando sea adulto, en cuanto a capacidad física y neurológica se refiere, está determinado de manera radical influyente por el primer año de vida; mucho más que por cualquier otro periodo. Es así de simple.

Para satisfacer sus necesidades debe contar con la supervisión y la participación de sus padres. Necesita a su padre y a su madre para estar en el «equipo de la pasión por aprender» y no ser parte de «la banda que se encierra y no deja hacer nada».

Este es el momento exacto en el que los padres empiezan a dividirse en dos grupos diferenciados. El primer grupo de padres progresa cada vez más ayudando al bebé a aprender en todos los momentos del día, porque ven que el papel que ellos desempeñan en la vida de su hijo es crucial.

El segundo grupo comienza a distanciarse del bebé, porque el pequeño entorpece la dinámica de la vida adulta en la casa.

Están bloqueados porque el niño «se comporta como un bebé». Cada vez pasan menos tiempo con él. El pequeño pasa cada vez más tiempo con cuidadoras o en el jardín de infancia. Cuando están con el bebé, por regla general están intentando que deje de hacer lo que quiere o necesita hacer.

El resultado es que este tipo de padres terminan quejándose sin parar por todo lo que el bebé hace. Esta será la base del escenario en el que se desarrollará su relación en los próximos 10 ó 20 años, si no más.

¡Qué trágico final para una historia de amor que nació para durar toda una vida y que nunca llegó a empezar!

El Perfil de Desarrollo puede hacer muchas cosas, pero no permite conseguir la más importante de todas: no puede hacer que los padres quieran y respeten a su bebé.

Sin embargo, una adecuada comprensión de cómo crece y se desarrolla y de por qué hace las cosas que hace aumentará en gran medida el respeto de los padres por el bebé y, cuando aumenta el respeto, con frecuencia también crece el amor. Esta comprensión es la base para erradicar la idea de que el bebé es una especie de alienígena, cuya misión es destruir la casa.

Hay una razón para todas y cada una de las cosas que el bebé hace. No pierde el tiempo. No le interesa el ocio, ni siquiera el entretenimiento.

Le interesan la supervivencia y el desarrollo de su potencial y piensa que aprender es una habilidad de supervivencia.

Tiene razón. Aprender es una habilidad de supervivencia.

Puesto que hace que parezca que aprender es fácil, tendemos a devaluar el proceso que estamos presenciando.

Él cree que aprender es *divertido.*

Tiene razón. Aprender es divertido. Pero es tanto el tiempo transcurrido desde que la mayoría de los adultos experimentaron la alegría pura del descubrimiento y la creatividad, que han olvidado lo que se siente. Un bebé siente esa alegría cada minuto del día.

Déle al bebé un sonajero y lo mirará. Por eso los juguetes están hechos de colores vivos. Lo golpeará para descubrir si hace ruidos. Por eso los sonajeros suenan. Lo tocará. Por eso los juguetes no tienen bordes afilados. Lo chupará. Por eso los juguetes están hechos de materiales que no son tóxicos. Incluso lo olerá. Todavía no sabemos a qué deberían oler los juguetes, lo cual es probablemente la razón de que no tengan ningún olor.

Todo este proceso dura alrededor de 30 segundos. Ahora que ya sabe todo lo que había que saber sobre el sonajero lo abandonará y pasará a prestarle más o menos la misma atención e interés a la caja en la que estaba empaquetado.

De hecho, el bebé frecuentemente le prestará más atención a la caja en la que viene el juguete porque le permiten que la rompa y, de esa manera, puede descubrir cómo está hecha. No tendrá esa oportunidad con el juguete porque los adultos hacemos que esos juguetes sean irrompibles.

A todos y cada uno de los objetos de su ambiente les aplica las mismas cinco pruebas de laboratorio. Los mira, los escucha, los toca, los chupa y los huele. Después, una vez que ya sabe todo lo que tenía que saber, los tira.

Esta brillante demostración del método científico se usa después en contra del bebé como prueba de su corto intervalo de atención.

Pregunta: *¿Cuánto tiempo debería jugar un bebé con un sonajero?*

Respuesta: Lo que necesite mientras haya algo que aprender de él; ni un segundo más.

La disyuntiva en ese momento es solo una: ¿Nos unimos a él o nos interponemos en su camino?

Si nos unimos a él, entramos en un mundo emocionante y dinámico. Nada permanece igual en este mundo de los bebés. Él cambia todos los días, y eso significa que nosotros tenemos que cambiar también. Algunas veces nos es difícil cambiar, especialmente si tenemos que hacerlo *¡todos los días!*

El premio, sin embargo, es un niño contento, respetado, productivo y muy capaz, que quiere y respeta a sus padres y valora las enseñanzas, la sabiduría y la experiencia de los adultos a su alrededor. La verdad es que este proceso empieza a esta edad: no cuando tiene seis, diez o quince años, sino en este mismo momento.

Este es el momento.

Si vamos a traer niños a este mundo necesitamos, como sociedad, hacernos esta pregunta: ¿no deberíamos estar preparados para satisfacer sus necesidades y adaptarnos a ellas durante ese primer año de vida, que es a todas luces fundamental?

Después de todo, somos adultos. Tenemos otras opciones; el bebé no.

No debemos limitar al pequeño por nuestra propia conveniencia en un momento en el que la libertad es algo tan precioso para él.

PROGRAMA DE MOVILIDAD

Llegados a este punto, necesita darle al bebé oportunidades ilimitadas de permanecer en posición vertical y de caminar. Es de capital importancia que se le permita hacerlo de manera independiente.

Cada vez que permite a su bebé que se balancee solo, él aprende a conocer la gravedad y la dinámica de su propio cuerpo, con movimientos tanto a favor como en contra de la propia fuerza de la gravedad.

Cada vez que ayuda a su bebé sujetándolo o dándole la mano mientras está de pie o camina, él aprende menos. Cuando esto sucede, no es el cerebro del bebé, sino el suyo, el que está captando información sobre la gravedad y el equilibrio.

Objetivo: Establecer, mejorar reforzar la capacidad de estar de pie y de caminar.

Propósito: Proporcionar el mayor número posible de oportunidades de que el niño esté de pie y camine utilizando los brazos al nivel de los hombros o por encima de ellos como elemento principal de equilibrio

Parte I – Caminar

Finalidad: Caminar 12 metros sin parar, 190 metros diarios en total.

Frecuencia: De 20 a 30 oportunidades diarias.

Intensidad: 1 paso, incrementándolo gradualmente a más.

Duración: Las sesiones duran unos pocos segundos al principio. Al menos 2 horas de oportunidad diariamente.

Contenido: Ponga al bebé en un entorno adecuado para caminar y anímelo a dar dos o tres pasos, seguidos de abrazos y besos.

Entorno: La superficie ideal para caminar es un suelo de madera que no resbale o una alfombra o moqueta de poco grosor. La habitación debe tener un mobiliario bajo y estable que le permita al bebé agarrarse para ponerse de pie de manera independiente y moverse después de un mueble a otro. Examine el mobiliario de la habitación para asegurarse de que no tiene salientes afilados en los que el niño pueda hacerse daño.

El bebé debe comenzar a andar descalzo cuando tenga una seguridad razonable en sus pies y llevar una ropa que no limite sus movimientos. Los pantalones largos ayudan a minimizar el efecto de las caídas.

Materiales necesarios:

- Suelo de madera que no resbale o bien alfombra o moqueta de poco espesor.
- Mobiliario bajo y estable, sin bordes afilados.

Técnica: Coloque algunos muebles a tan solo un paso del siguiente. Esto anima al bebé a intentar avanzar de uno a otro. De forma gradual separe los muebles. Cada día las sillas, o el sofá, o la mesa, estarán un poquito más lejos para que el niño camine entre ellas. Pasito a pasito el niño mejorará en el mantenimiento de su equilibrio.

También se puede practicar con usted y su esposo sustituyendo a los muebles. El niño se incorpora agarrando la pierna de la madre y se balancea, después da un paso y se cae en los brazos del padre. Y el proceso vuelve a empezar. Permanezca de pie junto al niño, pero cada día un poquito más alejado.

Cuando se ponga de pie sin agarrase a ningún mueble o a su pierna, y cuando pueda dar varios pasos con facilidad, dele la oportunidad de caminar por la habitación con pocos muebles o con ninguno. Asígnele la zona de la casa más despejada que tenga disponible.

Anímelo todos los días a recorrer distancias cada vez más largas para que, al caminar, aumente su resistencia y mejore su respiración.

Preste atención, por favor: En este estadio de su desarrollo el niño se caerá de vez en cuando. Es parte del proceso de aprendizaje. Puesto que se ha prestado atención a establecer un entorno seguro y los padres están pendientes de él, la mayor parte de sus caídas serán inofensivas.

Cuando un niño se caiga, no grite automáticamente y vaya a levantarlo y calmarlo.

Puede que no sea esto lo que quiera o necesite. Cuando se caiga, quédese quieto y ayúdele a levantarse solo si lo necesita. Si se ha hecho daño, mire a ver qué le ha pasado y ocúpese de ello. Si está bien, póngalo de pie y continúe.

Normalmente, cuando los adultos no nos sobresaltamos ni gritamos, el niño se pone de pie por sí mismo y sigue hacia delante sin problemas. Si usted asume de manera automática que todas las caídas son un desastre y grita o sobrecoge al niño, observará que todas las caídas tendrán malas consecuencias, ya que aprenderá a llorar aunque no se haga daño.

¡Tenga en cuenta siempre este consejo!

Parte II – Actividades de Equilibrio

Continúe con las mismas actividades de equilibrio pasivo que comenzó en el estadio III (capítulo 17).

Frecuencia: 2 veces al día para cada actividad.

Intensidad: Comience despacio e incremente gradualmente la velocidad a medida que el bebé se adapte a ello.

Duración: 60 segundos por actividad.

Contenido: 10 actividades en cada sesión.

Entorno: Un lugar seguro despejado de muebles. El suelo debe estar despejado de juguetes u otros objetos. El bebé debe llevar una ropa que no restrinja sus movimientos y *debe continuar llevando un collar protector durante estas actividades.*

Materiales necesarios:

- Collar protector.

Técnica:

1. Giros horizontales en posición de decúbito prono.
2. Giros horizontales sobre el lado izquierdo.
3. Rotación horizontal sobre el lado derecho.
4. Mecerse en la posición de decúbito supino.
5. Rotación horizontal en posición de decúbito prono.
6. Rotación horizontal en posición de decúbito supino.
7. Rotación horizontal en posición de decúbito prono (con la cabeza hacia dentro).
8. Balanceo horizontal.
9. Aceleración (arriba y abajo).
10. Balanceo vertical con la cabeza hacia abajo.

PROGRAMA MANUAL

Las mismas oportunidades que le proporciona la madre como parte del programa táctil para el estadio IV, ayudarán al bebé a desarrollar oposición cortical en ambas manos.

Objetivo: Establecer, mejorar y o reforzar la capacidad de utilizar oposición cortical en ambas manos.

Propósito: Proporcionar el mayor número de oportunidades de coger objetos utilizando la oposición cortical.

Parte I – Oposición Cortical

Frecuencia: 10 veces al día.

Intensidad: Disminuya gradualmente el tamaño de los objetos.

Duración: 30 a 60 segundos para experimentar con cada objeto.

Contenido: 1 objeto por sesión.

Entorno: Ponga al bebé sentado en el suelo en una posición cómoda o en su trona, o tumbado en posición prona de frente a usted.

Supervise estas oportunidades con atención, de manera que el bebé no se lleve estos objetos a la boca o se los trague.

Materiales necesarios:
- Objetos pequeños o pedazos de comida.

Técnicas: Elija objetos que le resulten difíciles de coger al bebé mediante el agarre de prensión. Entre otros, se incluyen: trocitos de alimentos como zanahorias cocinadas, plátano o cereales. Al principio el bebé no podrá coger estos objetos, pero a medida que se le vaya dando el tiempo adecuado de manera continuada para experimentar, acabará por dominar un objeto. Después querrá mejorar su técnica antes de empezar con otro nuevo. No retire ningún objeto hasta que crea que el bebé ha aprendido todo lo que podía aprender. Cuando sea así, introduzca otro objeto.

Preste atención, por favor: Debe tener la casa preparada a prueba de bebés. Cada día el niño adquirirá capacidades nuevas. A veces tratará de meterse en un armario o de alcanzar una estantería.

Si hay sustancias venenosas o peligrosas u objetos a los que el bebé tenga acceso, ponga esas cosas en lugares mucho más altos y ciérrelos con llave.

Nunca subestime la habilidad de un niño. Cuando sus capacidades de resolución de problemas y de decisión se ponen a trabajar juntas sin que esté vigilado, los resultados pueden ser verdaderamente asombrosos. Algunas veces las consecuencias son ciertamente para partirse de risa, pero otras pueden ser trágicas.

Parte II – Braquiación

El niño está a punto de embarcarse en una aventura con su movilidad que lo llevará a desplazarse en una escalera de braquiación.

Los niños han hecho esto desde que existen las escaleras de braquiación o sus equivalentes naturales en la selva, que sirvieron como inspiración para el diseño de estas. Por desgracia, los niños no dominan esta capacidad hasta que tienen nueve o diez años, si es que llegan a hacerlo. Verdaderamente es una pena, porque la capacidad de braquiar es bastante sencilla para un niño pequeño y conlleva grandes beneficios. Le ayuda a desarrollar madurez respiratoria y a establecer y mejorar su capacidad de visión convergente ¡y además se lo pasa fenomenal!

A. Uso de la barra

Materiales necesarios:
- Barra de 2 cm colocada en el marco de un puerta.

Frecuencia: 5 veces al día.

Intensidad: Soportar todo el peso del cuerpo.

Duración: 30 segundos.

Contenido: 1 oportunidad de agarrar la barra.

Entorno: Una barra de 2 cm de diámetro colgada con seguridad en el marco de una puerta (utilizada en el estadio III).

Técnicas: Coloque al bebé de pie y anímelo a agarrar la barra. Después permítale que soporte su propio peso durante 30 segundos mientras lo vigila para cerciorarse de que no se cae. Al final de cada sesión béselo y abrácelo y dígale que es el mejor niño del mundo ¡porque lo es! Cuando el bebé se pueda colgar de manera completamente independiente durante 30 segundos, estará preparado para empezar con la escalera de braquiación. (Ver Apéndice C para consultar las instrucciones de fabricación.)

B. Braquiación

Objetivo: El niño disfruta de la braquiación, mientras la madre sujeta parte de su peso.

Frecuencia: 10 veces al día.

Intensidad: Empezar sosteniendo prácticamente todo el peso del bebé y concluir no sujetándole apenas.

Duración: De 20 a 30 segundos.

Contenido: Empezar con 2 ó 3 travesaños, para ir aumentando hasta que el bebé recorra tramo completo de la escalera.

Entorno: Una escalera de braquiación fabricada con las especificaciones adecuadas descritas, en el Apéndice C. La escalera debe estar colocada a la altura de la madre para que pueda sujetar al niño cómodamente y con seguridad mientras permanece de pie por debajo de ella. Se debe colocar en un lugar de la casa donde se pueda usar a menudo.

El niño ha de llevar ropa cómoda que no limite el movimiento de balanceo necesario para la braquiación. Debe tener también las manos descubiertas para agarrarse a los travesaños de forma apropiada.

Materiales necesarios:

- Escalera de braquiación.

Técnica: Es conveniente comenzar prestando atención a la forma de «vigilar» al niño mientras se sujeta en la escalera de braquiación. Es aconsejable perfeccionar cada uno de los detalles de este aspecto. Eso hará que el niño esté seguro en todo momento, evitará que se caiga y le enseñará el movimiento de oscilación, fundamental en la braquiación. Para braquiar el niño debe moverse hacia delante y hacia atrás. Este movimiento hacia atrás le confiere la velocidad que necesita para desplazarse hacia delante.

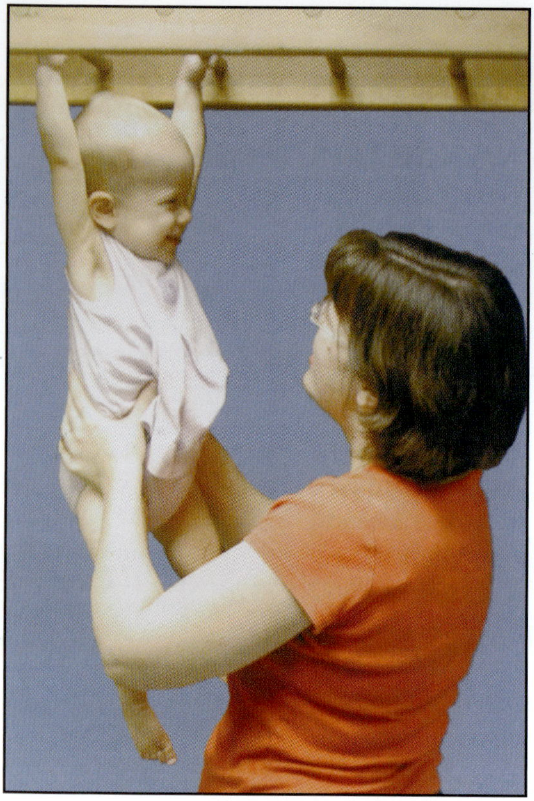

Figura 20.1.
Olivia disfruta aprendiendo la braquiación con la ayuda de su madre.

Es muy difícil, y no muy divertido, braquiar sin balancearse. De hecho, es la sensación de moverse libremente de travesaño a travesaño la que al niño le parece maravillosa cuando la domina.

Es necesario ayudarle a establecer el patrón de este balanceo mientras se mueve de travesaño a travesaño. Hágalo sujetándole por la cintura e induciendo un suave balanceo, mientras le sujeta y le ayuda a propulsarse hacia delante (ver Figura 20.1).

Al principio la madre y el padre deben estar juntos mientras hacen esto con el niño. La madre puede quedarse detrás del niño para sujetarlo y vigilarlo, mientras el padre se coloca delante y le ayuda a mover las manos de travesaño a travesaño. El padre coordina el movimiento de las manos del niño con los movimientos de balanceo que ha producido la madre.

De esta manera el niño tiene la sensación de braquiación desde el primer momento.

En estos primeros momentos se sustenta todo el peso del niño. Él aprenderá pronto a mover las manos por sí mismo, por lo que después de varios días no será necesaria una segunda persona. Pasados unos días, comience cada día dejando que el niño sustente un poquito más de su propio peso, de la misma forma que lo hizo cuando estaba aprendiendo a agarrar sus dedos o la barra.

Preste atención, por favor: Todas y cada una de las veces que el niño practica la braquiación debe haber mucha alegría y celebraciones ruidosas. El niño necesita saber que lo está haciendo bien. La braquiación puede ser divertida para todos en la familia y así, antes de que empiece, es aconsejable que el pequeño vea a un hermano o a sus padres cómo se hace. Cuanto más vea a otros miembros de la familia en la escalera, más deseará hacerlo.

Una escalera de braquiación pronto se convertirá seguramente en el lugar más atractivo de la casa. El problema al que enseguida se enfrentará no consistirá en enseñar a los niños a practicar la braquiación, sino en cómo bajar de la escalera a todos los niños del barrio.

Se trata de un problema positivo.

Es conveniente también en este caso disponer de nuevas listas de control diario que reflejen la evolución del nuevo programa de su hijo. Estas listas pueden ser parecidas a las siguientes:

PROGRAMA MOTOR PARA EL ESTADIO IV DEL PERFIL

Lista de control diario

Potenciación del movimiento

Todas las oportunidades posibles de que el niño esté de pie y de pie y camine.

Crear el entorno ideal para caminar.

Finalidad: 12 metros caminando sin parar y 190 metros de marcha en un día.

20 veces diarias durante varios segundos, aumentando hasta 2 horas el tiempo total.

☐ ☐ ☐ ☐ ☐ ☐ ☐ ☐ ☐ ☐ ☐ ☐

☐ ☐ ☐ ☐ ☐ ☐ ☐ ☐ ☐ ☐ ☐ ☐

Distancia media por sesión: ______________________

Distancia total hoy: ______________________

Cambios que he notado hoy: ______________________

____

____

Fecha: ______________

PROGRAMA SENSORIAL PARA EL ESTADIO IV DEL PERFIL

Lista de control diario

Competencia visual

Agarrar objetos

Proporcionar el mayor número posible de oportunidades de agarrar objetos utilizando oposición cortical:
10 veces al día durante un periodo de entre 30 y 60 segundos

☐ ☐ ☐ ☐ ☐ ☐ ☐ ☐ ☐ ☐

Tiempo total: de 5 a 10 minutos

Uso de la barra

Finalidad: Conseguir que el niño se agarre a la barra de manera firme y segura durante 30 segundos.
5 veces al día durante 30 segundos

☐ ☐ ☐ ☐ ☐ ☐ ☐ ☐ ☐ ☐

Tiempo total: 2,5 minutos

Braquiación

Finalidad: Que el niño disfrute de la braquiación, con la madre sustentando parte del peso de su cuerpo
10 veces al día durante durante un periodo de entre 20 y 30 segundos

☐ ☐ ☐ ☐ ☐ ☐ ☐ ☐ ☐ ☐

Tiempo total: de 3 a 5 minutos diarios

Porcentaje de peso soportado: ____________________

Numero total de tramos de escalera: ____________________

Cambios que he notado hoy: ____________________

____

____

Fecha: ____________________

PROGRAMA MOTOR PARA EL ESTADIO IV DEL PERFIL

Lista de control diario

Actividades de equilibrio

Fomento de las oportunidades de que el niño se desplace de forma dinámica.

Nota: las 10 actividades se realizan en una sesión.

Dos sesiones diarias, cada actividad se lleva a cabo durante 60 segundos.

Tiempo total: 20 minutos

1. Giros horizontales en posición de decúbito prono	☐	☐
2. Giros horizontales sobre el lado izquierdo	☐	☐
3. Giros horizontales sobre el lado derecho	☐	☐
4. Mecerse en posición de decúbito supino	☐	☐
5. Rotación horizontal en posición de decúbito prono	☐	☐
6. Rotación horizontal en posición de decúbito supino	☐	☐
7. Rotación horizontal con la cabeza hacia dentro	☐	☐
8. Balanceo horizontal	☐	☐
9. Aceleración arriba y abajo	☐	☐
10. Balanceo vertical con la cabeza hacia abajo	☐	☐

Cambios que he notado hoy: ______________________________

____

____

Fecha: ____________________

RESUMEN

Ahora el bebé camina con seguridad y sin necesidad de mantener sus brazos en alto todo el rato para mantener el equilibrio. Al hacer uso de la oposición cortical está practicando con una mano y empezando a intentarlo con la otra. También está comenzando a comprender la braquiación y, cada día que pasa, podrá balancearse mejor y sustentar su propio peso.

Lo llamaremos bebé poco tiempo más, porque en realidad cuando ha conquistado el estadio IV ya no es un bebé. Es un niño pequeño.

María y su madre disfrutan juntas de cada momento.

Ha recorrido el viaje heroico y, aunque le hemos ayudado tanto como hemos podido, ha tenido que hacer la mayor parte del viaje solo.

Se ha arrastrado muchos kilómetros; nadie podía hacer eso por él.

Se ha arriesgado a desafiar la gravedad para levantarse sobre manos y rodillas por primera vez. Por mucho que le queramos, nadie podía haber hecho eso por él.

Ahora camina, pero su necesidad de más movilidad lo espolea continuamente. No descansará hasta que haya hecho todos los experimentos necesarios para aumentar su velocidad al andar, y un buen día podrá levantar ambos pies del suelo al mismo tiempo y correr.

Pero ese es otro capítulo de otro libro. Por el momento hemos llegado al final del principio para nuestro bebé.

Ha hecho un trabajo fantástico. Nos ha demostrado coraje y decisión. Ha sido fuerte y tenaz. Casi nunca ha aceptado la derrota, aunque la tarea fuera a veces desalentadora. Cuando todo está dicho y hecho, podemos decir que nos encontramos ante un pequeñajo admirable.

Y si de verdad lo sabemos, se lo habremos dicho muchas, muchas veces.

21

Qué hacer y qué no hacer

EL propósito del presente libro es proporcionar a padres y madres un medio de comprensión adecuado del modo en el que su bebé crece y se desarrolla durante los 12 primeros meses de vida. Es nuestra intención poder enseñar los aspectos fundamentales del proceso de crecimiento y desarrollo, de forma que ellos entiendan las razones por las que estos 12 meses son tan importantes y, en consecuencia, puedan aprovechar este periodo, ciertamente *único,* con el fin de obtener en el máximo beneficio para su bebé.

Llegados a este punto, hemos proporcionado ya instrucciones detalladas sobre cómo evaluar a un pequeño a lo largo de los 4 primeros estadios del Perfil de Desarrollo, que cubren los 12 primeros meses de vida. Además, hemos elaborado un programa sensorial para cada uno de los estadios, lo que puede ayudar a los padres a que el bebé alcance cada uno de los niveles lo antes posible. Asimismo, hemos explicado la manera de crear oportunidades de mejora y un entorno favorable para el pleno desarrollo de la movilidad, el lenguaje y la competencia manual.

Solo quedan unas pocas puntualizaciones finales que le servirán a la madre para gestionar su tiempo de manera más adecuada, de modo que tanto ella como su bebé aprovechen al máximo cada momento del tiempo que pasan juntos.

SEA UNA MADRE PROFESIONAL

Las madres profesionales son madres a tiempo completo, que enfocan su labor con la misma pasión y dedicación que otros profesionales de alto nivel, sean estos ingenieros, médicos, abogados, etc. Si usted es una madre a tiempo completo, es miembro de la más honorable y ancestral

Ser madre es la más honorable y ancestral profesión del mundo.

profesión del mundo. Si no puede pasar todo el tiempo en casa junto a su hijo, es incluso más importante que adopte la misma disciplina que una madre profesional. Cuando esté con su hijo, debe colgar el cartel de «no molestar, madre trabajando». En otras palabras, plantéese las actividades para estar solamente son su hijo, sin contestar al teléfono. Tiene que realizar el trabajo más importante del mundo: protegerlo.

SEA CONSTANTE

Desarrolle su programa cada día.

El consejo que con mayor frecuencia oímos dar a madres que han desarrollado el programa con estupendos resultados es que es necesario ser constante. Se trata de un consejo excelente.

Cualquiera que sea lo que hace con su bebé, hágalo *todos* los días.

Su bebé necesita y desea estimulación a diario. Su necesidad de estimulación y de nuevas oportunidades de desarrollo no desaparece los sábados y domingos o los días festivos. Para los bebés lo mejor es la rutina. Es bueno para el bebé saber lo que se espera de él, y le será más fácil aprenderlo sobre la base del seguimiento de una rutina. La madre se beneficiará al actuar sobre la base de un esquema fácil de predecir. Ello evita una serie interrupciones y reanudaciones. Cuando usted y su bebé actúen con un programa predecible, ambos funcionarán mejor como equipo.

SEA FLEXIBLE

Tan pronto como establezca una planificación la vida real se encargará de ponerla patas arriba. Prepare planes alternativos para cuando suceda esto por un problema acuciante o por un cambio inesperado. Pero asegúrese de que el problema o la interrupción son legítimos. No permita que ninguna cuestión secundaria altere la prioridad de proporcionar al bebé estimulación y oportunidades de desarrollo.

SEA ORGANIZADA

Es muy útil mantener todos los materiales necesarios para el programa de su bebé en el mismo lugar. Puesto que es posible que usted y su bebé necesiten moverse de una habitación a otra a lo largo del día, es conveniente mantener los materiales en una caja o en una bolsa que se pueda desplazar fácilmente de un lugar a otro.

Cuando una sesión haya terminado, reorganice rápidamente los materiales con el fin de que estén a punto para la próxima sesión. Así, cuando vea que el bebé está preparado para otra sesión, no tendrá que perder tiempo intentando organizarse.

Una vez a la semana reserve un tiempo para organizar y planificar la semana o el mes siguiente. Ello le ayudará a saber cuáles son los elementos nuevos que puede necesitar y a encontrarlos. Este será un buen momento para que el padre y los hermanos y hermanas mayores estén con el bebé, de manera que usted pueda dedicar toda su atención a la organización y preparación de materiales.

DEJE A UN LADO EL TRABAJO DE LA CASA

Todos conocemos la expresión «El trabajo de una madre nunca termina». No solo es antigua, sino cierta. La casa, una gran parte de este trabajo, siempre está pidiendo atención a gritos. Las madres que participan en nuestros programas son muy estrictas en este sentido. No escuchan a la casa cuando les grita. Les parece que, una vez que el bebé ha llegado, no pueden tener la casa tan perfecta como la tenían antes. El bebé es sencillamente más importante que una casa perfecta. Nuestras madres recomiendan encarecidamente que los platos, las camas y la limpieza ocupen el segundo lugar después del bebé.

El bebé es más importante que una casa perfecta.

El tiempo de la siesta del bebé se debe reservar en primer lugar para que la madre recupere su propio sueño atrasado. Si no, la siesta se utiliza para preparar comida. Las tareas de la casa se deben dejar para el final y, siempre que sea posible, se dividan entre la madre, el padre y los hermanos mayores. Nuestros padres son espléndidos, son parte del creciente número de padres que ayudan en la casa de manera regular. Esta es una gran ayuda para usted y su bebé.

QUÉDESE EN CASA

En las primeras ocho semanas de vida de un recién nacido intente quedarse en casa tanto tiempo como sea posible. En primer lugar, le será muy difícil mantener la rutina diaria si está permanentemente entrando y saliendo.

Cada vez que un bebé sale de su casa tiene que esforzarse mucho para orientarse en el entorno nuevo. El resultado es que se cansará fácilmente y dormirá muchísimo. Por supuesto que el bebé debe dormir si

La mañana es el momento ideal para su bebé.

está cansado, pero los niños que salen mucho del entorno de su casa sencillamente terminarán durmiendo más que los que están en casa.

Desplazarse es algo que cansa bastante al pequeño. En este estadio es mejor bajar el listón y asegurarse de que tiene en casa todo lo que necesita. Durante estas primeras semanas lo mejor es que sean el padre, los abuelos o los amigos quienes hagan los encargos.

HAGA QUE LA MAÑANA SEA SAGRADA

El tiempo de la mañana es precioso, es el momento ideal para los niños pequeños. Esto es cada vez más cierto a medida que el bebé madura. Las primeras semanas de vida del pequeño consisten en comer y dormir, con solamente un poco de tiempo para la estimulación y las oportunidades de desarrollo. Pero esto cambia rápidamente a medida que el bebé madura.

Conserve la mañana como algo sagrado para usted y su bebé. Algunas madres trabajan fuera de casa y solo están en ella por la tarde. Si ese es el caso, haga todo lo posible por invertir la situación. Quédese en casa por la mañana y trabaje por la tarde. Verá que puede lograr muchas cosas con su bebé entre las 7 de la mañana y el mediodía. La tarde queda disponible para otras cosas que son necesarias.

EL DÍA DEL PADRE

Deje que el padre actúe como madre: el resultado será sorprendente.

En los Institutos para el Logro del Potencial Humano tenemos la tradición de que el padre y la madre cambien los papeles en un momento determinado después de la llegada del bebé. En la mayoría de los casos las madres que participan en nuestros programas optan por ser madres a tiempo completo. Sin embargo, alguno de nuestros padres intercambia su papel un día a la semana y se convierte en padre a tiempo total. Otros padres lo hacen durante unos meses seguidos cuando el niño deja de tomar el pecho.

En estos días la madre le entrega el programa al padre —con sus listas de control e instrucciones— y él afronta el reto de intentar lograr un día a la semana lo que la madre hace todos los días. Casi nunca completa la lista, pero siempre lo pasa muy bien intentándolo, y el bebé también. El día comienza con muchas llamadas de teléfono a la madre, pero a medida que va ganado confianza se convierte en una muy buena «madre».

Los padres actúan de otra forma. Algunas veces hacen cosas que las madres nunca hacen, y eso es maravilloso. Los padres son grandes profesores también. Uno de los secretos mejor guardados en nuestra sociedad es lo bien que lo pasan los padres y los bebés cuando se les da la oportunidad de estar a solas.

HERMANOS Y HERMANAS

Si pudiéramos aconsejar a las parejas que se están planteando la posibilidad de tener un segundo hijo les recomendaríamos encarecidamente no tenerlo muy poco tiempo después del primero. A muchas madres les han aconsejado que tengan hijos muy seguidos. «Quítate los años de los pañales tan pronto como puedas», les suelen decir.

En el rango de consejos, este puede ser uno de los peores tanto para las madres como para los bebés. Un niño de entre 18 y 30 de edad solicita toda la atención por parte de su madre. No solo la desea; realmente la necesita. No es plenamente independiente en nada, excepto en meterse en líos.

Darle a su primer hijo la oportunidad de madurar ayudando *antes de* que llegue el nuevo bebé supone sin duda un gran elemento diferencial.

Recomendamos encarecidamente que al primer bebé se le dé todo el tiempo y la atención que necesita para hacerse cada vez más independiente. Normalmente, entre los tres y los cuatro años puede ya ocuparse de sí mismo y, lo que es más importante, ayudar a mamá. Es muy importante para el primer niño colaborar a cuidar a nuevo bebé nuevo desde el principio. Si el hermano o hermana mayor es sencillamente demasiado inmaduro para ser útil, él o ella competirán con el bebé por el tiempo y la atención.

Tan pronto como se quede embarazada de su segundo bebé, le sugerimos que su primer hijo empiece a aprender tanto como pueda para ayudarla a usted y cuidar del nuevo bebé cuando nazca. Cree una lista de control para cada responsabilidad y, con ternura, entrene a su hijo en el uso de estas listas durante los próximos nueve meses.

Su hijo mayor sabe que se está formando para ser «hermano mayor». Se trata de su primer trabajo. Es un trabajo importante y su hijo lo sabe. Cuando el bebé llega, el hermano mayor está preparado y puede comenzar a ayudar. Cada día que pasa se ocupa mejor de sus responsabilidades. No ve al bebé como alguien con quien competir. Todo lo contrario, lo percibe como su hermanito o hermanita pequeña que necesita su ayuda y a quien adora. Darle a su primer hijo la oportunidad de hacerse independiente y de poder ayudar *antes de* que llegue el segundo bebé supone sin duda un gran elemento diferencial.

Nuestras madres dicen que los hermanos y hermanas mayores son fundamentales en el equipo educativo desde el momento en que llega el bebé. Es el comienzo de una maravillosa relación entre hermanos y hermanas que durará toda la vida.

PREPARACIÓN DE MATERIAL – PROCURE ANTICIPARSE

La preparación de material forma parte del conjunto de las tareas de la madre, o el padre, profesional. De la misma manera que supone un esfuerzo y requiere tiempo, debe ser algo divertido. Tiene la oportunidad de hacer material diseñado a medida de las necesidades e intereses de su propio bebé. Los materiales nuevos deben ser de gran calidad para que aguanten el uso y desgaste diario y, además, puedan servir para el próximo bebé.

Los bebés no toleran los materiales antiguos una y otra vez.

A menudo son los padres quienes hacen la preparación del material. Otras veces lo preparan juntos la madre y el padre. Es importante preparar y fabricar los materiales con mucho tiempo de antelación. Los bebés los consumen con más rapidez cada día. Si no tiene una buena reserva, se puede ver en la necesidad de usar los mismos materiales una y otra vez, cosa que tienen efectos muy negativos en el bebé. Él tolera muchas cosas, pero no tolerará ver material antiguo cuando está preparado para algo nuevo. Lo mejor es preparar más material del que se necesita. Nunca nos hemos encontrado a una madre que tuviera demasiados materiales nuevos de enseñanza para su bebé.

MANTENGA REGISTROS

Le hemos sugerido los intervalos en los que debe evaluar a su bebé. Cada vez que lo haga elabore un Perfil y féchelo. También hemos propuesto el seguimiento de un diario en el que anotar los días en los que el bebé adquiere una función nueva. Este sencillo diario, junto con los Perfiles de Desarrollo, conformará un registro de gran valía del desarrollo de su hijo.

Es importante mantener este tipo de registros, en especial en lo referente a la movilidad, para ver cómo le va su bebé en el día a día en relación con los objetivos a largo plazo.

Las listas de control diario se pueden elaborar como mejor se ajustes a sus necesidades. Hemos descubierto que estas listas ayudan a simplificar aquellos aspectos que en ocasiones pueden resultar en cierto modo abrumadores. No es tan difícil cuando cada actividad está apuntada en la lista y se señala como realizada a medida que se hace.

Estas listas también han resultado de gran valor para los padres, puesto que normalmente no llevan a cabo el programa del bebé tan a menudo como las madres. Las listas proporcionan a los padres una base para ponerse manos a la hora de desarrollar el programa.

SEPA CUÁNDO NO SE HA DE LLEVAR A CABO EL PROGRAMA

Uno de los beneficios de desarrollar un programa de forma adecuada y coherente es que el bebé presentará una mayor resistencia a las enfermedades y se pondrá enfermo con menor frecuencia. Sin embargo, si el pequeño se pone malito debe interrumpir el programa y hacer lo necesario para que se recupere.

Otro problema importante para un bebé es la dentición. Cada madre aprende cuál es la mejor manera de consolar a su hijo y de ayudarle a superar esa dolorosa experiencia.

Algunas veces continuar con el programa le ayuda a olvidarse un poco de su dentición. Otras veces quizá no suceda así y es mejor que lo deje durante un tiempo.

COMA ADECUADAMENTE

Normalmente las madres se preocupan mucho de su alimentación cuando están embarazadas, pero una vez que el bebé ha nacido, en ocasiones pueden descuidar este aspecto. La madre necesita menos calorías ahora, pero las necesidades nutricionales de una madre que está dando el pecho son también muy grandes.

Independientemente de que se esté o no dando el pecho, es muy importante que coma comida fresca y sana a intervalos regulares. Esto la ayudará a tener una buena salud y la energía que necesita para mantener un buen ritmo en sus tareas con el bebé.

DUERMA LO SUFICENTE

Las madres nunca duermen lo suficiente. De hecho, las madres de los recién nacidos viven en permanente estado de agotamiento. Al cabo de un tiempo, se hacen tan insensibles por la fatiga crónica que sufren que deja de tener conciencia de ella.

La falta de sueño es un «riesgo laboral» para todas las madres.

El padre se suele dar cuenta de esa fatiga crónica mucho antes que ella misma. Es frecuente que intervenga para conseguir que ella duerma más.

Como madre de un recién nacido, hay pasos que se pueden dar para evitar el agotamiento. Duerma cuando el bebé duerme. Por la noche, cuando el bebé se despierte para comer, dele de comer y vuélvalo a acostar inmediatamente.

Bajo ningún concepto debe enseñarle tarjetas de animales a las 2 de la mañana. Si se deja seducir por la carita despierta y deseosa de aprender de su bebé y le enseña tarjetas o incluso habla con él en medio de la noche, puede estar segura de que la noche siguiente, a las 2 de la mañana para ser exactos, recibirá una llamada que la despertará. Esta vez no será solo por la comida, querrá las tarjetas de animales también.

Por la noche intente ser todo lo aburrida que pueda. No encienda las luces y ni tan siquiera hable con el bebé. Simplemente dele el pecho y vuélvalo a acostar.

Usted necesita dormir por encima de todo y ha de ser inquebrantable para conseguirlo. Cuando usted y el bebé se encuentran descansados, no existen límites a la magia que pueden crear entre los dos.

SI TIENE UN PROBLEMA, PASE A LA ACCIÓN

La mayoría de las madres experimentan un cambio significativo de energía o de estado de ánimo después del nacimiento del bebé.

El cambio que tiene lugar en el cuerpo después del parto es espectacular. Las hormonas son poderosas. Es raro que una madre no experimente una alteración significativa en su estado de ánimo o su energía, o en ambas, después del nacimiento del bebé. Puede sentir desde una sensación de mayor alegría y energía en un extremo del espectro a una depresión profunda en el otro.

Por extraño que parezca, este cambio, completamente predecible y comprensible, es un secreto muy bien guardado. Las madres primerizas no tienen la más remota idea de qué pueden esperar o de si tienen en realidad que esperar algún cambio. Cuando la madre se empieza a sentir extraña y en baja forma justo en el momento en que necesita sentirse mejor, se siente doblemente angustiada. Después de todo, se la supone rebosante de alegría después de tener a su bebé. Ahora tiene una responsabilidad nueva y de grandes dimensiones y es mucho lo que hay que hacer. De pronto, se encuentra asustada y abrumada, cuando solo unos días antes estaba en plena forma. Si una madre no sabe que esto puede suceder y no espera este cambio, es posible que esté de mal humor y no quiera hablar con nadie. Esta alteración puede durar desde unos pocos días a algunas semanas o meses.

Si no se siente bien después del nacimiento del bebé, *no espere hasta no poder más.* Hable con su madre, su tía, o una amiga que ya haya tenido niños. Consulte a las personas en quien más confía y a las que más respeta, y comuníqueles inmediatamente lo que le pasa. Busque y encuentre una ayuda eficaz en ellas. Necesita controlar plenamente su vida y sentirse bien de nuevo a la mayor brevedad posible.

SI SU HIJO TIENE UN PROBLEMA, PASE A LA ACCIÓN

El Perfil de Desarrollo de los Institutos muestra con claridad el progreso de su hijo. Es un mapa neurológico. Si su hijo progresa de manera adecuada, ello se verá en él con claridad. Otro tanto sucederá si no es así. Si está preocupada por el desarrollo de su hijo, actúe en función de esa inquietud.

El archivo clínico de los Institutos es el mayor archivo del mundo de historiales de desarrollo documentados, con más de 15.000 registros de niños con lesiones cerebrales. Esos niños se encuentran dentro de un rango que varía desde los que presentan lesión cerebral profunda (ciegos, sordos y paralíticos) a los que padecen lesiones menores (con retraso en el desarrollo) y todos los casos intermedios comprendidos entre esos dos extremos.

Los detallados historiales de desarrollo de esos 15.000 niños muestran que prácticamente en todos los casos fue la madre quien reconoció que el niño tenía un problema. En ellos se puede comprobar que las madres detectaron alguna alteración meses o años antes de que los profesionales de la salud admitieran finalmente que el niño tenía problemas.

Las madres son las mejores observadoras. Si está preocupada por su bebé, le recomendamos encarecidamente que se informe y encuentre las respuestas a sus preguntas.

APRENDA MÁS

¡Hay muchas cosas más que aprender sobre su bebé!

- Los niños tienen un potencial de inteligencia mayor del que jamás hizo uso Leonardo da Vinci en toda su vida.
- Enseñar a leer a un bebé es fácil y, además, es importante.
- Enseñar matemáticas a un bebé es fácil y no menos importante.
- Los bebés pueden aprender absolutamente cualquier cosa, si se la enseñamos de forma honesta, objetiva y divertida.
- Los bebés deben mantener un estado físico excelente; ello ejerce un profundo efecto en su desarrollo intelectual y social
- Los pequeños deber ser sobresalientes en sus relaciones sociales. El desarrollo social es consecuencia del crecimiento intelectual y físico.
- Los niños con lesión cerebral no deben considerarse como seres desahuciados. Merecen que se luche por ellos para que estén bien.
- Hay muchas etiquetas diferentes que se les asignan a los niños con lesión cerebral (niños con daño cerebral, con retraso mental, deficientes mentales, con parálisis cerebral, epilépticos, autistas, atetoides, hiperactivos, con déficit de atención, con retraso en el desarrollo, o con síndrome de Down).

Todas las afirmaciones anteriores son ciertas. Son el producto de medio siglo de investigación y descubrimientos en los Institutos para el Logro del Potencial Humano. Pero no son el tema de este libro. Varias de ellas son, no obstante, lo que constituye en el ámbito en que evolucionarán los niños a los que van dirigidas estas páginas.

LECTURAS RECOMENDADAS

Cómo enseñar a leer a su bebé, Glenn Doman y Janet Doman, Editorial Edaf, Madrid, 2010 (edición inglesa: Square One Publishers, Garden City Park, Nueva York).

Cómo enseñar a su bebé a ser físicamente excelente, Glenn y Douglas Doman, Bruce Hagy, Glenn y Janet Doman, Square One Publishers, Garden City Park, Nueva York.

Cómo enseñar matemáticas a su bebé, Glenn y Janet Doman, Square One Publishers, Garden City Park, Nueva York.

Cómo multiplicar la inteligencia de su bebé, Glenn y Janet Doman, Editorial Edaf, Madrid, 2010 (edición inglesa: Square One Publishers, Garden City Park, Nueva York).

Cómo enseñar conocimientos enciclopédicos a su bebé, Glenn y Janet Doman, Susan Aisen, Square One Publishers, Garden City Park, Nueva York.

Qué hace por su hijo con lesión cerebral, Glenn Doman, Editorial Edaf, Madrid, 2010 (edición inglesa: Square One Publishers, Garden City Park, Nueva York).

22

La Revolución Pacífica

UNA mujer embarazada tendría que vivir en una isla desierta, a más de 1.000 kilómetros de tierra firme, para experimentar un embarazo de nueve meses sin recibir consejo sobre qué hacer o qué no hacer con su bebé.

Si tiene iniciativa, lo habitual es que vaya la biblioteca o a una librería donde podrá encontrar decenas de libros de inflexibles profesionales. Lo que muchos de ellos dicen es que no debe hacer m más que ocuparse de su alimentación.

Algunos le advierten que si no hace lo que ellos dicen pueden ocurrir cosas terribles.

Este no es uno de esos libros.

Después de casi medio siglo de experiencia directa trabajando con madres, aprendido que los padres no deben hacer nada con sus hijos si no lo comprenden o están de acuerdo con ello al cien por cien.

Los padres son los que han de decidir lo que es mejor para sus hijos.

Si los padres hacen con un niño algo que no entienden del todo, este tipo de iniciativas pueden ser peligrosas para el niño. Si no están plenamente de acuerdo, no lo harán bien.

Si alguien debe decidir sobre lo que es mejor para sus hijos, ciertamente esos son sus padres.

Los padres, y solo los padres, deben decidir lo que es mejor para sus hijos.

Ellos tomarán las mejores decisiones.

Si, después de leer este libro, la única consecuencia es que la madre mirar a su bebé con un nuevo respeto, con ello es más que suficiente, pues ese nuevo respeto tendrá un efecto decisivo en la forma en la que lo criará.

Si la madre concluye que este programa no es para ella, no lo debe llevar a la práctica en ningún caso. Nadie la apoyará en su decisión de no hacerlo más que nosotros.

Nunca en la historia las madres se han enfrentado a tantos disparates referidos al tema de cómo criar a su hijo como en la actualidad.

Por sí solas son condición suficiente para desanimarlas a tener niños.

A las madres no las deben perseguir para que hagan nada que no se ajuste al ejercicio de su propia inteligencia, de su intuición y de su instinto maternal para tomar sus propias decisiones sobre lo que es mejor para sus hijos.

Durante cinco décadas hemos contado con un arma secreta: las madres. No solo preguntamos a las madres, *escuchamos* sus respuestas.

Y casi nadie hace esto.

Es una pena que los profesionales (normalmente licenciados que nunca han cambiado un pañal ni pasado diez minutos a solas con un bebé) no escuchen a las madres.

Si lo hicieran, descubrirían un mundo nuevo en el desarrollo infantil, que ni siquiera saben que existe.

Creemos que las madres son las mejores madres y los padres son los mejores padres.

Las madres son las mejores madres y los padres son los mejores padres.

Si la madre decide que lo que quiere es enseñar una determinada actividad a su hijo durante diez minutos al día, eso es lo que debe hacer sin tener que dar explicaciones a nadie.

Si decide que quiere utilizar treinta minutos al día para enseñarle cosas a su bebé, debe enseñarle durante treinta minutos al día y no necesita justificar eso ante nadie.

Si decide enseñar a su bebé y descubre que, honradamente, le produce placer y, por tanto, decide ir más allá, entonces es eso lo que ha de hacer.

Los padres deben hacer exacta y precisamente lo que piensan que es mejor para sus hijos, ni más ni menos.

Nuestra experiencia nos enseña que la gran mayoría de padres en el mundo quieren lo mejor para sus hijos. Las madres y los padres conocen a sus bebés mejor que nadie en el mundo. Los padres quieren a sus hijos más que nadie.

Los padres son los mejores padres.

Muchos padres piensan que el ambiente que creen en casa, y el ejemplo que le den, afectará al curso de la vida de sus hijos más que cualquier otro entorno o relación. Todas las pruebas que hemos reunido en cincuenta años de investigación y descubrimiento en desarrollo cerebral apoyan esta idea.

Cuando los padres disfrutan sinceramente de la compañía de sus hijos, se convierten en los mejores profesores para ellos.

Esperamos que este pequeño libro haga que cada padre que lo lea mire a su bebé con nuevos ojos. Esperamos también que esos ojos nuevos contemplen el inmenso potencial y la gran capacidad del pequeño bebé.

Esta es la historia del comienzo de una revolución, una revolución pacífica. Una revolución para provocar el más espléndido de todos los cambios, pero una revolución en la que no hay baños de sangre, ni odio ni muerte ni destrucción.

En la más pacífica de las revoluciones solo hay dos enemigos. El primero lo constituyen los antiguos mitos sobre los niños pequeños y el segundo el orden establecido. No es necesario derribar las tradiciones del pasado; solo las que se basan en falsedades deben erradicarse sin llorar su pérdida. No es necesario calcinar lo que es válido, solo dejar que se oxide lentamente por desuso todo aquello que resulta pernicioso en la actualidad.

Esta revolución pacífica simplemente propone que los niños pequeños tienen en su interior la capacidad de aprender casi cualquier cosa mientras son muy pequeños. Proponemos que lo que los niños aprenden sin esfuerzo consciente entre el nacimiento y los seis años solo se puede aprender con gran esfuerzo posteriormente, o tal vez no se llegue a aprender nunca. Planteamos que aquello que los adultos aprenden penosamente lo aprendan los niños con alegría. Proponemos que lo que los adultos aprenden con lentitud los niños lo conozcan a una velocidad de vértigo. Sostenemos sin duda que los adultos algunas veces rehuyen el aprendizaje mientras que los niños prefieren aprender antes que comer.

Los padres no son el problema en el mundo de los niños, son la respuesta.

¿Es acaso una idea revolucionaria que lo adecuado es que padres e hijos estén juntos?

Los niños no creen eso. Si los bebés se salieran con la suya, tendrían a su madre y a su padre a su lado todos los instantes del día.

Tienen razón.

Los medios para lograr esta revolución pacífica son simples y claros.

Los padres.

Los padres no son el problema en el mundo de los niños, son la respuesta.

¿Resulta tal vez difícil imaginar que el mundo sería un lugar más cuerdo, seguro y rico si todos los bebés tuvieran la estimulación y oportunidad que necesitan en el primer año de vida?

¿Es difícil imaginar cómo sería el mundo si el hambre insaciable que los niños pequeños tienen de aprender se les saciara y avivara de manera correcta?

En realidad, el bebé tiene un apetito infinito de aprender todo lo que no sabe.

Hemos llegado al final de este libro, pero para cada padre y cada recién nacido es solo el principio: el principio de la revolución pacífica.

Epílogo

El título provisional de un libro en su fase de producción raras veces llega a ser el verdadero título. Tal vez al lector le sorprenda saber que a menudo no es el autor quien decide el título final, sino el editor. Ese ha sido el caso de este libro, que en realidad se escribió unos años antes de que llegara a ver la luz.

Los autores —naturalmente— quieren que el libro refleje el tema del que en realidad trata. Los editores, sin embargo, quieren que el título provoque la compra del libro. Aunque estos dos puntos de vista no tienen por qué ser excluyentes, a menudo lo son. Indicamos a nuestro editor que el libro nunca planteara la pregunta «¿Cuál es la inteligencia de su bebé?», y ni mucho menos que la fuéramos a contestar. No tiene el menor interés para nosotros lo listo que pueda ser su bebé comparado con el del vecino (esperamos que también sea algo de poco interés para usted). Este libro nunca tuvo la intención de versar sobre la competitividad infantil. En cambio, sí que se trata de lo inteligente que es su bebé comparado con el punto de vista adulto convencional, que afirma que los bebés no son nada inteligentes.

Si la pregunta es «¿Cuál es el nivel de inteligencia de su hijo?», la respuesta es clara: «MUY ALTO».

Disfrute intentando permanecer un peldaño por delante de su bebé. Si descubre que no puede, únase al resto de nosotros, que tampoco pudimos.

Epílogo

Sobre nuestros bebés

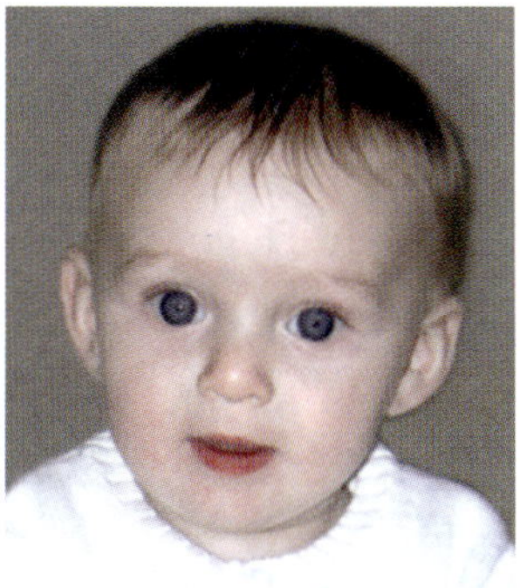

Caleb Canepa es el tercer niño de Jennifer y Polo Canepa. Jennifer ha trabajado en los Institutos desde 1999. Caleb ha desarrollado un magnífico programa desde que nació y tiene la ventaja de tener una hermana mayor, Anais, y un hermano mayor, Benjamin, que también comenzaron a llevarlo a cabo al nacer y están encantados de tener a alguien a quien enseñar todo lo que ya han aprendido.

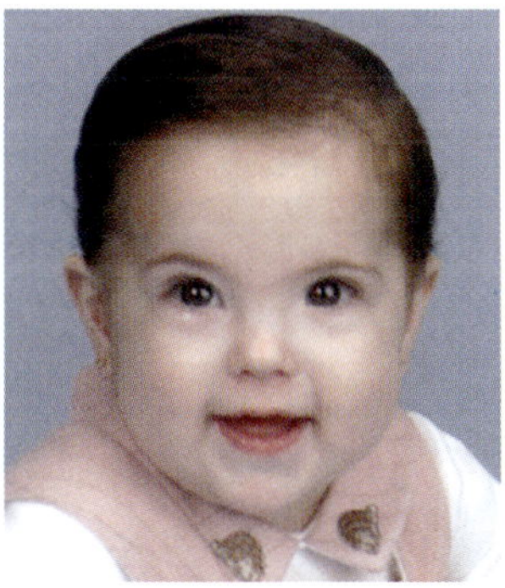

María Diaque es la hija de Beatriz y Juan Pablo Diaque. Su abuela es Beatriz Carrancedo, que fue traductora de Glenn Doman en su primera visita a México para dar conferencias sobre su libro *Cómo enseñar a leer a su bebé*. Cuando Beatriz estaba a punto de tener su primer hijo, visitó los Institutos para adquirir nuevos conocimientos. Como resultado de esta visita, la madre de María, Beatriz Martín–Moreno, comenzó el programa de desarrollo temprano de los Institutos, justo después de nacer de la misma forma que lo había hecho su hermanito Enrique. En la actualidad María tiene una madre, un padre, una abuela y un tío con gran experiencia, que lo pasan fenomenal enseñándole en casa.

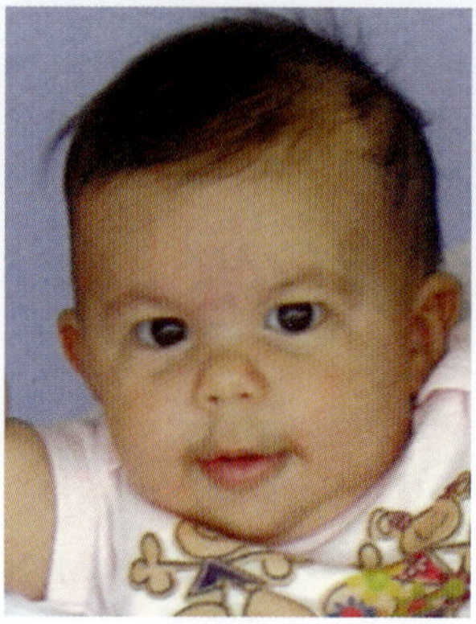

Isolda Maauad es la hija de Federica y José Maauad. José fue estudiante de intercambio en la Escuela Internacional del Instituto Evan Thomas cuando tenía 13 y 14 años. Después de casarse su mujer, Federica, vino a los Institutos para formar parte del personal voluntario y asistir al curso *Cómo multiplicar la inteligencia de su bebé,* con el fin de prepararse para el nacimiento de su primer hijo. Isolda se ha beneficiado enormemente de la experiencia y el conocimiento de sus padres.

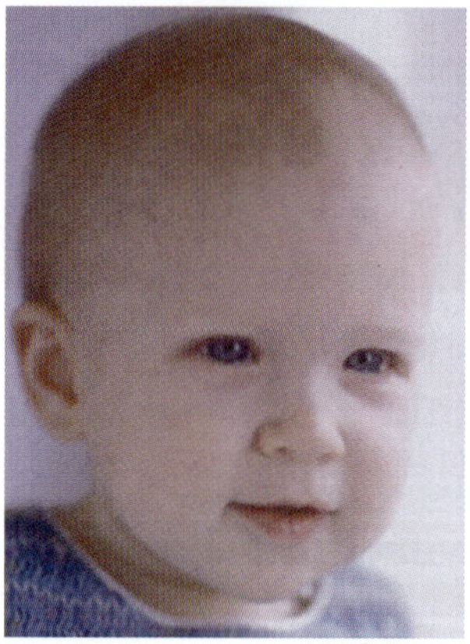

Olivia Rumpf es la hija de Colleen y Mike Rumpf. Colleen es la mayor de cuatro niños, todos los cuales han participado en el programa de desarrollo temprano desde pequeñitos. Los padres de Colleen, Kathy y John Brown, asistieron al curso *Cómo multiplicar la inteligencia de su bebé* cuando Colleen tenía cuatro años. Entonces comenzaron a desarrollar un programa completo en casa con sus cuatro hijos. Colleen disfruta ahora enseñando a Olivia muchas de las cosas que aprendió a una edad muy temprana.

Sobre los Institutos

Los Institutos para el Logro del Potencial Humano conforman una organización educativa sin ánimo de lucro que está al servicio de los niños con lesión cerebral y de niños sanos. Los Institutos introducen a los padres en el campo del desarrollo cerebral infantil. Ellos aprenden cómo crece el cerebro y cómo se puede incrementar ese desarrollo, tanto en niños lesionados como sanos.

El objetivo de los Institutos es mejorar de forma significativa las capacidades intelectuales, físicas y sociales de todos los niños.

Los Institutos creen que todos los niños con lesión cerebral merecen luchar por la oportunidad de mejorar su estado. La misión de los Institutos es proporcionar a los padres el conocimiento que necesitan para que los niños con lesión puedan tener esa oportunidad.

Más aún, los Institutos proponen que cada niño que viene al mundo tenga derecho a ser sobresaliente en los planos intelectual, físico y social. La meta para los niños sanos es alcanzar la excelencia en esas tres áreas.

Los Institutos reconocen que cuando los padres saben cómo crece el cerebro y por qué crece de esa manera, se convierten en los mejores profesores que sus hijos podrán tener jamás.

Sobre los autores

Glenn Doman es el fundador de los Institutos para el Logro del Potencial Humano. Se graduó en la Universidad de Pennsylvania en 1940. Más tarde empezó a estudiar con Temple Fay, el famoso neurocirujano del Temple University Hospital. Su trabajo con Fay le sirvió de inspiración y comenzó a ser pionero en el campo del desarrollo cerebral infantil. En 1955 fundó los Institutos para el Logro del Potencial Humano en Filadelfia. A principios de la década de 1960 el trabajo mundialmente reconocido de los Institutos con niños con lesión cerebral condujo a descubrimientos vitales sobre el crecimiento y el desarrollo de los niños sanos. Desde entonces los Institutos no han parado de demostrar que los bebés son muchísimo más capaces de aprender de lo que jamás imaginamos. El gobierno de Brasil nombró Caballero a Glenn Doman por su destacado trabajo en nombre de todos los niños del mundo.

Janet Doman es la directora de los Institutos para el Logro del Potencial Humano. Creció literalmente en el campus de los Institutos. Después de completar sus estudios en zoología en la Universidad de Hull, en Inglaterra, y los de antropología física en la Universidad de Pensilvania, se dedicó por completo al trabajo con niños con lesión cerebral. Pasó dos años en Japón, donde creó programas para madres y bebés en la Asociación para el Desarrollo Temprano de Tokio. En 1975 se convirtió en directora del Instituto Evan Thomas en Filadelfia, una escuela para madres y bebés. En 1980 fue nombrada directora de los Institutos para el Logro del Potencial Humano.

Los autores han estudiado, trabajado y vivido con niños de más de cien países, desde los más desarrollados a los más primitivos. Son los autores de los grandes éxitos editoriales de la serie La Revolución Pacífica: *Cómo enseñar a leer a su bebé, Cómo enseñar matemáticas a su bebé, Cómo multiplicar la inteligencia de su bebé, Cómo enseñar conocimientos enciclopédicos a su bebé* y *Sí, su bebé es un genio. Glenn Doman también es autor de Bebé en forma, bebé inteligente* y *Qué hacer por su hijo con lesión cerebral,* un trabajo de referencia para los padres de niños con este tipo de afección.

Apéndice A

Recursos

Escriba a:
Smart Baby
Institutos para el Logro del Potencial Humano
8801 Stenton Avenue
Wyndmoor, PA 19038
Email: smartbaby@iahp.org
Website: www.iahp.org

Cursos para padres

CÓMO MULTIPLICAR LA INTELIGENCIA DE SU BEBÉ

QUÉ HACER POR SU HIJO CON LESIÓN CEREBRAL

Para información relativa a estos cursos u otros, por favor, póngase en contacto con:
Institutos para el Logro del Potencial Humano®

En Europa:
Istituti per il Raggiungimento del Potenziale Umano®, Europa (O.N.L.U.S.)
Via delle Colline di Lari, 6
56043 Fauglia (PI), Italia
Teléfono: (0039) 050-650 237
Fax: (0039) 050-659 081
Correo Electrónico: Info@irpue.it
Sitio de Internet: www.irpue.it / www.iahp.org

En México:
Los Institutos para el Logro del Potencial Humano®, Oficina Latinoamérica, A.C.
Paseo de la Soledad 302
Misión del Campanario
Aguascalientes, Ags. 20118 México
Teléfono: (0052) 449-996-0945
Fax: (0052) 449-996-0944
Correo Electrónico: latinoamerica@iahp.org
Sitio de Internet: www.iahp.org

En EE.UU:
The Institutes for the Achievement of Human Potential® (Los Institutos para el Logro del Potencial Humano)
8801 Stenton Avenue
Wyndmoor, PA 19038 EE.UU.
Teléfono (EE.UU.): +1 (215) 233 2050
Fax (EE.UU.): (215) 233 9646
Correo electrónico: institutes@iahp.org
Sitio de Internet: www.iahp.org

Libros para padres

CÓMO ENSEÑAR A LEER A SU BEBÉ
Glenn Doman y Janet Doman

Cómo enseñar a leer a su bebé le proporciona a su hijo la satisfacción de la lectura. A usted le enseña lo fácil y agradable que resulta enseñar a leer a su hijo. Le explica cómo empezar y ampliar el programa de lectura, cómo hacer y organizar sus materiales y cómo desarrollar de una manera plena el potencial de su hijo.

También disponible:
Cómo enseñar a leer a su bebé, en vídeo o DVD
Kits de lectura *Cómo enseñar a leer a su Bebé*

CÓMO ENSEÑAR MATEMÁTICAS A SU BEBÉ
Glenn Doman y Janet Doman

Cómo enseñar matemáticas a su bebé le enseña a desarrollar con éxito la capacidad que su hijo tiene de razonar y pensar. Muestra lo fácil y agradable que resulta enseñar matemáticas a su hijo. Le explica cómo empezar y ampliar el programa de matemáticas, cómo hacer y organizar sus materiales y cómo desarrollar de manera plena el potencial de su hijo.

También disponible:
Cómo enseñar matemáticas a su bebé, en vídeo y DVD
Kits de *Cómo enseñar matemáticas a su bebé*

CÓMO ENSEÑAR CONOCIMIENTOS ENCICLOPÉDICOS A SU BEBÉ
Glenn Doman, Janet Doman y Susan Aisen

Cómo enseñar conocimientos enciclopédicos a su bebé proporciona un programa de información visual diseñada para ayudar a su hijo a aprovechar su potencial natural para aprender cualquier cosa. Le muestra lo fácil y agradable que resulta enseñar arte, ciencias y naturaleza a un niño pequeño. Su hijo reconocerá los insectos en el jardín, sabrá los países del mundo, descubrirá la belleza de un cuadro de Van Gogh y otras muchas cosas.

El libro explica cómo empezar y ampliar su programa, cómo organizar sus materiales y cómo desarrollar mejor el potencial de su hijo.

También disponible:
Kits *Cómo enseñar conocimientos enciclopédicos a su bebé*

CÓMO MULTIPLICAR LA INTELIGENCIA DE SU BEBÉ
Glenn Doman y Janet Doman

Cómo multiplicar la inteligencia de su bebé proporciona un programa exhaustivo que permitirá a su hijo aprender a leer, a operar matemáticamente y aprender cualquier cosa que le enseñe. Se trata de enseñar a su pequeño y de ayudarle a ser más seguro y capaz.

Le explica cómo empezar y ampliar este extraordinario programa, cómo hacer y organizar sus materiales y cómo desarrollar de manera más plena el potencial de su hijo.

También disponible:
Kits de *Cómo multiplicar la inteligencia de su bebé.*

CÓMO ENSEÑAR A SU BEBÉ A SER FÍSICAMENTE EXCELENTE
Glenn Doman, Janet Doman y Bruce Hagy

Cómo enseñar a su bebé a ser físicamente excelente explica, con un lenguaje accesible, los principios básicos, la filosofía y los estadios de movilidad inherentes a la consecución de ese objetivo. Este libro anima y describe lo fácil y agradable que resulta enseñar a un niño pequeño a ser físicamente excelente. Le enseña con claridad a crear un entorno para cada estadio de movilidad que ayudará a su bebé a avanzar y desarrollarse con más facilidad. Muestra cómo el equipo madre, padre y bebé es el equipo atlético más importante que su hijo jamás conocerá. Le explica cómo comenzar y fabricar los materiales, así como a ampliar su programa. Esta completa guía también incluye tablas a todo color, fotografías, ilustraciones e instrucciones detalladas para ayudarle a crear su propio programa

También disponible:
Cómo enseñar a su bebé a ser físicamente excelente, en vídeo y DVD

QUÉ HACER POR SU HIJO CON LESIÓN CEREBRAL
Glenn Doman

En este libro, que supone un gran avance dentro de su campo, Glenn Doman, pionero en el tratamiento de la lesión cerebral, ofrece una esperanza real para miles de niños, a muchos de los cuales no se les puede operar, y a muchos otros que se han dado por perdidos o han sido sentenciados a una vida de confinamiento institucional. Tras décadas de resultados satisfactorios en el trabajo hecho en los Institutos para el Logro del Potencial Humano, el libro explica por qué las teorías y técnicas antiguas fracasan y por qué la filosofía y el tratamiento revolucionario de los Institutos tienen éxito en esta área.

EL CAMINO AL BIENESTAR

Cómo ayudar a su hijo con lesión cerebral, con retraso mental, con parálisis cerebral, epilepsia, autismo, atetosis, hiperactividad, trastorno de déficit de atención, retraso en el desarrollo o con síndrome de Down.

Glenn Doman y el personal de los Institutos.

Este notable libro ha sido escrito para padres a cuyos niños se les ha puesto cualquiera de estas etiquetas y que probablemente tengan problemas de movilidad, percepción táctil, vista, oído, lenguaje, comportamiento, o una combinación de varias de ellas. Es posible que tengan problemas digestivos, de alergias, de eliminación, convulsiones, alteraciones del estado general de salud o que se encuentren en coma. Todos estos son síntomas de lesión cerebral. Si su hijo tiene cualquiera de esos síntomas, o le han calificado o diagnosticado con cualquiera de los términos, este libro es para usted. Contiene, en una terminología sencilla, lo que debe y lo que no debe hacer, en relación con su hijo con lesión cerebral.

Libros para niños

Los lectores tan jóvenes tienen necesidades especiales que no están cubiertas por los libros de literatura infantil convencional, diseñados para que sean los adultos quienes los lean a los niños, no para que los niños sean los lectores. La elección cuidadosa de vocabulario, de estructura de frases, de tamaño de letra y de formato es imprescindible para lectores tan pequeños. El diseño de estos libros infantiles está basado en medio siglo de investigación y descubrimientos de aquello que mejor funciona en los pequeños lectores.

BASTA YA, IÑIGO, BASTA YA (DE 1 A 6 AÑOS)

Escrito por Janet Doman. Ilustrado por Michael Armentrout

LA NARIZ NO SON LOS DEDOS (DE 1 a 3 AÑOS)

Escrito por Glenn Doman. Ilustrado por Janet Doman

Para información sobre estos libros y sus materiales, por favor, póngase en contacto con:
The Gentle Revolution Press
8801 Stenton Avenue
Wyndmoor, PA 19038 USA
Teléfono: +1 – 215 233 2050
Fax: +1 – 215 233 9646
E–mail: info@gentlerevolution.com
www.gentlerevolution.com
Oficina en España
Amigos de Los Institutos, España
En Europa: 0039 050-650-237
En México: 0052 449-996-0945

Pista ASCIS de arrastre infantil

La pista ASCIS de arrastre infantil está construida por espuma de polietileno y se dobla por la mitad por razones de portabilidad y almacenaje: 49 cm de ancho x 17 cm de alto x 109 cm de largo cuando está abierta.

Para adquirirla llamar a: +1 – 215–233–2050, Ext. 2525

Tarjetas Bit de inteligencia

Anatomía
Órganos del cuerpo

Historia natural
Anfibios, juego I
Aves
Aves de presa
Mariposas y polillas
Dinosaurios
Flores, juego I
Insectos, juego I
Insectos, juego II
Hojas
Mamíferos, juego I
Mamíferos, juego II
Primates, juego I
Reptiles
Animales marinos

Personas
Compositores
Exploradores
Grandes inventores
Presidentes de Estados Unidos, juego I
Líderes mundiales

Matemáticas
Polígonos regulares

Música
Instrumentos musicales

Obras de Arte
Grandes obras de arte
Autorretratos de grandes artistas
Grandes obras de Leonardo da Vinci
Grandes obras de Picasso
Grandes obras de Van Gogh

CD–ROM

DICCIONARIO VISUAL (THE PICTURE DICTIONARY)

La serie La Revolución Pacífica incluye diez volúmenes del Diccionario Visual en CD–ROM.

El programa del *Diccionario visual* está diseñado para proporcionar a los padres un método de introducción al conocimiento enciclopédico, fácil de usar y en cinco idiomas diferentes. Un niño se puede centrar en un idioma que elija como favorito o mejorar en los cinco idiomas.

Cada CD–ROM contiene quince categorías de imágenes Bit con diez imágenes en cada categoría. Esto supone un total de 150 imágenes diferentes que se pueden ver en inglés, español, japonés, italiano y francés en cada CD–ROM.

Cada imagen va acompañada por una palabra grande. El niño puede elegir ver la imagen y la palabra, solamente la imagen o solo la palabra. Es tan fácil navegar en este programa que niños con solo tres años lo han podido hacer de manera independiente.

Apéndice B

Una reevaluación de la campaña Bebés Bocarriba para prevenir el síndrome de la muerte súbita del lactante (SMSL)

Ralph Pelligra (autor correspondiente), *Ames Research Center, National Aeronautics and Space Administration (NASA), Moffet Field, CA 94035, Ralph.Pelligra–1@nasa.gov.*

Glenn Doman, *Institutos para el Logro del Potencial Humano, Wyndmoor, PA 19038.*

Gerry Leisman, *Carrick Institute for Clinical Ergonomics, Rehabilitation and Applied Neuroscience, School of Engineering and Technologies, State University of New York, College at Farmingdale, NY 11735.*

La campaña Bebés Bocarriba se inició en 1994 para implantar la recomendación de la Academia Americana de Pediatría (AAP) que consistía en colocar a los niños en una posición distinta del decúbito prono, por el riesgo de síndrome de muerte súbita del lactante (SMSL). Este artículo supone un desafío a esa campaña, conocida por sus siglas en inglés, BTSC, desde dos puntos de vista: 1) la validez cuestionable de las estadísticas sobre mortalidad y riesgo por SMLS, y 2) la campaña Bebés Bocarriba, como experimentación humana en lugar de como terapia preventiva confirmada.

El argumento principal que dio lugar a la campaña y que continúa justificando su existencia es la observación de la disminución en paralelo del número de niños colocados en posición de decúbito prono para dormir y el número de muertes causadas por SMLS. Estamos obligados a desafiar tanto la relación causal implícita entre estas observaciones como las estadísticas de mortalidad por este síndrome en sí mismas.

PALABRAS CLAVE: SMLS, salud pública, investigación médica, epidemiología, salud infantil, infancia, Estados Unidos.

INTRODUCCIÓN

El asesoramiento médico que emana de la epidemiología puede tener un efecto notable en la salud pública debido al número de individuos afectados. Ello es válido tanto para los consejos erróneos como para los correctos. Por esa razón debemos intentar identificar tanto los beneficios como los perjuicios de las medidas preventivas y cuestionar las premisas en que se basan. Prácticamente nadie discute esto. En la práctica, sin embargo, a menudo existe cierta resistencia al cambio y a creer en los datos que contradicen las creencias tomadas como verdades anteriormente[1].

Recibido 1 de junio de 2005; *revisado el 30 de junio de 2005; aceptado el 30 de Junio de 2005; publicado el 21 de julio de 2005.*

Review *The ScientificWorld JOURNAL* (2005) 5, 550–557 ISSN 1537–744X; DOI 10.1100/tsw.2005.71

The ScientificWorld www.thescientificworld.com

Pelligra,R.; Doman, G., y Leisman, G. (2005). Una reevaluación de la Campaña Bebés Boca Arriba SMSL. *The ScientificWorld JOURNAL* 5, 550–557.

Editor Handling: Joav Merrick, Editor Principal para *Child Health and Human Development* — un dominio de *The Scientific World JOURNAL*.

La Campaña Bebés Bocarriba se inició en 1994 para implantar la recomendación de la Academia Americana de Pediatría (AAP), que consistía en colocar a los niños en una posición distinta de la de decúbito prono, por el riesgo de síndrome de muerte súbita del lactante (SMSL)[2]. Este artículo supone un desafío a esa campaña, conocida por sus siglas en inglés, BTSC, desde dos puntos de vista: 1) la validez cuestionable de las estadísticas sobre mortalidad y riesgo por SMLS, y 2) la BTSC, como experimentación humana en lugar de como terapia preventiva confirmada.

La cuestionable validez de las estadísticas sobre mortalidad y riesgo de SMSL

El argumento principal que dio lugar a la campaña y que continúa justificando su existencia es la observación de la disminución en paralelo del número de niños colocados en posición de decúbito prono para dormir y el número de muertes causadas por SMLS[3,4]. Estamos obligados a desafiar tanto la relación causal implícita entre estas observaciones como las estadísticas de mortalidad por este síndrome en sí mismas.

Los datos de mortalidad por SMLS proceden exclusivamente de estudios epidemiológicos, y tanto la recomendación de la AAP como la BTSC estaban primordialmente basadas en esos informes, procedentes de varios países fuera de Estados Unidos. Sin embargo, aunque es un axioma que la validez de cualquier estudio epidemiológico depende de la precisión en el diagnóstico, todavía hoy no existe consenso global sobre la definición de SMSL. Por ejemplo, Sawaguchi y cols[5] reconocen que «el diagnóstico de SMSL no es uniforme en Japón y que no se hace basado en ninguna definición reconocida internacionalmente». Los puntos de vista oficiales referentes al diagnóstico de SMSL en Japón difieren entre los pediatras, los expertos en medicina forense y los patólogos. En la misma línea hacen notar que, en Escocia, en la década de los ochenta se informó de muchos casos de muerte infantil súbita e inesperada por SMSL, en los noventa hubo una tendencia opuesta y la mayoría de casos similares se clasificaron como «desconocidos».

En 1999, cinco años después del comienzo de la BTSC, Cote y cols[6], en un estudio de 623 casos de muerte súbita infantil, descubrieron que el porcentaje de diagnósticos no SMSL era muy superior en autopsias practicadas en centros con expertos en patología pediátrica que en un hospital general o instituto médico legal. El número de diagnósticos no SMSL también era mucho más alto en edades atípicas (12–18 meses) que en las típicas (1-6 meses) para SMSL.

Es razonable, en vista de ello, cuestionar la validez de la prevalencia de los porcentajes de SMSL que provienen de clínicas diversas, en distintos países y con grados variables de conocimiento en patología pediátrica, así como con diferentes criterios de diagnóstico. Uno podría preguntar hasta qué punto el porcentaje decreciente de SMSL de la década anterior puede ser atribuible a una mayor conciencia y a la mejora de las metodologías y los procedimientos para distinguir las muertes por SMSL de las no SMSL y a un cambio en el criterio de diagnóstico.[7,8]. ¿Hasta qué punto la propensión a asignar diagnósticos de SMSL a bebés que mueren durante el conocido tiempo de vulnerabilidad entre 1 y 6 meses o a los que son hallados en la posición de decúbito prono debilitan los estudios epidemiológicos?

Paris y cols[9] intentaron tratar el tema del descenso de los casos de SMSL como reflejo de los cambios en los criterios diagnósticos. Informaron de que los criterios alternativos no aumentaron durante el periodo de estudio (1985–1995, excluyendo 1991). Sin embargo, revisaron solamente las muertes atribuidas a aspiración, sofoco o asfixia posicional, sin mencionar el número de diagnósticos, si es que había alguno, que se documentaron por investigaciones en la escena donde se produjo la muerte. Los cambios en diagnósticos alternativos, como infección, trastornos cardiovasculares o enfermedad metabólica, que pueden no mostrar síntomas serios previos a la muerte[6], no se consideraron. En apoyo a la idea de que los diagnósticos alternativos puedan haber aumentado está la siguiente observación: mientras los casos informados de SMSL disminuyeron entre 1999 y 2001, el conjunto de la mortalidad postneonatal permaneció estable[10].

Hay otra variable importante que se debe tener en cuenta cuando se intenta establecer la validez de las estadísticas de mortalidad por SMSL. En 1991 un equipo de expertos convocado por el Instituto Nacional de Salud Infantil y Desarrollo Humano de Estados Unidos (NICHD)[11], expandió el criterio de establecimiento de diagnóstico SMSL al incluir una investigación minuciosa por el juez de instrucción del lugar donde se produjo la muerte, así como una revisión de la historia clínica del niño, además de la práctica de una autopsia completa. Ello supuso un cambio fundamental, porque los casos de asfixia por ambientes inseguros donde los niños dormían o por infanticidio no se podían distinguir de los causados únicamente por SMSL. Previo a la recomendación del NICHD en 1991, el porcentaje anual de SMSL en Estados Unidos era estable con un 1,3–1,4 por 1.000 nacimientos de niños vivos.

La figura 1 muestra que el número de casos de muerte por SMSL reportados ya estaba en descenso antes de la expedición, en junio de 1992, de la recomendación por parte de la Asociación Americana de Pediatría (AAP) de colocar a los bebés en la posición de decúbito supino para dormir. Cuando la BTSC comenzó en 1994, el porcentaje de prevalencia ese año ya había caído a 1,03 muertes por SMSL por 1.000 nacimientos de niños vivos con respecto a las 1,30 muertes por SMSL por 1.000 nacimientos de niños vivos de 1991. Actualmente no se sabe hasta qué punto el descenso de muertes reportadas se debe a la adopción en 1991 del criterio diagnóstico más estricto para SMSL del NICHD. Tampoco se sabe hasta qué punto una década de educación a los padres sobre factores de riesgo modificables como fumar, dormir juntos, y ambiente de sueño inseguro han contribuido al descenso actual de muertes por SMSL[12]. No se puede saber, por tanto, hasta qué punto una posición alterada para dormir es la responsable del descenso reportado de muertes por SMSL.

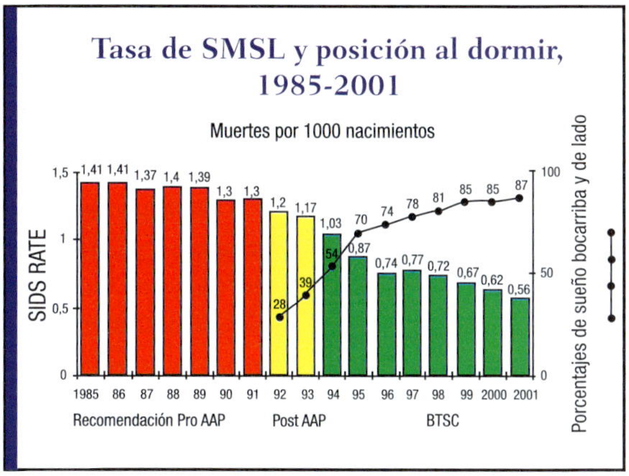

Figura 1

La tasa reportera de SMSL ya estaba en descenso antes, de la expedición, en junio de 1992, de la recomendación de la AAP de colocar a los bebés en la posición de cúbito supino para dormir y descendió el 26% entre 1989 y el comienzo de la campaña bocarriba en 1994.

En Estados Unidos las pruebas de que exista una asociación entre la posición en la que duermen los niños y el riesgo de SMSL son limitadas[13,14, 15,16,17]. Solo se ha llevado a cabo un estudio completo después del inicio de la BTSC[18]. Sin embargo, este estudio de base poblacional y con casos control estuvo limitado por un porcentaje bajo de participación de un 50% entre los casos aptos y un 41% entre los controles aptos y un tamaño de muestra pequeño de 185 casos de muertes por SMSL. El análisis epidemiológico también está debilitado por basarse en cuestionarios retrospectivos, que son susceptibles de tener sesgo de recuerdo, y en entrevistas que a menudo generan respuestas que tienen la intención de complacer al entrevistador. Más aún, no es posible determinar la importancia relativa o los efectos combinados de los múltiples factores de riesgo sumados al de la posición para dormir, que se cree que contribuyen al SMSL[19,20].

La epidemiología del SMSL está claramente confundida con casos en los que la muerte se haya podido deber a otras causas. Hasta que se descubran la causa o causas del SMSL o se cree un test de diagnóstico específico, no se puede saber con certeza cuáles son los bebés que sucumben al «verdadero» SMSL. Haas y cols.[20] advierten que muchos rasgos epidemiológicos solapados de bebés SMSL y no SMSL ilustran la falacia de asignar significado biológico solo debido a diferencias estadísticas significativas. Si la muestra de un estudio es lo suficientemente amplia, un efecto pequeño puede ser estadísticamente significativo incluso en el caso de que la asociación sea falsa, como consecuencia de una variable que pueda resultar desconcertante[21]. También factores de riesgo con efectos amplios pueden no ser importantes para casos individuales, si la enfermedad es poco frecuente[21]. El SMSL es una enfermedad poco frecuente.

La BTSC como experimentación humana en lugar de como tratamiento preventivo confirmado

Ni la causa del SMSL ni un mecanismo causal que una el SMSL con la posición de decúbito prono prona han sido documentados, a pesar de que ha habido más de una década de investigación sobre el tema. Son numerosas las teorías múltiples y sin base etiológica. Se han registrado más de 49 mecanismos causales de SMSL[22] y se han propuesto más de 38 factores de riesgo epidemiológico y biológico[19]. Varios autores han cuestionado las hipótesis más importantes (y sus variantes) que presumen que un caso de SMSL es el resultado de una anomalía en la regulación cardiopulmonar[23], un déficit respiratorio al despertar[24,25] y asfixia general[26]. Hasta que la etiología del SMSL se haya confirmado y se haya establecido una relación causal con la posición de decúbito prono, el rigor científico requiere que la BTSC se contemple como un experimento humano a gran escala, en lugar de como un programa documentado de tratamiento preventivo confirmado.

Se puede rebatir, por supuesto, que un programa preventivo, como las campañas para dejar de fumar, puede ser eficaz, aunque aún no se haya identificado un mecanismo causal entre el consumo de tabaco y el cáncer de pulmón. Sin embargo, la alternativa a fumar, es decir, no fumar, no se asocia con efectos secundarios perjudiciales. Ese puede no ser el caso con la posición de decúbito supino para dormir. Así pues, es adecuado definir y cuantificar con claridad los riesgos relativos y los beneficios de la BTSC y las indicaciones sobre la posición más adecuda para dormir.

Riesgos frente a beneficios de la posición en la que duermen los bebés

En 2003 Hunt y cols[27] informaron de varios resultados asociados con la posición en la que duermen los niños y descubrieron que síntomas no identificados como tos, congestión nasal, flemas, vómitos, diarrea, fiebre o problemas respiratorios aumentaban significativamente entre los niños que dormían en posiciones distintas de la posición de decúbito prono. Sin embargo, sus datos se extrajeron de un estudio realizado entre 1995 y 1998 y no fueron examinados por los riesgos de posición facial y deformidades de la cabeza (*plagiocefalia* posterior) y retraso temprano del desarrollo.

Plagiocefalia

El SMSL es una enfermedad poco común, que se cobra la vida de entre un 0,5 y un 3,0 por 1.000 anual de los niños nacidos en los países desarrollados. En comparación, la incidencia de la posición facial y las deformidades de la cabeza a causa de la posición de decúbito supino se ha incrementado desde la BTSC, y afecta en la actualidad a 1 de cada 60 niños[28]. La plagiocefalia a veces requiere tratamiento físico u ortopedia de la cabeza (un casco) y, si se diagnostica erróneamente como *craniosinostosis,* puede dar lugar a una cirugía innecesaria. La plagiocefalia no debería tratarse como algo meramente «cosmético».

Apéndice C

Equipos que puede construir o fabricar para su bebé

LA PISTA DE ARRASTRE

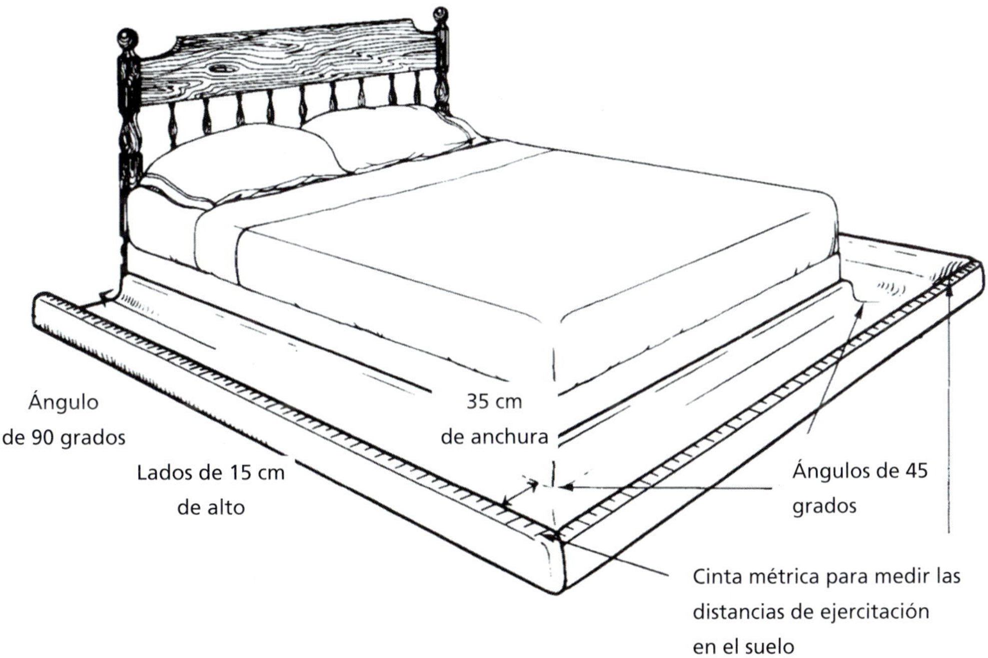

La pista se construye con madera de contrachapado de 2 cm cubierta con gomaespuma de 2,5 cm de espesor y cubierta después con vinilo suave y no poroso. La pista de tres secciones es completamente desmontable.

Cómo construir una pista de arrastre

Cada una de las tres secciones que se muestra es completamente desmontable.

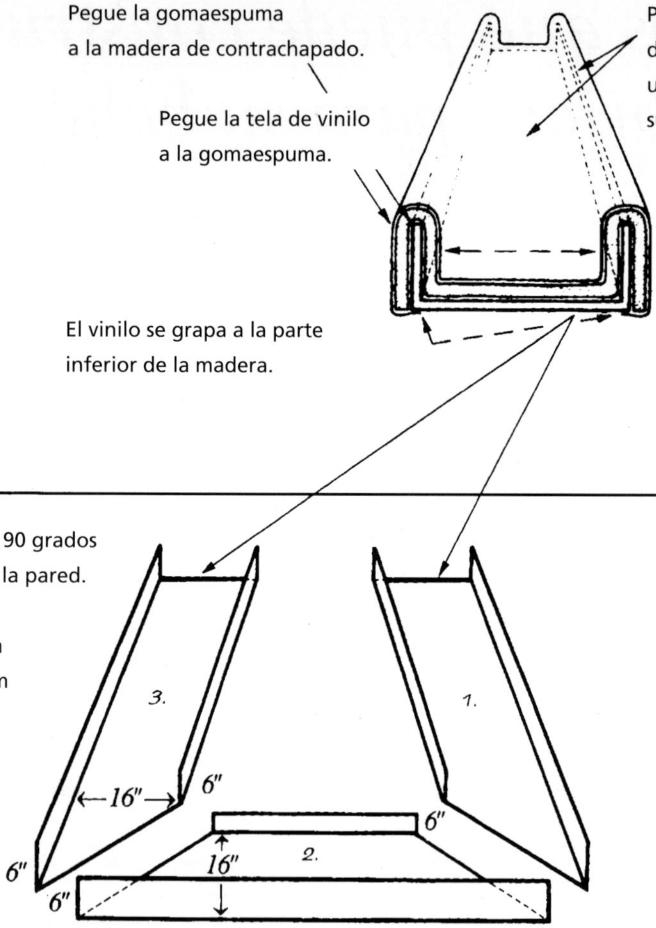

Ángulos de 45 grados en los bordes externos de la cama.

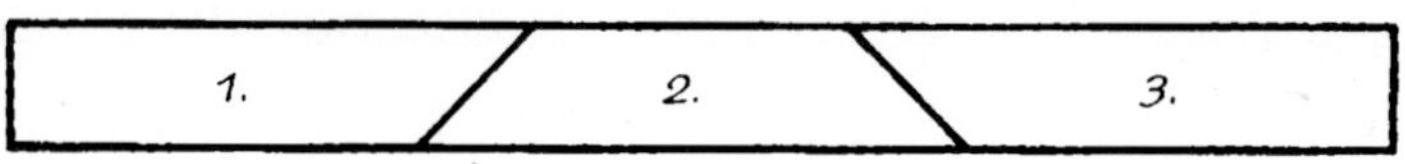

El dibujo inferior muestra las tres piezas colocadas de extremo a extremo para hacer una pista de arrastre para distancias largas; en él se aprecia una imagen general de las pistas unidas.

Cómo hacer un collar protector del cuello para su bebé

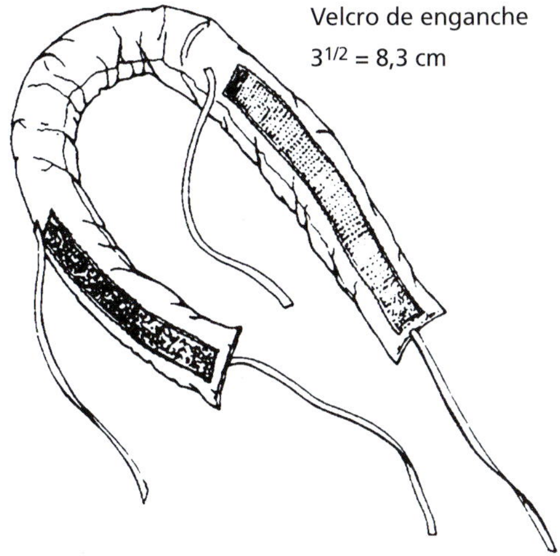

En todas las actividades que le recomendemos la seguridad de su hijo será nuestra primera preocupación. Es importante ser particularmente cuidadoso con el cuello del bebé, de modo que los collares protectores del cuello son imprescindibles, en especial para las actividades de equilibrio pasivo del estadio III.

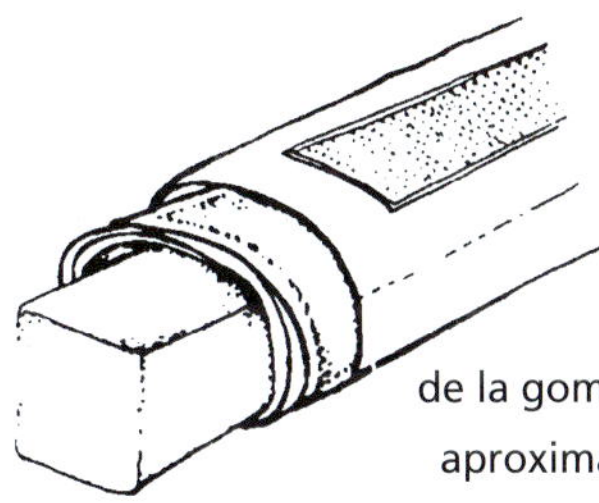

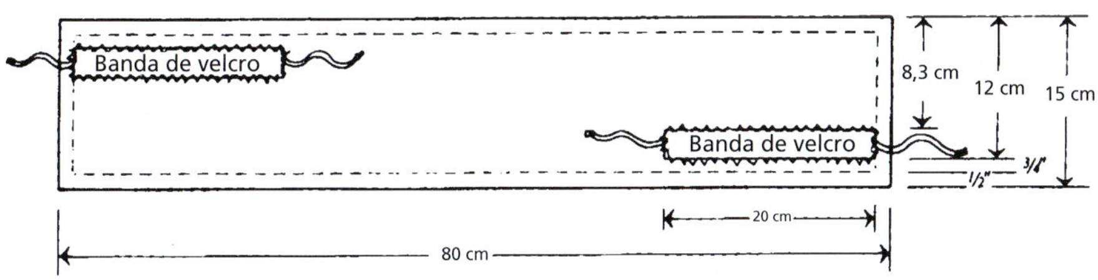

5″ = 12 cm	Longitud de los puntos de costura:
6″ = 15 cm	6 por cm
8″ = 20 cm	Doble punto en costura larga
31″ = 80 cm	Final en zigzag en ojal

Requiere:

Tela exterior: 80 cm x 15 cm
Velcro de 2,5 cm: 15 cm
4 tiras para atar de 20 cm de largo (doble pliegue) y 7 mm de ancho= 81 cm en total

Nudo: 20 cm en total antes de atar

Barra para colocar el el marco de la puerta

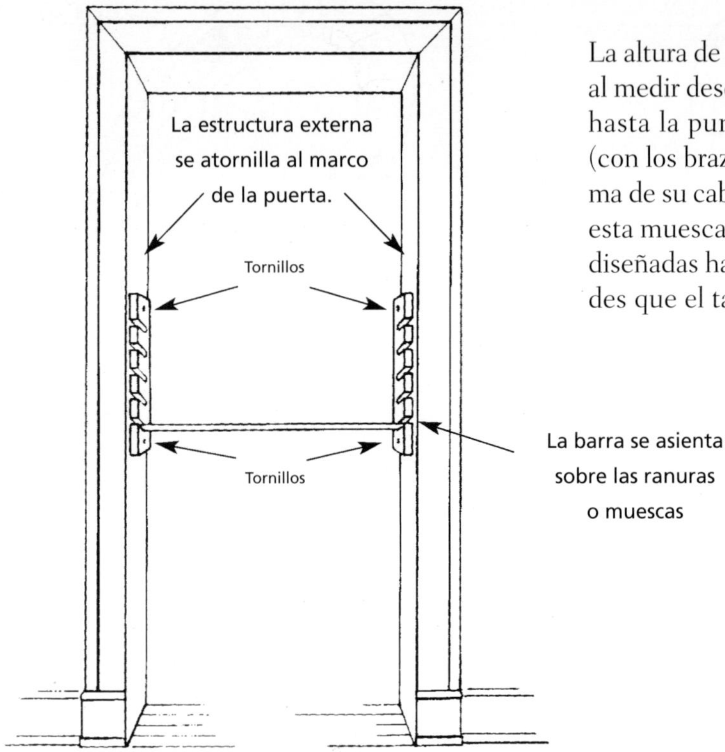

La altura de la primera muesca se determina al medir desde los dedos de los pies del niño hasta la punta de los dedos de sus manos (con los brazos levantados y rectos por encima de su cabeza) y se le añaden 5 cm. Desde esta muesca hacia arriba, las muescas están diseñadas hacia abajo y son 3 mm más grandes que el tamaño de la barra.

La barra colocada a través del marco de la puerta le será de utilidad hasta que el niño desarrolle su capacidad de braceo independiente. Incluso después, lo pasará bien jugando en ella.

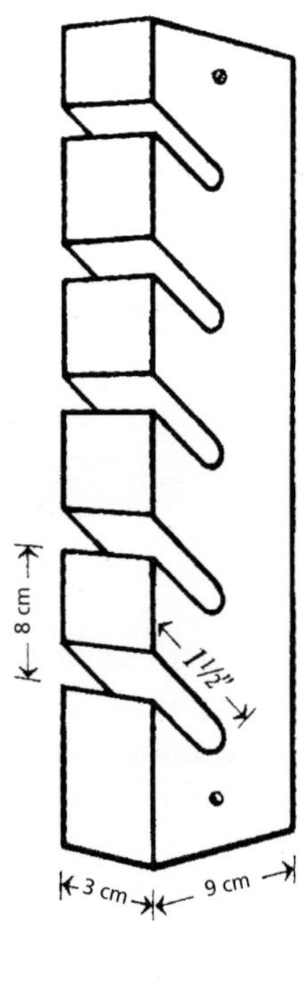

Cómo construir una escalera de braquiación

La escalera de braquiación se construye haciendo las partes principales por separado y ensamblándolas después, de modo que sea una escalera sólida que puedan usar niños y adultos.

Se recomienda la madera de roble para los travesaños, por su resistencia. Para el resto de la escalera de braquiación es aconsejable emplear madera de pino o abeto, por carecer de nudos.

Las dos primeras partes a construir son los ensamblajes de los soportes verticales.

La tercera parte es la propia escalera.

El paso final es el montaje de las partes.

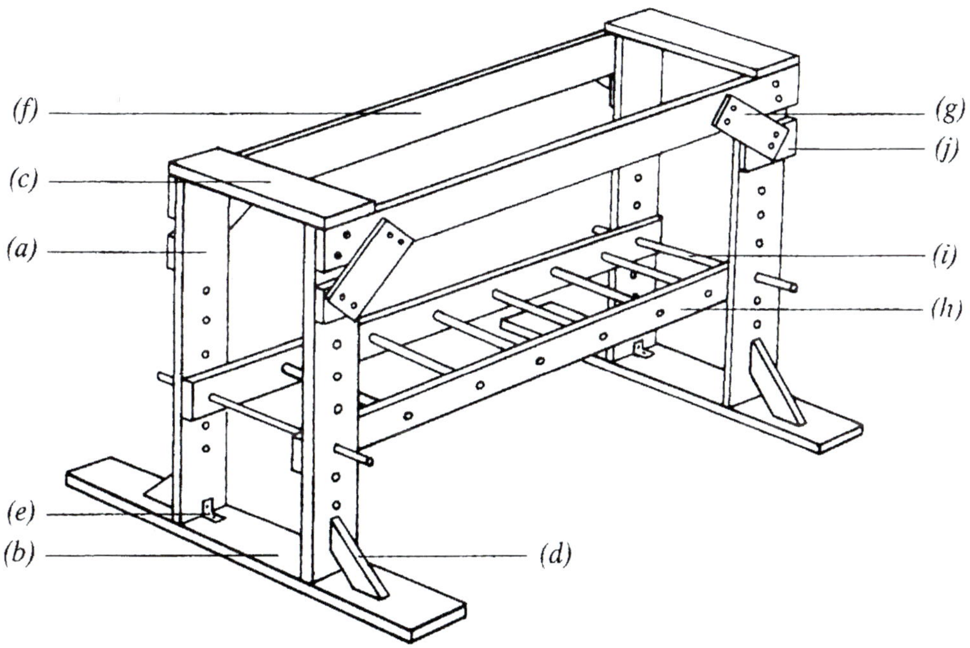

Escalera de braquiación: ensamblaje de los soportes verticales (se requieren dos)

Materiales: 4 laterales de 5 cm x 15 cm x 9 cm (a)
2 bases en la parte baja de 5 cm x 15 cm x 12 cm (b)
2 piezas en la partes superior de 5 cm x 15 cm x 55 (c)
4 abrazaderas de 5 cm x 10 cm x 75 cm (d)
8 tornillos con cabeza de tuerca de 7 mm x 7,6 cm
8 ángulos de hierro con agujeros hechos de 2,5 cm de ancho y 10,2 cm de largo
32 tornillos para los ángulos de hierro

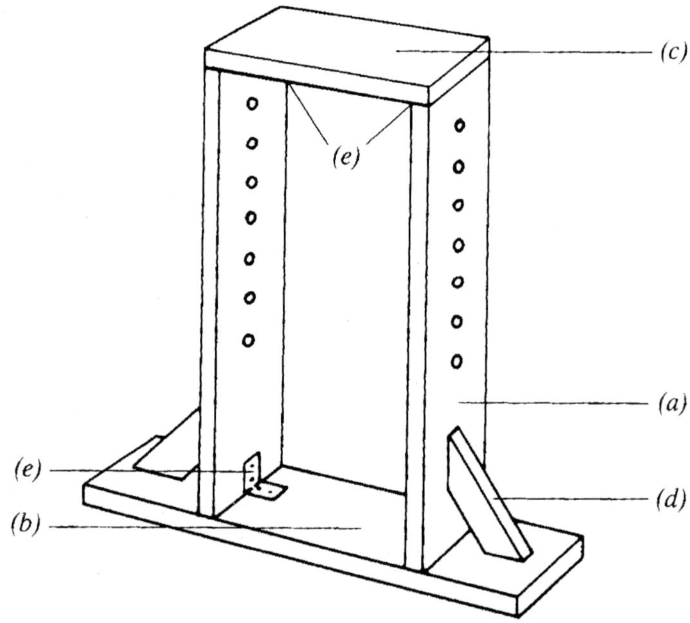

Instrucciones de montaje

1. Taladre agujeros de 2 cm en los lados (a), comenzando a 70 cm del suelo y espaciados cada 5 cm hacia arriba (29 agujeros).
2. Clave los laterales (a) a la base inferior (b), manteniendo 45 cm entre los laterales (dimensión interior).
3. Clave la base superior (c) a los laterales.
4. Coloque las abrazaderas (d) en su lugar (después de cortarlas con el ángulo adecuado) y clávelas a los laterales y la base inferior.

5. Taladre agujeros de 7 mm a través de las piezas laterales y la base inferior para atornillar los tornillos con cabeza de tuerca a través de los lados y de la base inferior hacia las abrazaderas. Haga los agujeros de forma que las cabezas de tuerca se queden al mismo nivel que la superficie.

6. Introduzca los tornillos con cabeza de tuerca. Coloque los ángulos de hierro como se muestra, con dos tornillos por pata.

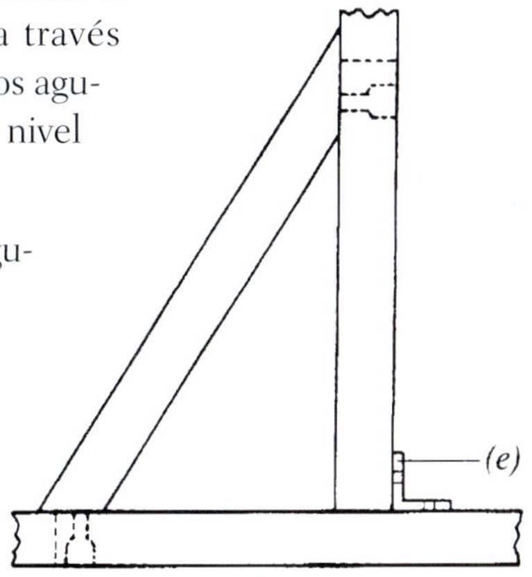

Escalera de braquiación: montaje de las barras superiores (se requieren dos)

Materiales: 2 barras de 5 cm x 15 cm x 3,2 m (f)
4 abrazaderas de 5 cm x 15 cm x 55 cm (g)
8 tornillos de cabeza redonda de 7 mm x 10,2 cm
8 tuercas de 10,2 cm
8 arandelas

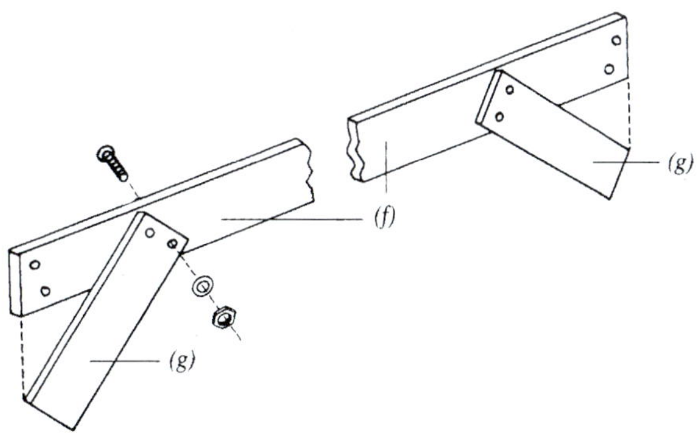

Montaje

1. Taladre agujeros de 7 mm en cada extremo de la barra para tornillos, como se muestra en el dibujo.

2. La posición de los agujeros debe estar en un lugar diferente al de los ángulos de hierro utilizados para unir la base superior (c) a los laterales (a).

3. Monte las abrazaderas con tornillos, tuercas y arandelas. La cabeza de los tornillos debe estar en el interior de la escalera; tuercas y arandelas en el exterior. Apretarlos es el último paso del proceso de montaje.

Escalera de braquiación: montaje de la escalera (se requiere una)

Materiales: 2 laterales de 5 cm x 10 cm x 3,2 m (h)
19 travesaños de madera maciza*
de 2,5 cm de diámetro y 45,7 cm de
largo (i). 38 clavos

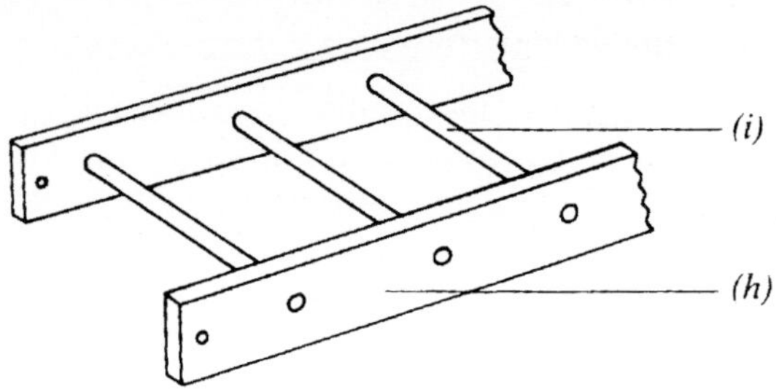

Montaje:

1. Taladre agujeros de 2 cm a 7 cm de los extremos de ambos lados.
2. Taladre agujeros de 2,5 cm a 15 cm de los extremos y después a una distancia de entre 7 cm y 30 cm, dependiendo del tamaño del niño.
3. Coloque los travesaños en los agujeros y asegúrelos con clavos y cola.

Escalera de braquiación: montaje final

Materiales:

2 soportes verticales
2 barras superiores horizontales
1 escalera
8 tornillos de cabeza redondeada de 7 mm y 10 cm de largo
8 tornillos de 7 mm de cabeza redondeada y 15 cm de largo
16 tuercas de 7 mm
16 arandelas
2 separadores de 5 cm x 15 cm x 15 cm (j)
2 barras de 1,9 cm de diámetro y 76,2 cm de largo (k)

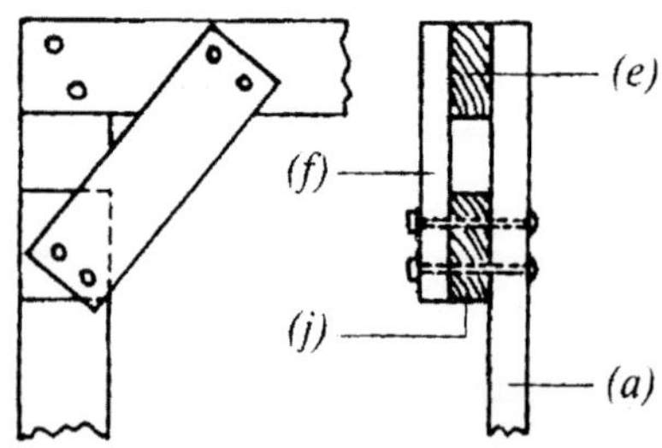

***NOTA:** El diámetro de los travesaños y el espacio entre ellos depende del tamaño del niño. Sugerencia:

6–18 meses	18–36 meses	36 meses en adelante
travesaños de 1,6 cm espacio entre ellos 10 cm	travesaños de 1,9 cm espacio entre ellos 15 cm	travesaños de 2,5 cm espacio entre ellos 30 cm

Escalera de braquiación: construcción

1. Coloque los postes verticales a 3 metros de distancia.
2. Coloque las barras horizontales en la parte superior y marque los espacios para los tornillos para taladrar los agujeros correspondientes en los lados verticales.
3. Taladre agujeros de 7 mm en el lateral.
4. Monte las barras en los postes verticales con tornillos de 10 cm, tuercas y arandelas.
5. Coloque los separadores de 5 cm x 15 cm x 15 cm en su lugar.
6. Taladre agujeros de 7 mm a través de los laterales verticales, la abrazadera y el separador.
7. Atornille las abrazaderas de la barra a los laterales con tornillos de 15 cm, tuercas y arandelas con la cabeza del tornillo en la parte interior de la escalera.
8. Apriete todo con seguridad.
9. Si al montar las barras y abrazaderas a los lados verticales algún agujero en los lados verticales están tapados, taládrelos de manera que la barra se pueda colocar en su sitio.
10. Ponga la escalera a la altura deseada y sujétela con las barras en ambos extremos.

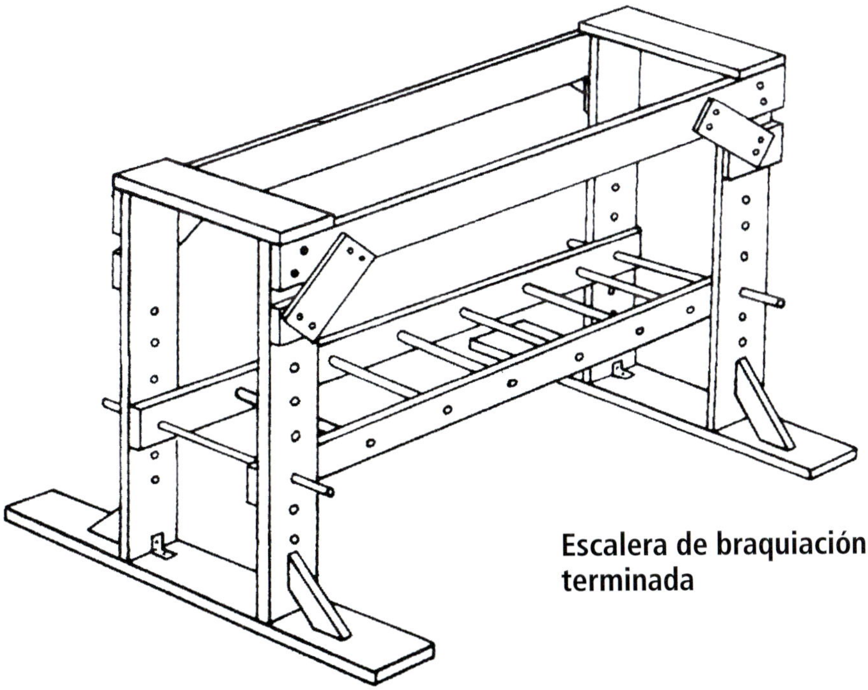

Escalera de braquiación terminada

DIMENSIONES Y AJUSTES PARA NIÑOS DE EDADES DIFERENTES

	6–18 meses	18–36 meses	36 meses en adelante
Tamaño de la barra	1,25 cm	1,9 cm	2,5 cm
Anchura de la escalera	45 cm	45 cm	4,5 cm
Longitud de la escalera	3 m	3 m – 4,5 m	4,5 m – 6 m
Espacio entre travesaños	10 cm	15 cm	30 cm
Altura de la escalera	Altura de caminar del bebé o altura de la madre	Altura de la madre	Añada 10 cm a la medida del niño (de las manos a los dedos de los pies)

Índice temático

Títulos publicados por el mismo autor:

Cómo multiplicar la inteligencia de su bebé
La Revolución Pacífica

Glenn Doman y *Janet Doman*

* * *

Cómo enseñar a leer a su bebé
La Revolución Pacífica

Glenn Doman

* * *

Kit de lectura de Glenn Doman
La Revolución Pacífica

(Este kit de lectura se complementa con el libro *Cómo enseñar a leer a su bebé*)

* * *

Qué hacer por su hijo con lesión cerebral

Glenn Doman